J'AI CHOISI DE VIVRE

par
JEAN-JACQUES BERREBY

EDITIONS RETZ

2, rue du Roule - 75001 Paris

A Marie-Noëlle,
A David et Alexandre.

Ton nez coule ?
Eh bien, pauvre imbécile,
félicite-toi d'avoir une manche
sur laquelle l'essuyer !
Epictète.

Sommaire

Les mots suivis d'un astérisque renvoient au glossaire, p. 4.

Glossaire

ADN (acide désoxyribonucléique) : molécule chimique qui comprend à l'intérieur de chaque cellule toute l'information et la programmation héréditaire, transmettant le « capital génétique » de l'individu.

Agoniste : se dit d'une substance pouvant provoquer la formation et/ou l'émission d'une autre substance.

Analyse systémique : en psychothérapie*, forme d'analyse englobant la totalité de la personnalité dans ses relations familiales et sociales. Elle a donné naissance notamment à la « thérapie familiale ».

Analyse transactionnelle (voir encadré) : ensemble de théories et de méthodes thérapeutiques visant à expliciter l'individu dans toutes les manifestations de sa personnalité propre en même temps que dans son fonctionnement relationnel (« transaction » est pris ici dans le sens de « unité de relation »).

Angoisse : selon le philosophe Kierkegaard, « le désir de ce que l'on craint ». Médicalement, peur accompagnée de phénomènes physiques douloureux. Peut être le résultat du mouvement dialectique entre la pulsion de mort et la pulsion de vie.

Anticorps : l'être humain en fabrique environ un million, chacun d'entre eux étant spécialisé dans la neutralisation ou la destruction d'un agent pathogène, qu'il soit chimique ou biologique. Les anticorps constituent l'essentiel du « système immunitaire * ».

Bénéfices secondaires : tous les avantages, conscients ou non, qui peuvent dériver de l'état de maladie.

Biofeedback : méthode de mesure de fonctionnement d'un organe ou d'une réaction physiologique au moyen d'un appareil électronique spécialement conçu dans ce but.

Catatonie : forme particulièrement grave de la schizophrénie. Le malade devenu passif et absent est comparé à une statue de cire.

Cerveau archaïque (diencéphale) : partie la plus ancienne et instinctive du cerveau humain, constituée il y a des centaines de millions d'années, et dont fait partie le système limbique*. Ce cerveau fonctionne hors du contrôle de l'intelligence et de la raison.

Conversion hystérique : conséquence extrême d'une somatisation* transformant une névrose* en phénomène physique pouvant atteindre des formes très graves telles que la paralysie générale.

Cortex (ou néo-cortex) : la partie la plus récente du cerveau des mammifères supérieurs, constituée de cellules grises recouvrant tout le cerveau. Siège de l'intelligence et de la raison, il permet la pensée réflexive et élève une barrière devant des comportements instinctifs.

Croyance : idée reçue, généralement dès l'enfance ou la pré-adolescence, la croyance se renforce et prend valeur d'absolue vérité avec le temps, même si elle n'est plus adaptée aux circonstances ou si elle est controuvée par l'évolution.

Décision précoce (ou de survie) : décision individuelle prise dans la prime enfance, puis refoulée dans l'inconscient, et qui va déterminer pour chacun de nous la façon de s'adapter aux demandes du monde extérieur et de la société.

Dépression : 1. primaire : état de dégoût profond de la vie, de perte de confiance en soi et en sa valeur, allant jusqu'au désespoir total. C'est en soi une véritable maladie ; 2. secondaire : état similaire au précédent mais provoqué par une maladie, physique ou mentale.

Encéphale : organe de commande du système nerveux sensitif et moteur. Il est composé du cerveau, du cervelet, du tronc cérébral et de la moelle épinière. L'encéphale permet la pensée et l'action et comporte également des systèmes végétatifs, fonctionnant automatiquement hors de la conscience.

Endorphines : hormones sécrétées par le cerveau des mammifères en réaction à une douleur physique et contribuant à apaiser cette douleur. Les endorphines comparées à une morphine naturelle, ont été rebaptisées « opioïdes » par les spécialistes.

Gestalt-thérapie : méthode psychothérapeutique mise au point par un psychanalyste et disciple de Freud, Frédéric Perls, et qui fait une large place aux actes et dialogues simulés et au travail sur le rêve. Elle repose, selon Perls, sur le « maintenant » et le « comment ».

Guérison : au sens psychosomatique, état dans lequel se trouve un individu qui a cessé de se croire malade.

Hébéphrénie : forme aggravée de la schizophrénie*.

Holistique (médecine) : approche d'un malade dans sa totalité corps/mental/esprit, par opposition à la médecine symptomatique qui ne traite que la maladie ou le dysfonctionnement physique.

Homéostasie : 1. tendance naturelle du corps à retrouver son équilibre perturbé. 2. Cet équilibre lui-même.

Iatrogène (maladie) : se dit d'une maladie ou d'une dysfonction provoquée par le traitement médical ou l'absorption de médicaments. Conséquences néfastes durables des « effets secondaires ».

Maladie : état de déséquilibre ou de désordre dans le fonctionnement normal de l'individu. Dysharmonie entre les besoins profonds et la dépense d'énergie.

Névrose : selon l'approche sociologique, malaise d'un individu ayant plus ou moins consciemment mal accepté d'assumer les différents rôles que lui impose la société. Il s'ensuit une déformation de la vision du monde et des rapports sociaux. La psychiatrie distingue entre plusieurs formes de névroses : obsessionnelle, hystérique, narcissique, comportementale, phobique, traumatique, d'angoisse, etc. Pour Freud, c'est un conflit inconscient entre les désirs du sujet et les interdits sociaux. La névrose est un trouble psychique mineur, faisant suite à des tensions émotionnelles non résolues et qui peut évoluer très favorablement en psychothérapie.

Névrogène (société, milieu) : qui induit, produit ou favorise la naissance de névroses.

Neurone : cellule nerveuse du cerveau et de l'encéphale, dont le nombre est diversement évalué, entre 10 et 100 milliards. C'est l'unité de base du système nerveux.

Neurotransmetteur : substance chimique endogène permettant le passage de l'influx nerveux entre les neurones de l'encéphale. Il y en aurait plus d'une centaine. Les plus connus sont l'acétylcholine, la dopamine, la sérotonine, la noradrénaline. Certaines hormones, comme l'insuline, sont également des neurotransmetteurs.

Pensée magique : croyance puérile en une intervention extérieure miraculeuse pour résoudre nos problèmes. Egalement illusion infantile maintenue dans l'âge adulte (telle que l'attente du Père Noël ou du Prince Charmant).

Placebo (effet Placebo) : se dit d'une substance non médicamenteuse telle que pilules de sucre ou eau distillée, administrée au malade au lieu d'une médication et qui produit un effet curatif grâce à la croyance du malade en son efficacité. L'effet placebo est largement utilisé dans l'expérimentation de nouveaux médicaments.

Programmation neuro-linguistique (PNL) : ensemble de méthodes de relations et d'interventions sociales et thérapeutiques, tendant à travailler directement sur l'inconscient, en privilégiant le langage non verbal.

Psyché : la partie non matérielle du corps humain qui détermine la plus grande partie de nos comportements et comprend au moins deux grandes instances : le conscient et l'inconscient.

Psychosomatique : de « psyché » : mental, esprit ; et « soma » : le corps physique. Approche thérapeutique reliant les maux physiques aux troubles psychologiques et vice versa.

Psychothérapie : démarche thérapeutique visant à rééquilibrer le psychisme individuel par la prise de conscience des éléments névrotiques et psychotiques, et à éliminer ainsi les désordres mentaux et leurs prolongements psychosomatiques.

Redécision : réévaluation à l'âge adulte de ses Décisions précoces* et leur remplacement par une décision de vie plus adaptée. La Redécision est le pivot de toute psychothérapie.

Reparentage : méthode thérapeutique particulière, visant à « effacer » des troubles de la personnalité dus à un mauvais parentage et à les remplacer par de nouveaux messages parentaux positifs. Le Reparentage total mis au point par Jacqui Schiff demande une capacité d'amour et d'abnégation peu commune. On pratique également un Reparentage « ponctuel ».

Réseau social (ou relationnel) : l'ensemble des relations affectives, amicales et sociales d'un individu.

Résistance : selon Freud, le fondement (avec le transfert) de toute démarche psychothérapeutique. Le patient est réputé « résister » au traitement et au changement qu'il dit désirer. Un bon psychothérapeute s'appuie sur les résistances et les contourne au lieu d'essayer de les éliminer. C'est au patient de les abandonner au cours de sa thérapie.

Rêve (récurrent) : message symbolique provenant de l'inconscient individuel, qui le répète tant qu'il reste incompris ou que la cause sous-jacente n'a pas été élucidée ou supprimée.

Sabotage : conduite ou mécanisme inconscient avec lequel un sujet va s'empêcher d'atteindre les buts proclamés au niveau conscient. Egalement, mise en œuvre inconsciente d'obstacles destinés à faire échouer nos entreprises.

Scénario de vie : programme de vie décidé dans l'enfance et qui conduit la personne à répéter des comportements ou des séquences de vie, même lorsqu'ils se sont révélés dommageables ou inadéquats.

Schizophrénie : maladie ou désordre mental dans lequel l'individu perd contact avec la réalité extérieure et crée sa propre réalité fantasmatique. Aucune des nombreuses définitions médicales de la schizophrénie ne concorde avec les autres.

Sentiment parasite : se dit d'un sentiment ou d'une émotion exprimés ou éprouvés à la place d'un autre qu'on ne s'autorise pas. Exemple : se mettre en colère au lieu d'être triste. C'est la source de beaucoup de somatisations*.

Soma (du grec) : le corps physique.

Somatisation : traduction symbolique ou expression par le corps physique sous forme de symptôme réel, d'un malaise psychologique, d'une névrose, d'une angoisse, d'une frustration ou d'une émotion.

Sophrologie : ensemble de méthodes dérivées du yoga et principalement des relaxations yogiques, en vue de prévenir ou de combattre les somatisations. On obtient des résultats face à des maux ou dérèglements courants.

Soufisme : doctrine mystique de l'islam.

Stress : réponse automatique et indifférenciée du corps physique à une émotion, un traumatisme, un problème ou une situation qu'il rencontre.

Structure (psychologique ou de la personnalité) : type psychologique composé à la fois par les facteurs héréditaires, l'éducation et l'adaptation sociale, et qui détermine les façons d'agir et de se comporter. Comme au plan physiologique, il existe des grands et des petits, des gros et des maigres, on connaît un nombre limité (six ou sept) de structures types, avec de nombreuses variantes.

Symptôme : expression manifestée et donc observable, d'une « maladie » physique ou mentale.

Syndrome : ensemble des symptômes signalant un dérèglement de la santé.

Système immunitaire : ensemble des défenses naturelles de l'organisme qui repousse ou détruit les agents pathogènes extérieurs, qu'ils soient bactériologiques ou chimiques.

Système limbique : dans l'encéphale, ensemble de structures cérébrales qui échappent au contrôle du cortex, donc de la raison, tout en étant en constante interaction avec lui.

Tai chi chuan : sorte de gymnastique douce traditionnelle en Chine, supposée libérer des tensions nerveuses, de plus en plus pratiquée en Occident. C'est également un art martial.

Visualisation positive : méthode employée par des cancérologues et psychologues en vue de mobiliser l'énergie et les défenses naturelles du corps contre les maladies.

Yoga nidra (ou Nidra yoga) : forme de relaxation profonde accompagnée de visions provoquées et procurant un sommeil lucide.

Weltanschauung (mot allemand) : vision ou conception du monde et de la vie. La *Weltanschauung* d'un individu est fonction de l'ensemble de ses croyances*.

En guise
de préambule

Depuis que j'ai décidé d'écrire ce livre, en quelques semaines les témoignages directs se sont multipliés : sur des guérisons spontanées, « miraculeuses », de maladies plus ou moins graves, à la suite de chocs psychologiques positifs, ou même parfois négatifs, ou par des changements radicaux de comportement, de situation, d'habitude ou de manière de vivre. De même, nombreux ont été les amis ou les relations qui m'ont signalé des « malades » vivant avec optimisme et équanimité une situation de santé difficile et cités en exemple par leur entourage. Ces faits sont indéniables autant qu'incompréhensibles.

Pensons au recordman mondial des greffés du cœur, à Emmanuel Vitria, ce Marseillais qui a vécu plus de dix-huit ans avec le cœur d'un jeune homme mort dans un accident et qui irradiait la joie de vivre. Personne ne doute que le moral exceptionnel, le caractère enjoué, la joie et la foi ont joué un rôle décisif dans la longue survie d'Emmanuel, en même temps que sa volonté de faire quelque chose pour les autres. Il était devenu le président des donneurs de sang, payant lui-même souvent de sa personne pour donner l'exemple.

Ce cas a renforcé mes propres convictions, fondées sur des années d'observation et de réflexion. Mais le fait le plus important a été de vivre moi-même comme malade la remontée vers la santé, en dépit des atteintes physiques.

J'ai eu cette chance mitigée d'être livré à moi-même, obligé donc de me prendre en charge au pire moment psychologique de la maladie : après un diagnostic ne laissant aucun espoir de guérison. Ma compagne d'alors, beaucoup plus jeune que moi, m'a dit qu'elle ne supportait pas l'idée de devenir à la longue ma garde-malade, mon infirmière. « J'ai vu ta mère ; ça me suffit » m'a-t-elle dit. Je la comprends très bien. J'ai moi-même mal supporté le déclin et la paralysie de ma mère. Elle avait été très entourée et bien servie. Moi, je me retrouvais seul face à la maladie et à ses menaces. Mais je n'ai pris conscience de ma chance que beaucoup plus tard.

Au début j'enviais ces malades entourés et soutenus par leur conjoint et/ou leurs enfants pleins de sollicitude, qui leur assuraient un appui, leur épargnaient tout effort, les conduisaient, les accompagnaient, les couvaient, souvent avec beaucoup de tendresse. J'en voyais dans les salles d'attente des médecins ou dans les quelques réunions de malades auxquelles j'ai assisté.

L'EFFET MÉDECIN

Les années passant pourtant, j'ai constaté la détérioration beaucoup plus rapide de l'état des malades dépendants et considérés comme des « infirmes » ou des handicapés, par rapport à ceux qui se prennent eux-mêmes en mains. Honnêtement, cette observation ne m'est apparue comme une évidence qu'après la lecture d'un bref article suggérant une telle possibilité. J'ai tout de suite reconnu des cas concrets, bien réels, assez proches ou bien connus. Depuis lors, j'ai sans cesse constaté que le malade qui choisit de se battre lui-même est en bien meilleur état des années plus tard que le malade assisté peu de temps après son diagnostic.

C'est pourquoi, sans doute, certains malades refusent-ils l'aide et l'apitoiement de leur entourage. Il faut être bien obtus pour prétendre – comme le font encore certains professeurs de médecine – que « les facteurs psychologiques, s'ils constituent une aide, n'influencent *absolument pas* l'évolution de la maladie ». L'auteur de cette phrase est trop intelligent pour ne pas avoir depuis radicalement changé d'avis.

« L'effet-médecin » est l'un des facteurs déterminants dans l'évolution d'une maladie. Et il est entièrement psychologique.

Pour ma part, trois ans après le diagnostic de Parkinson, voyant mon neurologue le professeur Yves Agid pour une visite semestrielle de contrôle, je lui ai annoncé que j'avais diminué les doses des médications de base, supprimé complètement certaines autres drogues, jeté à la poubelle l'ordonnance de sa plus proche collaboratrice et que je m'en porte très bien. En revanche, et bien que plusieurs spécialistes m'aient dit que tout cela ne servait à rien, je pratique ma gym tous les jours, je vois une excellente kiné deux fois par semaine, je nage souvent en piscine, je pratique assidûment la relaxation et la visualisation positive ; je rencontre aussi souvent que possible les gens que j'aime, je vis entouré d'amitié et de chaleur affective ; et j'utilise beaucoup le téléphone.

Agid a fini par me dire en riant : « Pourquoi venez-vous me voir ? » J'ai réfléchi quelques secondes avant de lui répondre : « Je me le demande. » Il m'a répondu : « Je suis très optimiste en ce qui vous concerne. Vous vous êtes pris en charge ; c'est très bien. Continuez ; je suis optimiste. » Il a renouvelé mon ordonnance pour six mois, ne prescrivant que les trois médicaments que je lui demandais, puisque je dois prendre, à vie paraît-il, des hormones de substitution. En partant, je lui dis : « Ce n'est pas la peine que je revienne dans six mois, alors à dans un an peut-être. » Il a rétorqué sérieusement : « Ce ne sera même pas la peine. Voyez votre généraliste pour renouveler votre ordonnance. »

Ce médecin pas si bête préconise désormais la gymnastique quotidienne, la kinésithérapie, voire les « médecines douces » ou parallèles car, selon ses propres termes (quelques mois plus tard), « Tout ce en quoi le malade croit est bon pour lui. » Il a répété la même phrase publiquement lors d'une émission de télévision le 7 octobre 1987. Bravo, docteur Agid !

LA RELATION MÉDECIN-MALADE

Le malade a tendance à investir le médecin spécialiste d'une toute-puissance mythique. Jouons au contraire les iconoclastes. Les bons médecins nous en sont reconnaissants. Je ne suis pas seul à faire partie de ces patients (impatients) qu'on appelle « chiants ». D'autres font de même, se contentant de voir un bon généraliste, qui devient vite un ami, pour vérification périodique et renouvellement de leurs ordonnances. Et je connais d'autres cas de maladies de longue durée où le patient attentif à lui-même et bien informé préfère se passer presque complètement d'un avis médical (ce que je trouve excessif) sans se porter beaucoup plus mal.

On a du mal au début à mettre en question la science médicale. Mais le médecin est aussi un homme ou une femme qui a besoin de certitudes et qui connaît le doute. Tout malade chronique ou grave doit sérieusement remettre en cause le soi-disant « pouvoir médical ».

Dans une émission de télévision, le célèbre professeur Jean Judet a déclaré : « Nous sommes là pour porter le fardeau des autres ». C'est une affirmation fallacieuse. Car c'est le malade qui vit 24 heures sur 24 avec ses problèmes, ses malaises et ses angoisses ; c'est lui qui connaît le mieux et peut le mieux suivre l'évolution de la maladie − y compris vers la guérison ou le mieux-être. C'est lui qui sait tout de son affection − même quand il ne sait pas qu'il le sait.

Le médecin le voit une demi-heure ou moins, de temps à autre, parfois seulement tous les quelques mois. Il est encombré de préconceptions sur l'évolution de la maladie et sur ce qu'il faut faire pour la contrecarrer. Discuter avec son médecin, lui donner et lui demander des informations, c'est l'aider à nous soigner et à nous guérir ; c'est mériter sa considération comme individu et non comme symptôme. Les médicaments qu'il ordonne (surtout dans les maladies graves et de longue durée), il ne les a jamais pris lui-même. Il n'en connaît les effets que de l'extérieur, à travers ce qu'il voit et entend de ses malades, et ce qu'il lit des publications de ses confrères. Ou pire à l'autopsie, c'est-à-dire sur de la matière déjà morte et non du vivant. Il tâtonne. C'est à nous de l'informer sur les fameux « effets secondaires » (pourquoi « secondaires » ?) subis par les malades.

Les médecins intelligents et honnêtes reconnaissent tous scrupuleusement les limites de leur savoir. Ce sont les plus grands, les meilleurs, qu'une vie entière passée au service des patients a rendu très modestes. J'en ai connu plusieurs (Laporte, Tobelem, Gendre, René David, William Booth). Ils ne représentent pas la majorité de la profession médicale. Ils ne sont pas non plus rarissimes. Souvenons-nous simplement que le malade peut enseigner beaucoup au médecin qui l'écoute. Chacun a son rôle à jouer dans la maîtrise de la santé. De nombreux médecins ont écrit des volumes sur ce sujet.

CHOISIR DE VIVRE

Je n'écris pas ici pour les médecins ou les soignants, mais comme « malade » pour d'autres malades, pour leur famille, et aussi pour des bien-portants qui veulent le rester. Je voudrais les convaincre de toute mon âme, de toute ma certitude, du fait que nous portons tous en nous des forces considérables que nous pouvons mettre au service de notre santé. Je veux leur dire qu'une maladie peut être transformée en leçon de vie et de sagesse et illuminer pour soi-même et les autres les années qui nous restent à vivre, quel que soit leur nombre. Que le médecin et les autres soignants peuvent apporter une aide irremplaçable à condition de ne pas en attendre d'impossibles miracles. Que la maladie (ou le handicap) n'est pas la fin du monde, même si elle doit nous conduire plus rapidement à notre fin inéluctable.

Bien-portants ou malades, nous allons tous mourir un jour. Mais en attendant, nous pouvons « choisir de vivre » de la meilleure et de la plus riche façon possible. Quand la mort nous rappelle notre fragile condition, « Il ne s'agit pas d'ajouter des années à notre vie, mais d'ajouter de la vie à nos années » selon la belle expression d'Alexis Carrel. Après avoir frôlé plusieurs fois la mort, je devais me demander pourquoi j'avais été épargné : était-ce pour connaître la lente dégradation d'une maladie incurable, celle de Parkinson ? ou pour apprendre enfin à mieux vivre ? Quand cette belle machine qu'est un corps humain se grippe, on a envie de pleurer ; de se révolter ; de s'apitoyer ; de fuir... « Quand on cède à la peur du mal, on ressent déjà le mal de la peur » a dit Beaumarchais (*Le barbier de Séville*, II-2). Nous verrons le rôle immense que joue la peur dans nos maladies.

J'ai trouvé aide et réconfort dans l'affection de mes amis. Grâce à la maladie j'ai rencontré des gens merveilleux : des médecins et des « malades » ; des amis et des thérapeutes devenus des amis ; des gens comme vous et moi, porteurs d'espoir et de réconfort. Je ne savais pas auparavant qu'il pouvait y avoir tant d'amour dans ce monde. Sur mon lit d'hôpital, bardé de tuyaux et de respirateur, la question s'était posée de savoir si j'avais encore envie de lutter pour vivre. Le neuvième jour, j'entrevoyais un début de réponse : si la mort n'avait pas voulu de moi à plusieurs reprises, si j'avais été « renvoyé », peut-être avais-je encore quelque chose à apprendre ?

Rien dans ma vie, à partir de ce jour, n'a été comme avant. « Je te propose la vie ou la mort, la bénédiction ou la malédiction. Choisis de vivre afin que tu vives, toi et ta descendance. » Ces paroles de la Bible (Deut. 13, 19) m'ont interpellé. La vie y est mise en parallèle avec une bénédiction ; la mort, avec une malédiction. Le choix de vivre impliquait un changement radical : de valeurs, de croyances, de priorités, de style de vie.

Aujourd'hui, je ne cesse de rencontrer des êtres admirables qui ont choisi de vivre et qui m'enseignent, chacun à sa façon, l'amour de la vie. Parfois c'est un jardinier qui parle de ses plantes, d'autres fois un artisan qui crée dans la joie ; ou une femme de ménage au cœur vaste comme un palais qui me raconte sa vie. Parfois même un « intello », ou un type célèbre, « arrivé », qui laisse tomber le masque artificiel et m'apparaît dans toute son humanité chaleureuse.

Mes plus grands « professeurs de vie » cependant, ce sont des « malades » qui ont accepté leur destin, et prennent leur vie à bras-le-corps. Leurs sourires sont lumineux, leurs gestes et leurs paroles sont justes. Je voudrais bien les citer tous ; ils sont nombreux. Vous en rencontrerez quelques-uns au cours des pages qui suivent. Je leur consacre ce travail avec ma gratitude affectueuse. Qu'ils soient tous ainsi remerciés de ce qu'ils m'ont appris sur l'univers de la maladie. C'est-à-dire de la santé.

CHAPITRE I

Ouvertures

Lundi 1er mars 1982. Un brancardier, talonné par un médecin, galope en poussant un chariot à travers les souterrains de l'hôpital Rothschild à Paris. Il traverse ainsi tous les services dans ces couloirs verdâtres, éclairés d'une lumière d'aquarium et festonnés de tuyauteries comme le ventre d'un sous-marin. Il vient de quitter le bâtiment de médecine interne ; le service de chirurgie où il se rend est à l'autre extrémité de l'hôpital. C'est pourquoi brancardier et médecin courent en criant : « Urgence ! Urgence ! » Ceux qu'ils croisent s'écartent vivement en jetant un coup d'œil craintif sur le brancard.

Dans un virage, à mi-parcours, un second brancardier les arrête ; il attendait près d'un autre chariot chargé d'un cadavre recouvert d'un drap d'où dépasse l'étiquette d'identification accrochée à l'orteil droit. L'homme questionne le médecin : « Y'a la famille qui attend ; qu'est-ce qu'on fait du cadavre ? » Le médecin, irrité : « Fiche-moi la paix ; laisse-nous passer. Celui-là est mort ; il peut attendre ; l'autre est encore vivant ; c'est urgent. »

Nous repartons. « L'autre », « l'encore vivant », c'est moi. De moins en moins vivant, perdant connaissance toutes les quelques minutes, mais encore là. « Urgence ! Urgence ! ». Ce souterrain blafard en a vu d'autres. Je me sens secoué, ballotté, et franchement je m'en fous. Depuis trois jours les douleurs ont atteint des paroxysmes insupportables. Tout, pourvu que ça s'arrête !

Le brancardier fait des pointes de vitesse pour arriver d'abord à la radiographie ; pendant quelques minutes j'attends mon tour. C'est au rez-de-chaussée du service de chirurgie. Le professeur Gendre vient me revoir et me rassurer : « Il n'y en a plus pour longtemps ». Je regarde autour de moi. Sur des chariots identiques deux autres malades, deux hommes à peu près du même âge que moi, la cinquantaine passée, visages pincés, gris-vert. Nous détournons les yeux les uns des autres. Nous ressemblons trop à des moribonds.

Enfin mon tour. Radiographies éclair ; confirmation du diagnostic : niveaux liquides ; c'est l'occlusion intestinale. Seule issue possible : opérer. C'est classique. Mais pourquoi avoir attendu trois jours ? Le professeur Gendre, inquiété par ce délai, avait demandé l'opération d'urgence avant même de voir les radios. Tout va s'enchaîner « comme à la manœuvre ».

L'UNIQUE RESCAPÉ

On me monte en chirurgie. « Encore un autre ? » s'exclame l'infirmière. « Et il faut le raser ! » Elle repart tout en bougonnant, ce qui n'entamera en rien son efficacité. Va-et-vient constant autour de moi pendant une heure. Des blouses blanches de toutes tailles et de tous sexes viennent jeter un coup d'œil, parfois me tâter, et repartent l'air dubitatif. Ils en disent trop sans prononcer une parole.

Un chirurgien et un anesthésiste, alertés, passent me voir et disparaissent. Temps mort : avec les boyaux hurlants, ça paraît long. Mais j'arrive au bout ; je vais bientôt dormir et ne plus souffrir.

L'impression qui subsiste aujourd'hui de ces quelques heures est celle d'une extrême confusion, de galopades en tous sens, de gens qui crient et s'interpellent... Tout décousu...

Finalement une sorte d'athlète noir vient me chercher, me dépose nu sous un drap sur un chariot froid et m'emmène flegmatiquement en salle d'opération. Arrivé là, il me transfère sans effort sur une table métallique glaciale, dans cette salle obscure à la température de congélateur. On me découvre brièvement pour m'examiner une fois de plus, et on me laisse découvert. Nu, je grelotte. Mes mâchoires castagnettent et s'entrechoquent incoerciblement. L'anesthésiste discute tranquillement avec l'interne de service des journées de congé qu'il lui reste à récupérer tout en préparant des fioles et des machins. Le chirurgien, long et mince comme un basketteur, répond qu'il a également bien besoin de vacances. La discussion s'éternise au-dessus de mon corps souffrant et grelottant de plus en plus fort : « Salauds ! Est-ce que vous allez vous occuper de moi ? Je suis en train de crever ».

J'ai dû crier très fort. L'anesthésiste agacé me colle son masque sur le visage sans interrompre la conversation et appuie sec en me disant : « Respirez bien fort ! » J'aspire rageusement pour mieux les engueuler et... je disparais. Je n'ai plus froid, plus mal, plus rien. La suite, je l'apprendrai beaucoup plus tard, pendant ma convalescence.

On avait dit à mon épouse : « Téléphonez à tout hasard vers 9 heures ce soir ; mais, franchement, il n'y a pas grand espoir de le sauver ». Ce même jour, trois individus de sexe masculin, d'âge et de santé comparables, ont été opérés en même temps pour la même urgence : occlusion intestinale. Les deux autres y sont restés. Quand ma femme a téléphoné, on lui a dit : « L'opération s'est bien passée ; il est encore vivant ; on ne peut rien vous dire de plus avant demain ». Cette nuit-là, j'allais tenter de leur fausser compagnie.

UNE BANALE ERREUR DE DIAGNOSTIC

Tout avait commencé le vendredi soir précédent par des douleurs abdominales un peu plus fortes que celles auxquelles j'étais habitué. Opéré treize ans plus tôt d'une tumeur précancéreuse de l'intestin grêle, je souffrais quelquefois de coliques spasmodiques plus ou moins fortes. Cette fois-ci, c'était sérieux. Les calmants les plus énergiques n'agissaient plus. Je n'ai pas dormi cette nuit-là. Seule la relaxation, pratiquée presque sans interruption, m'a permis de conserver quelques forces.

Le lendemain matin, ma tentative d'avaler une tasse de thé se traduit par un renvoi immédiat et un évanouissement. Retour au lit ; appel à S.O.S. Médecins. Palpations, injection intraveineuse de baralgine. Je respire un peu. Le médecin de S.O.S. nous rassure : « C'est une crise un peu plus forte ; pas de quoi s'inquiéter. Baralgine en suppos, 2 à 3 par jour. Une intramusculaire ce soir si la douleur persiste ; ça va s'arranger ; c'est 180 F ». Il part content, le pauvre idiot.

Comme ça ne s'arrange pas, j'appelle dans l'après-midi mon ami Marcel ; il est en pleine consultation dans sa lointaine banlieue. Il me connaît assez pour savoir que je ne le dérange pas pour rien. A m'entendre, il préconise une hospitalisation chez Gendre, à Rothschild. C'est le service où je suis suivi pour prévenir une récidive cancéreuse.

« Nous sommes samedi soir, lui dis-je ; il n'y aura personne de sérieux ; je préfère attendre et voir comment ça évolue ; le médecin de S.O.S. qui m'a examiné a ri quand j'ai parlé d'hôpital. Et puis je souffre déjà moins.

– Comme tu veux, répond Marcel. Rappelle-moi à n'importe quelle heure si ça ne va pas. »

Sous baralgine à haute dose et tranxène, la nuit est passable. Dimanche matin, je rappelle Marcel vers 10 heures.

« Toujours aussi mal, demande-t-il ?

– C'est supportable. Je m'habitue.

– Tu rigoles ? A ta place, j'irais à l'hôpital.

– Mais Gendre ne sera pas là. Dieu sait sur qui je vais tomber. Tu connais aussi bien que moi les problèmes de garde. Je n'ai pas envie de jouer à la loterie. »

Pour le moment il ne s'agit que d'une hospitalisation en médecine. La chirurgie n'est pas évoquée ; et je suis loin de penser que ce serait le geste salvateur. Mon ventre reste souple ; la douleur s'apaise par périodes de deux à trois heures. Mais je ne peux rien avaler et je ne tiens pas debout tout seul pour aller pisser. Marcel connaît mon entêtement.

« Comme tu veux, dit-il ; rappelle-moi ce soir. »

Dimanche soir. Je suis plus détendu ; j'ai passé la journée au lit à pratiquer relaxation et méditations yogiques. J'ai dialogué avec mes organes malades, leur demandant poliment des informations et les priant de me laisser en paix. Je fais à Marcel un rapport presque optimiste.

Lundi 9 heures : je n'ai pas pu dormir. Je suis à bout de forces. J'appelle Marcel : « Je crois que je suis en train de crever » lui dis-je. Il répond sans hésiter : « J'appelle Rothschild pour réserver un lit. Je préviens Gendre et son équipe. Prépare-toi à partir. Je te rappelle dès que j'ai la réponse. »

Une heure plus tard, j'apprends que je suis attendu au service de gastro-entérologie de Rothschild par le professeur Gendre. C'est lui qui me suit depuis quelques années. Marcel promet de m'y rejoindre. Il viendra dare-dare de Choisy-le-Roi.

LA COURSE CONTRE LA MORT

L'hôpital Rothchild pour moi c'est à l'autre bout de Paris. Quarante-cinq minutes dans une circulation épaisse. Conduit par mon épouse j'arrive à l'heure du déjeuner et une infirmière bien intentionnée insiste pour que j'avale son bouillon... qui repart illico sur sa blouse. Mon voisin de chambre, jeune médecin lui-même, me dit : « Vous avez l'air mal en point. » Je n'ai pas envie de répondre. Heureusement Gendre arrive déjà avec toute son équipe et Marcel sur ses talons. Je reconnais un ou deux médecins. Pour une fois personne n'a envie de plaisanter.

Le « patron », précis et compétent, tâte mon ventre, pose quelques questions et n'hésite plus : « C'est une occlusion ; la radio d'abord pour confirmer. » Il se tourne vers un assistant : « En chirurgie, sans perdre de temps ; réservez la salle d'opération ; voyez qui peut l'opérer. » Le bon gros docteur Burger, le « psy » de la bande, d'habitude si jovial avec moi, me prend la main sans rien dire.

A partir de là, la course contre la montre, contre la mort, s'organise. Les trois jours écoulés depuis les premiers symptômes inquiètent les médecins. J'apprendrai plus tard du chirurgien que ce laps de temps faisait craindre la nécrose de l'intestin. Le risque était décuplé s'il fallait couper 1,50 m à 2 mètres d'intestin grêle rempli de chyme et rabouter les morceaux. Mes sacrées tripes ont tenu le coup, peut-être grâce à la visualisation positive, au dialogue entretenu avec mes organes. L'interne qui s'attendait au pire n'a eu selon lui « qu'à couper les brides qui enserraient l'intestin, à nettoyer les adhérences et à recoudre patiemment l'incision de 30 centimètres qu'il avait dû pratiquer dans la paroi abdominale et le péritoine. Rien de bien méchant. » Pour un peu il se serait excusé.

« Rien de bien méchant »... sauf la suite. La double pneumonie, l'oxygène et les antibiotiques pendant une semaine, avec perfusions dans tout le corps, des litres de plasma et de glucose, des tuyaux dans la gorge qui m'étouffent, m'endolorissent et gargouillent sans relâche. Déjà amaigri, je perdrai encore treize kilos.

L'ULTIME EXPÉRIENCE

C'est après mon premier réveil que je meurs pour la première fois. Je flotte dans une lumière jaune et glauque, pendant assez longtemps je crois, avant de plonger à la vitesse de l'éclair dans une sorte de tourbillon sombre, un long tunnel noir... d'où je ressors léger, aérien, lumineux, joyeux.

Devant moi je traverse des zones de lumière bleutée, j'entends des voix douces qui m'appellent tendrement, je ressens une émotion intense et une plénitude totale, le sentiment d'être « arrivé chez moi », d'être « avec les miens ». J'éprouve une paix indescriptible et un amour sans limites en moi et vers moi. Et par-dessus tout, l'allégresse d'une certitude : celle d'être « chez moi ». Je glisse sans effort dans un long passage lumineux, vers des « entités » qui m'entourent de tous côtés et que je perçois comme m'accueillant les bras tendus, avec infiniment de tendresse et d'amour. J'entends sans entendre et je vois sans voir ; je perçois sans l'aide de mes sens. Devant moi, tout au bout mais tout proche, il y a une grande source de lumière bleue dorée, ronde et douce, tiède et resplendissante. Je suis attiré vers elle, irrésistiblement. Je sais que je suis attendu et je me sens profondément paisible, extraordinairement heureux.

Sans me retourner je « vois » derrière moi mon corps terne et grisâtre, entouré de silhouettes penchées sur lui qui le tripotent. Avec étonnement, je comprends sans entendre : « Ah, le cochon, il nous file entre les doigts ! » Je leur dis triomphalement et joyeusement « Adieu ». Je continue d'avancer sans aucun effort, de glisser souplement, émerveillé, vers la lumière pailletée. J'éprouve une sensation d'adoration éperdue qui me pousse vers la lumière dans laquelle j'aspire à me confondre.

Puis, brusquement, c'est la nuit noire. Tout a disparu. J'entends distinctement des voix sèches et nerveuses, bien humaines : « Il revient à lui. » Désemparé, je ferme les yeux en serrant les paupières pour retourner « là-bas ». Mais je suis et je reste « ici ». Je retrouve à nouveau mon corps tout douloureux, attaché au lit, immobilisé pour ne pas risquer de débrancher la « plomberie ». Je sens à nouveau tous ces tuyaux qui m'étranglent et me perfusionnent. La lumière glauque est trop vive. J'ai envie de pleurer, d'insulter ceux qui me retiennent ici. De ma gorge encombrée sortent des gargouillis que personne ne comprend. « Bon, il est tiré d'affaire » entends-je. Quelques instants plus tard, je me retrouve seul avec ma souffrance physique et ma détresse. Je suis revenu parmi les vivants. La veilleuse me fait mal aux yeux et me paraît insupportable. Mon cœur voudrait éclater en morceaux.

Quelques jours plus tard je suis tombé en syncope et il paraît qu'on m'a ramené de justesse, grâce à l'intervention ultra-rapide d'une équipe compétente. J'ai revécu les mêmes émotions puissantes, les mêmes sensations ineffables et les mêmes impressions de plénitude et de joie que lors de ma première « mort ». Aujourd'hui je crois que cette syncope était une tentative délibérée de ma part de retourner « là-bas », de retrouver l'indicible bonheur, la totale, l'ultime et suprême sérénité.

Aucun mot, dans aucune langue, ne peut décrire cet état sans pareil. Ce qui reste vivace après tout ce temps, c'est la détresse et la colère que j'ai ressenties quand on m'a ramené. J'en voulais aux médecins et aux infirmières, qui sont intervenus en 30 secondes, paraît-il, pour m'empêcher de repartir. Je revois leur satisfaction un peu émue alors même que je les insultais. J'étais profondément désespéré. Je leur demande pardon ; ils n'étaient que des exécutants qui faisaient leur devoir.

LA GRANDE LEÇON

A partir de ce moment-là, je commençais à me poser des questions. Que signifiaient ces « morts » ratées ? Quel sens trouver à cette occasion de mourir que je me suis donnée ? Pourquoi cet « accident » à cette période précise de mon évolution ? Voulais-je encore vivre ? Et si oui, pour faire quoi ?

Au printemps de 1982 j'étais depuis trois ans en formation intensive de psychothérapie ; simultanément, dans un autre cadre, je suivais une formation de « conseiller de santé », impliquant tous les aspects psychosomatiques des maladies. Parallèlement, comme il est de règle pour un aspirant thérapeute, je continuais ma propre thérapie. Je venais aussi de terminer un cycle d'étude de gestion du stress en milieu professionnel pour les cadres d'entreprise. Enfin je faisais partie du comité de rédaction de la revue *Psychologie* où j'écrivais. Toutes ces activités provoquaient naturellement des « prises de conscience » à de multiples niveaux et une meilleure connaissance de mon fonctionnement.

Ce mois de mars 82, j'allais commencer deux groupes thérapeutiques distincts, l'un de psychothérapie proprement dite, l'autre pour des malades « psychosomatiques ». Une semaine avant l'accident pourtant, un célèbre thérapeute américain dont j'avais beaucoup appris en deux ans, m'avait demandé avec une grande sollicitude : « Pourquoi veux-tu devenir psychothérapeute ? Tu as tant d'autres potentialités ! As-tu songé aux livres que tu pourrais écrire par exemple ? Il y a tellement de façons d'aider les autres si c'est réellement ce que tu veux faire. »

Toutes ces questions – et d'autres – m'ont tracassé pendant les semaines qui ont suivi. Sachant ce que je savais sur les mécanismes de l'inconscient, je me disais en particulier qu'il y avait des moyens plus simples de changer d'objectif que de me rendre incapable de quoi que ce soit avec une opération quasi mortelle, si je n'avais plus envie, au plus profond de moi, de continuer à faire ce qu'en surface je prétendais vouloir faire. Mon inconscient avait pris les choses en mains.

Un mois plus tard j'avais récupéré suffisamment pour assister aux ateliers de formation. J'ai dû m'avouer que cela me paraissait dépassé. En revanche, la psychothérapie comme la psychosomatique avaient encore des choses à m'apprendre sur moi, sur mon fonctionnement réel et sur ma relation aux autres.

Une première conclusion s'imposait : il fallait que je me sente assez fort et sûr de moi avant de vouloir « aider » les autres, surtout les grands malades ; il fallait que j'apprenne à m'aimer avant de savoir aimer les autres. Je devais connaître ma propre joie de vivre avant de l'apporter à d'autres. Je devais savoir mieux gérer mon stress *en excluant l'option maladie* avant de l'enseigner aux autres. Je devais aller plus loin dans mon ménage intérieur, apprendre l'humilité, me débarrasser de mes peurs, avant de représenter un possible recours pour d'autres. Je devais lucidement affronter et accepter ma mort inévitable avant de conseiller des mourants. Ma structure psychologique exigeait cette démarche.

LE RETOUR A LA SANTÉ

Je suis donc retourné pour deux ans en thérapie approfondie, thérapie qui a constitué la partie la plus importante de ma formation. Ces deux années ont été les plus riches d'enseignement et aussi les plus mouvementées de mon existence. Le monde tel que je l'appréhendais a basculé cul par-dessus tête. J'ai enfin rencontré quelqu'un d'intéressant en me tournant vers l'intérieur et en recherchant une véritable authenticité.

En même temps, les épreuves ne manquaient pas : la dépression profonde de ma femme nécessitant son hospitalisation ; sa demande de divorce-litige, la séparation, la perte d'êtres chers et proches, le diagnostic de Parkinson, les licenciements successifs, le divorce, des pertes financières considérables, la nécessité de me reloger très rapidement... Bref, j'ai épuisé la liste classique des principaux facteurs de stress, frôlant la dépression mais sans m'y abandonner.

Je suis toujours là, et heureux d'y être. L'homme a une *capacité de résistance* qu'il ne soupçonne même pas avant de l'éprouver. La maladie a été ma chance qu'il fallait saisir au bond pour changer, afin de ne pas mourir amer et désespéré. J'avais compris comment je m'y prenais pour me faire du mal. J'allais apprendre à m'en servir pour me faire du bien. Si la maladie psychosomatique existe, alors existe également « la santé psychosomatique ».

CHAPITRE II

La mode psychosomatique

« C'est le stress. C'est psychosomatique* ! » Ces mots lancés, tout a été dit. On ne les entend plus dans un cabinet médical ou à l'hôpital, mais chez le crémier, le coiffeur ou dans l'autobus. Il y a belle lurette que la mode « psy » a gagné la rue. Et comme il y a trente ou quarante ans, avec le terme psychanalytique de « complexe », le vocable « psychosomatique* » a fait fortune en même temps que le « stress* ».

Peu importe ce qu'on entend par là. Pour la plupart de nos contemporains, cela veut dire que la maladie a commencé dans la tête, voire qu'elle n'est que dans la tête et que c'est la tête qu'il faudrait soigner, au lieu du symptôme, ou mieux la personne totale.

En parlant de « complexe », plus personne ou presque ne songe au concept précis qu'il véhicule pour les psychanalistes. La psychosomatique et le stress suivent le même chemin, aidés en cela par la presse et les médias audiovisuels, le livre et la publicité, tout ce qui en somme fabrique les mots et les expressions à la mode. Tout à fait comme les clichés utilisés à tout propos, tels que « la partie de bras de fer » ou « la remise des pendules à l'heure ».

Alors, même si tout le monde ne sait pas vraiment de quoi l'on parle, la psychosomatique est tombée dans le domaine public ; elle s'est arrachée aux bras jaloux des spécialistes et se prostitue à tous les coins de la conversation. Lorsque j'ai commencé à mentionner que j'écrivais sur le sujet, je me suis vite aperçu que tout le monde en savait beaucoup plus que moi. Ou en tout cas le croyait. Chacun me donne des informations, des conseils, des exemples, des références, des adresses... Souvent pertinents. Faites vous-même l'expérience : essayez d'en parler en public, vous serez comblé ou accablé de commentaires. Parlez de troubles diffus, de langueurs, de fatigue ou d'un état maladif non identifié : dès qu'il y a trois ou quatre personnes intéressées, il n'y a pas beaucoup à attendre avant que la psychosomatique soit jetée dans le débat ; parfois même comme le mot final, celui qui coupe

court à toute discussion. Evidemment, puique « c'est psychosomatique » !
C'est d'ailleurs un mal qui atteint de préférence les autres.

LA VOGUE DU « MIEUX-ÊTRE »

L'engouement du public des pays industrialisés, à la fois pour les problèmes
de santé et pour les « psy » (psychologie, psychanalyse, psychothérapie, etc.)
est attesté par la prolifération des publications plus ou moins spécialisées qui
trouvent toutes un lectorat suffisant pour les faire vivre et souvent prospérer.
Mieux encore, ces magazines spécialisés sont de plus en plus concurrencés
par les grands hebdomadaires et mensuels féminins, et par toute la presse
périodique grand public. Il est devenu quasiment impossible d'ouvrir un
hebdomadaire ou un mensuel d'intérêt général sans y trouver des articles de
vulgarisation, parfois même assez bons, sur des sujets psychologiques ou
diététiques ou de santé touchant à notre vie la plus quotidienne. Et il est rare
de ne pas voir apparaître dans ces articles les termes de « psychosomatique »
et de « stress ».
Les médias électroniques, radios et télévision, ne sont pas en reste avec de
grandes émissions spécialisées programmées aux meilleures heures d'écoute.
Et ces sujets, qui nous concernent tous, sont également abordés dans nombre
d'émissions non spécialisées. Derniers venus à cette mode utile, dans
plusieurs pays les journaux économiques et financiers ont ouvert des
rubriques concernant la santé des managers, la bonne utilisation du stress et
les meilleurs moyens de retrouver la forme perdue. Les aspects psychogènes
du stress et des accidents qui en découlent sont désormais pris en
considération. Souvent, à tort et à travers.
L'édition n'est pas en reste. Les livres prolifèrent à une cadence accélérée,
pour ou contre la théorie (et la pratique) psychosomatique. Après avoir pris
naissance outre-Atlantique, le courant a gagné l'Europe. Il gagne maintenant
le cœur — réputé dur — des hommes d'affaires, et ce à deux titres : comme
principaux intéressés à la réduction du stress de la vie et donc, de leurs
problèmes personnels de santé ; et aussi, comme une nouvelle source
d'activités destinées à gagner de l'argent. C'est ainsi que Bernard Tapie,
l'archétype français de l'entrepreneur qui réussit, avait à ses débuts lancé le
service « S.O.S. cœur », avant de prendre — et de conserver — le contrôle de
la chaîne de magasins diététiques de « La vie claire ».
C'est ainsi que se sont répandus les centres de remise en forme, la
restauration diététique — jusque dans les cantines d'entreprise —, les
journaux spécialisés style *Vital* ou *Santé-Magazine* (qui marchent très bien,
merci !), les médecines dites douces ou non conventionnelles, et les thérapies
modernes. Dans l'entreprise, c'est-à-dire au cœur de la vie actuelle dominée
par l'économique, les grandes sociétés n'ont pas tardé à prendre acte du fait
qu'un manager ou un employé en bonne forme est un producteur plus
efficace et plus performant. L'investissement dans la bonne santé physique et

mentale des cadres devient un poste du budget de fonctionnement au même titre que l'achat de matériel de bureau ; la rentabilité, variable selon les cas, est à l'origine le seul but recherché. Pourtant, très rapidement, le facteur humain prend le dessus et la recherche du mieux-être devient un but en soi. Tous les consultants d'entreprise peuvent en témoigner. Un spécialiste des relations humaines doit maintenant veiller à ne pas dépasser la nébuleuse frontière entre ce qui concerne les aspects professionnels et les problèmes individuels et personnels des relations humaines ; car il sera souvent sollicité.

UN INVESTISSEMENT NÉCESSAIRE

Aux Etats-Unis et déjà en Europe, de grandes sociétés font appel à des consultants spécialisés pour enseigner aux cadres à « gérer le stress », afin de diminuer l'absentéisme par maladie, ou pire, l'effondrement par excès de stress *(burn-out syndrom)*.

Illustration de ce mouvement : le principal hebdomadaire américain et international du monde des affaires et de la finance *Business Week* publie très régulièrement des articles et études fort bien documentés sur les problèmes du stress et leur traitement, sur les risques de somatisation grave (cancer ou infarctus) et d'épuisement des managers, et sur les nombreux moyens de prévenir les risques, que ce soit la pêche à la ligne, la méditation transcendantale, le golf ou la psychothérapie. Accessoirement, le même journal signale souvent à ses lecteurs les bénéfices possibles à réaliser en achetant des actions de sociétés s'occupant de la santé publique. Les autres journaux économiques et financiers suivent, y compris de très sérieux quotidiens comme le *Wall Street Journal* ou l'*International Herald Tribune*. Mieux encore, des gens sévères et qui savent compter leurs sous, comme les dirigeants des grandes compagnies d'assurances, commencent à se passionner pour la médecine « holistique », celle qui par des méthodes non orthodoxes prend en compte *la totalité de l'être humain, corps et esprit.* Ces gestionnaires ont en effet remarqué que, même dans des cas graves (cancer ou cardiopathie aiguë par exemple), un assuré traité par la relaxation, la méditation, la phytothérapie*, l'exercice physique et une diététique adaptée, leur coûte beaucoup moins cher que celui qui s'en remet entièrement à la médecine traditionnelle, sans l'aider de sa propre « volonté de guérir ».

Non que la médecine classique coûte tellement plus cher ; mais ceux qui ont coutume d'y faire exclusivement appel ont généralement tendance à attendre d'être sérieusement malades ou complètement épuisés avant d'apporter leur corps meurtri et leurs organes déficients chez le médecin ou à l'hôpital, comme ils amènent leur voiture chez le garagiste. A l'homme de l'art de se débrouiller. Ils lui demandent d'être remis en forme ou en état de bon fonctionnement le plus rapidement possible afin de pouvoir recommencer à se conduire de la même façon aberrante : manger trop, travailler trop, encaisser trop de stress, en bref, surmener leur organisme jusqu'à l'effondrement final : hypertension, diabète, infarctus, ulcère perforé, troubles neuro-végétatifs, cancer, etc.

« ... *COMME UN FUSIBLE SAUTE* »

C'est seulement après l'accident – et encore pas toujours – que certains accepteront de réviser leur mode de vie et leur approche de la santé (comme j'ai dû le faire). Bien sûr, on connaît suffisamment aujourd'hui les interactions dommageables entre l'environnement affectif et émotionnel, professionnel et familial, amplificateurs des inévitables facteurs de stress qui font partie de toute vie. On croit donc savoir que *la maladie – dans la majorité des cas – résulte d'un déséquilibre, d'une dysharmonie interne, d'ordre principalement affectif ou émotionnel, et non pas seulement d'une cause externe.*

L'agent morbide extérieur trouve un terrain d'autant plus favorable que l'organisme de l'individu attaqué est miné jour après jour par le climat insupportable dans lequel il travaille, aggravé par les exigences excessives de l'entourage familial, par les soucis de carrière et les problèmes financiers. La plupart du temps, il n'y a même pas besoin de facteur extérieur : *nous savons sécréter nous-mêmes nos propres poisons !* On devrait donc pouvoir agir préventivement, avant l'accident de santé.

Certaines écoles aiment à dire et à répéter que « la maladie survient comme un fusible saute » (Rémy Filliozat par exemple). Mais j'ajoute que lorsque « le fusible a sauté » et que « la panne » a été réparée, il dépend de nous de revenir à un style de vie et à des comportements plus en rapport avec nos besoins profonds et qui éviteront la récidive.

Certains individus doivent subir plusieurs « courts-circuits » avant de comprendre ; ce fut mon cas. La vogue nouvelle des médecines naturelles, de l'acupuncture, de l'homéopathie et de la relaxation (avec ou sans visualisation positive) attestent en tout cas que les préoccupations de santé naturelle se répandent dans le grand public. Et très souvent, les malades sont amenés ou poussés par l'accident de santé vers une remise en question fondamentale de leurs raisons et de leur façon de vivre, de leurs comportements et de leurs valeurs. Ils se dirigent alors vers une « thérapie » de soutien ou d'accompagnement, ou vers une démarche plus approfondie, spirituelle, après avoir compris qu'ils vivaient « à côté de leur vraie vie ».

Pour le moment, une telle remise en question est limitée à des individus qui évoluent à l'avant-garde de la société. C'est la raison pour laquelle on voit tant de dirigeants d'entreprise et de leaders sociaux se sentir directement concernés. On voit aussi que le recours aux médecines dites douces et la nouvelle passion pour la diététique touchent des groupes de plus en plus vastes et nombreux de la société. Il ne se passe plus guère de mois sans que paraisse un livre témoignage, écrit par une personne qui a « vaincu son cancer » ou remédié à d'autres maladies graves par sa décision de prendre en charge sa santé, et par une thérapeutique adaptée à son cas. L'un des livres les plus révélateurs dans ce domaine est celui du journaliste américain Norman Cousins dont je parle plus loin [1].

UNE NOUVELLE QUALITÉ DE VIE

Ce genre de littérature passionne un public qui se sent concerné et aussi de nombreux soignants professionnels. La raison ? *un quart de la population des pays avancés est condamné à avoir une tumeur cancéreuse,* soit pour la France près de 14 millions d'individus : un Français sur quatre. Aux Etats-Unis, 60 millions de « candidats ». Quant à l'hypertension et aux maladies cardiovasculaires (première cause de mortalité prématurée dans les pays industrialisés), elles atteignent les individus les plus utiles et les plus productifs de la société. Elles font partie d'une sorte de tribut en chair humaine nécessairement payée à la « civilisation » et à laquelle on semble résigné. Quant au Sida, il est devenu le nouvel épouvantail mondial de la santé. Avec raison.

D'innombrables études ont cependant démontré qu'une hygiène de vie et une nutrition appropriée (avec suppression du tabac, de l'alcool et de tous les excitants, tels le café, le thé, les sucres rapides...) faisaient reculer la maladie et la mort. Une prophylaxie adéquate barre la route au virus des maladies sexuellement transmissibles. Mais il y a loin du « savoir » intellectuel à la « connaissance » et à l'expérience intime ; et la plupart d'entre nous attendront d'être sérieusement malades, d'avoir dans leur chair frôlé la mort, avant de s'intéresser − s'ils ont survécu − à la prévention. Et ceci n'est pas de ma part une observation et une affirmation gratuite : je suis passé par là, ainsi que la plupart des malades que j'ai interviewés.

Toutes les observations privées, tous les témoignages et toutes les études épidémiologiques (toutes maladies et infirmités confondues), aboutissent toujours à une conclusion identique, à savoir : *l'attitude mentale et psychologique du patient est un facteur majeur de l'évolution d'une maladie, soit vers le mieux, soit vers le pire.*

C'est ce qu'on appelle populairement « garder un bon moral ». En d'autres termes, ceux qui guérissent sont les gens qui croient à la guérison et qui restent optimistes dans l'épreuve. Et même dans le cas de maladie réputée « incurable », ils y gagnent une prolongation et une qualité de vie incomparables. C'est cela que j'appelle « choisir de vivre ».

RIRE POUR GUÉRIR

Il y a une vingtaine d'années ce facteur personnel a été spectaculairement mis en évidence par Norman Cousins, ce grand journaliste américain déjà

1. Norman Cousins, *La volonté de guérir,* Le Seuil, Paris, 1980.

mentionné. Condamné par la Faculté avec seulement deux ou trois mois à vivre, Cousins a décidé de rigoler jusqu'à la mort. Il a loué un magnétoscope et les vidéocassettes des films des Marx Brothers, de Laurel et Hardy, de Danny Kaye, Abbott et Costello et de tous les grands comiques qui pouvaient lui tomber sous la main. Et il s'est mis à un régime de huit heures par jour de comédies hilarantes. Il riait si fort que l'hôpital coûteux où il séjournait a dû lui demander d'aller rire ailleurs. Un hôpital, c'est bien connu, n'est pas fait pour y rire mais pour y « mou-rir ». (Encore qu'on puisse parfois y « gai-rire »).

Cousins s'est réfugié dans une chambre d'hôtel insonorisée et a continué de rire. Soutenu et compris par un médecin intelligent et admiratif devenu son ami, il avalait en même temps (parce qu'il y croyait) des doses massives de vitamine C. Peu à peu, malgré l'incrédulité des médecins, les examens révélaient que son état s'améliorait rapidement ; au bout des trois mois qu'on lui avait donné à vivre, Norman Cousins était guéri. Il est depuis devenu « professeur de survie » en donnant des cours et des conférences dans plusieurs universités américaines. Son livre témoignage est paru en français sous le titre *« La volonté de guérir »* [1].

Certes, il faut un tempérament optimiste pour décider de rire quand on est « condamné à mort ». Cousins a démontré que la mort recule devant la joie. Le grand écrivain Elie Wiesel dit pour sa part, citant le Talmud : « Tant que l'homme chante, la Mort n'a pas de prise sur lui » [2].

Le cas de Norman Cousins est l'un des plus connus mais il est loin d'être unique. Un jeune Suisse, Jean-Jacques Bésuchet, s'est guéri d'un cancer considéré comme incurable et mortel des testicules (six mois de survie en principe) en adoptant une vie naturelle et un régime crudivore. Il croyait à sa thérapeutique et à sa guérison : il a guéri (son témoignage : *Cap sur la vie* [3]).

Dans un autre domaine, celui de l'infirmité irréversible, on connaît bien en France et dans le monde le cas de Patrick Segal. A 23 ans ce bel athlète a eu la moelle épinière sectionnée par un coup de feu accidentel ; il est devenu paraplégique. Mais il a refusé l'univers étouffant du handicapé assisté. Baladant son fauteuil roulant, Patrick Segal a accompli des voyages autour du monde et des exploits sportifs que bien des valides n'oseraient pas envisager. Privé de ses jambes, il est devenu « L'homme qui marchait dans sa tête ». (C'est le titre de son premier livre.) Son optimisme, son courage et sa joie de vivre, l'ont rendu légendaire. Son expérience est d'autant plus précieuse que les accidents de motos et de voitures laissent chaque année des milliers de jeunes handicapés. Tandis que les maladies invalidantes, telle la sclérose en plaques ou le Parkinson, frappent de plus en plus de sujets jeunes, avec une espérance de vie aussi longue que celle d'un non-handicapé. Mais quelle vie ?

1. Norman Cousins, *La volonté de guérir*, Le Seuil, Paris, 1980.
2. Elie Wiesel et Josy Eisenberg, *Job ou Dieu dans la tempête*, Fayard, Paris, 1986.
3. Voir bibliographie.

UN CHOIX PERSONNEL

C'est à chacun de faire le choix. La maladie peut être plus ou moins grave, plus ou moins handicapante. Dans tous les cas où le malade ou l'ex-malade a encore quelques moyens physiques ou mentaux de prendre en charge une partie de sa santé et du « travail de vivre », il se portera infiniment mieux s'il décide par lui-même de ce qui est bon pour lui. Je ne parle pas de traitement médical, encore que le malade se doit de s'y intéresser et d'y participer. Mais c'est dans chaque acte de la vie quotidienne que nous renouvelons chaque jour, à chaque seconde, notre « contrat » avec la vie.

J'ai vu trop de malades graves ou infirmes vivant bien leur difficile condition ; on m'a aussi raconté trop d'histoires admirables pour que je puisse croire encore à la maladie cercueil, au retranchement de la vie tant qu'un souffle de conscience nous anime. J'espère faire partager ma conviction née d'une longue recherche.

Reste cependant le cas de malades ou de handicapés totalement dépendants. Tout le monde ne peut avoir la trempe d'une Denise Legrix, née sans bras ni jambes, et qui a connu un destin exceptionnel en n'acceptant pas d'être considérée comme un rebut de la société. Mais dans ces cas plus difficiles, la famille et l'entourage ont un rôle déterminant à jouer. Leur affection et leur compréhension peuvent faire toute la différence entre le désir et la qualité de vie du malade ou la détresse d'un naufragé de la vie. Ce que j'ai trouvé de plus admirable dans les livres de Denise Legrix, c'est l'amour inconditionnel et l'admiration dévouée de sa famille. C'est un capital d'une inépuisable richesse. Et nous avons tous le pouvoir de le partager, quelle que soit notre condition.

CHAPITRE III

Les chemins
de la connaissance

S'il est vrai, selon le dogme des psychosomaticiens, que nous portons toujours une part de responsabilité dans nos maladies et nos accidents, inversement cela signifie que nous pouvons être les responsables dans la même proportion de notre retour à la santé. Ou à tout le moins, à une qualité de vie supérieure. En d'autres termes : si notre esprit et notre mental nous ont mené inconsciemment à l'état de maladie ou de handicap, nous pouvons les mobiliser pour nous ramener consciemment à l'état de santé ou de validité. Ce que le mental a fait, le mental peut le défaire. Acceptons simplement que le mal fait en vingt, ou trente ans parfois, ne peut pas être réparé en quelques semaines ou quelques mois. Patience et persévérance sont les ingrédients nécessaires à la réussite.

L'idée n'est pas nouvelle. Il y a deux mille ans que les maîtres yogis hindous et les bouddhistes thibétains enseignent la visualisation positive et utilisent la méditation pour prévenir et chasser les maladies. Le pouvoir de la concentration spirituelle positive est démontré par de nombreuses expériences de « biofeedback* ». Sous contrôle scientifique et médical, des yogis entraînés ralentissent et stoppent les battements de leur cœur, accélèrent ou arrêtent leur péristaltisme intestinal, abaissent ou élèvent la température de leur corps.

N'importe qui peut aujourd'hui se procurer un petit appareil de mesure et vérifier lui-même les effets de sa propre volonté mentale dans le ralentissement de son rythme cardiaque ou la baisse de sa tension artérielle. Ce qui est nouveau à notre époque, c'est que des techniques longtemps restées ésotériques et réservées à des initiés privilégiés sont maintenant disponibles pour tous. Des secrets jalousement conservés par la Tradition depuis des millénaires s'étalent dans les librairies et les supermarchés, où l'on peut en disposer pour quelques dizaines de francs. Tous ceux qui s'intéressent à ces sujets − je suppose que ce sont eux qui liront ces lignes − ont tous connu le choc de la rencontre avec un livre dont l'auteur révélait des « secrets » confusément pressentis.

Nous vivons dans ce domaine une révolution : celle de la diffusion ouverte de toute la connaissance ésotérique humaine : la Cabbale, le Yi-King, l'alchimie, le tantrisme, le Talmud, le soufisme, le tao, le zen, et bien d'autres voies de la Connaissance, sont désormais à notre portée, en livres, en cassettes, en revues ou en vidéo. Et un public avide de plus en plus large dévore tout ce qui paraît pouvoir lui apporter une « révélation ».

CAPTER SON ÉNERGIE

Malheureusement, la Connaissance ne s'acquiert pas dans les livres. Les livres – un seul livre parfois – peuvent nous mettre sur la voie. Ensuite, c'est à chacun de nous de poursuivre le chemin, de vivre ce long itinéraire. Chacun le suivra à sa façon et à son rythme individuel ; mais de même que tous les rayons d'une roue convergent vers le moyeu, de même tous les chemins mènent à un centre unique. Il n'existe pas de recette standard, pas de moyen magique, pas de repère fixe connu et définitif : à chacun son chemin. La récompense est dans le parcours lui-même.

Un fait cependant est communément admis : toutes les démarches de développement ou d'évolution personnelle, de progrès et de découverte, d'itinéraire sur le chemin de la Connaissance, devraient, *doivent, obligatoirement commencer par un nettoyage psychologique plus ou moins profond.* Et l'on rencontrera tôt ou tard l'obstacle du corps physique qui a conservé, inscrit dans ses fibres, la mémoire de tous nos traumatismes, de toutes nos peurs, et de toutes nos souffrances. Surtout ceux que nous avons refoulés et « oubliés ».

Ce que n'ont pas toujours compris les importateurs bien intentionnés de philosophies ou de techniques extrême-orientales : zazen, yoga, arts martiaux, tantrisme et autres. On sait par exemple que la méditation intensive mal dirigée a fourni un bon contingent de détraqués aux hôpitaux psychiatriques. Certaines techniques de relaxation profonde appliquées à des personnalités à tendance psychotique peuvent avoir des effets désastreux débouchant sur une décompensation. Le hatha yoga, même bien enseigné, peut donner chez certaines structures mentales des problèmes somatiques (vertèbres déplacées) ou psychologiques (décollage du réel sensible). Il est utilisé par beaucoup de névropathes* pour refouler plus profondément leur pathologie, pour éviter de se rencontrer, donc de se connaître.

De bons praticiens du hatha yoga sont ainsi devenus de véritables marmites sous pression, augmentant au fil des ans leur temps de pratique et de méditation afin d'éviter l'implosion. A force de vouloir écraser à travers leur corps un ego bien décidé à résister, ils utilisent toute leur énergie simplement à rester assis sur un ressort bandé, comme un arc prêt à tirer, qu'il faut maîtriser sous peine de catastrophe.

L'énergie consacrée au refoulement pourrait servir à un développement harmonieux et au mieux-être de l'individu ! Pour être passé par là et en avoir souffert, je connais le prix à payer si on n'accepte pas de se rencontrer tels que nous sommes, avec nos faiblesses et notre démon (la tentation du mal), mais aussi notre force et notre part de divin, je veux dire notre capacité d'amour et de compassion. Car, bien sûr, nous sommes tout cela.

Dans ce milieu foisonnant, j'ai aussi rencontré des yogis équilibrés et heureux, des pratiquants d'arts martiaux ou de méditation sereins et capables de vivre avec un ego en paix avec l'univers et avec eux-mêmes. Quelques êtres d'élite parviennent à une grande élévation spirituelle, à cette homéostasie* mentale et physique à laquelle tout notre être aspire. Leur état ne se décrit pas. On peut seulement s'en inspirer pour tenter de mieux vivre.

LE TEMPS DES CHARLATANS

La psychologie à toutes les sauces, comme la psychosomatique de supermarché, peuvent être des armes à double tranchant. D'abord parce qu'il y a peu de praticiens compétents et consciencieux. Ensuite parce que tous les praticiens ne savent pas reconstruire un psychisme qu'on a aidé à se déstructurer en s'appuyant *simultanément* sur le vécu du corps physique.

Pour avoir eu la grande chance de travailler avec des praticiens et des thérapeutes à la fois compétents et consciencieux, je sais que ce n'est pas une proposition facile ; et que les « fumistes » abondent sur ce créneau.

Dans un débat télévisé en 1986, le professeur Serge Lebovici, pédopsychiatre et psychanalyste, reconnaissait qu'il y a en France environ 3 000 psychanalystes, dont seulement 350 à 400 reconnus compétents par une Société de psychanalyse, elle-même agréée par l'Association mondiale. Il serait grave, cherchant à retrouver la santé, de tomber dans une aggravation des symptômes, dans un renforcement des résistances* névrotiques au niveau physique et dans une déstructuration mal engagée accélérant la pathologie.

Tous les bons médecins, les psychologues et psychosomaticiens compétents connaissent bien le phénomène qu'on appelle « le déplacement du symptôme* ». Il est caractéristique des somatisations incontrôlées. Je l'ai observé chez moi ! On guérit un mal de dos pour voir surgir peu après des douleurs gastriques, remplacées plus tard par d'intenses migraines ou des coliques, ou des éruptions cutanées, des « crises de foie »,... ce que vous voudrez. On peut ainsi faire le tour de pas mal de petites misères fonctionnelles, avec un « malade » satisfait, puisque 1. on s'occupe de lui et 2. on le « guérit » à chaque fois du symptôme dont il se plaint. Alleluia !

Tant qu'on n'aura pas été voir en même temps au niveau psychologique ce que veut exprimer le corps physique, le « symptôme baladeur » continuera de se balader. Heureusement, car ce sont autant de sonnettes d'alarme, de clignotants rouges qui s'allument pour nous signaler que quelque chose ne va pas dans notre « unité de vie » corps/mental/esprit. Une psychosomaticienne, M.-C. Beaudoux (joli nom, n'est-ce pas ?) a écrit un jour que le corps proteste d'abord en murmurant ; si on ne l'entend pas, il crie de plus en plus fort ; et si on ne veut pas écouter ses cris, il se met à hurler. A ce stade-là, c'est l'hôpital ou la maison de santé. Ou la morgue. Autrement dit, il suffirait d'entendre les premiers murmures et de s'en occuper de façon adéquate pour ne jamais tomber dans « une issue dramatique du troisième degré ». L'Analyse transactionnelle* a bien étudié et codifié ce qu'elle appelle « les Issues Dramatiques du Scénario » (I.D.S.). Ce sont au stade ultime de gravité (troisième degré) : le meurtre, la folie et le suicide. L'AT fournit de bons repères pour reconnaître leur potentialité et leur degré de gravité ; elle nous donne aussi là une démarche thérapeutique, en principe simple, pour les traiter et les guérir.

Si l'Analyse transactionnelle n'inclut pas les maladies (plus ou moins graves) parmi les I.D.S., beaucoup de praticiens les considèrent volontiers comme des issues dramatiques mineures (premier degré ?) ; je dirai pour ma part des « succédanés » d'I.D.S. De même, de nombreux accidents graves peuvent-ils être considérés comme des formes indirectes de suicide. L'alcoolisme, la drogue et tous les comportements dommageables d'un individu (telle la prise répétée de risques inutiles) sont à ranger dans les mêmes catégories. Et j'y ajouterai (avec d'autres) la fuite devant la réalité. Avec un peu d'entraînement, ces tendances sont rapidement repérables et neutralisables. Méfions-nous des gens qui rient en nous racontant l'accident qui leur est arrivé !

PULSION DE VIE CONTRE PULSION DE MORT

Dans ces domaines il est quasiment impossible à un individu de reconnaître seul ses tendances morbides. Et pour cause : c'est son inconscient qui active ces messages destructeurs. Et, par définition, ce qui est inconscient ne nous est pas connu. Le grand spécialiste psychosomaticien français Pierre Marty a bien montré que toutes les maladies ressortissent, d'une façon ou d'une autre, à la pulsion de mort en lutte perpétuelle avec la pulsion de vie[1]. Notre inconscient qui mène le jeu permet souvent de déceler longtemps à l'avance les signes avant-coureurs d'une maladie grave. Carl G. Jung a magistralement démonté ces mécanismes[2]. Son disciple, Etienne Perrot, a popularisé une méthodologie d'analyse des rêves* dont nous reparlerons[3].

Depuis ses origines l'humanité est fascinée par le phénomène des rêves et leur signification, ce qui suscite sans cesse des charlatans. La Bible mentionne au moins soixante-dix grands rêves prophétiques, donnant une dimension divine aux messages de notre inconscient. Les monarques des grands empires avaient tous leurs mages pour interpréter leurs rêves. Il y a loin pourtant de la pratique jungienne à « la clef des songes » et aux

1. Pierre Marty, *Les mouvements individuels de vie et de mort,* Payot, Paris, 1976, PBP 361.
2. Carl G. Jung, *Ma vie,* Gallimard, Paris, 1973.
3. Etienne Perrot, *Les rêves et la vie,* La fontaine de Pierre, Paris, 1979.

commerçants qui fournissent des explications stéréotypées sans grand intérêt. On verra plus loin pourquoi.

L'engouement pour l'interprétation des rêves va de pair avec la vulgarisation du savoir psychologique et psychosomatique. Les « demandeurs » sont souvent des personnes rebutées par une démarche approfondie, n'ayant pas envie d'aller trop loin et de trop comprendre. Ils veulent des explications non dérangeantes, ou même rassurantes. Leur demande est souvent sous-tendue par « la pensée magique* ». C'est un peu pour eux une forme partielle de thérapie au rabais, dangereuse par conséquent, puisque tout ce qui n'est pas traité à fond sera réexprimé d'une autre façon. Et la somatisation* – entendue comme l'expression physique d'un syndrome* névrotique non reconnu et traité – paraît être la voie d'élection de l'inconscient quand les résistances psychologiques sont trop fortes ; ce qui est le plus souvent le cas. Notre époque revient aux croyances magiques et attend des remèdes miracles individuels à des maux collectifs. Ce qui est impossible. Il y a longtemps que je pense avec le grand sociologue Georges Gurvitch que la névrose* est d'abord un phénomène social, au sens large du terme. Les sociétés modernes des pays industrialisés sécrètent des climats hautement pathogènes et les névroses actuelles traduisent le plus souvent une forme mal dirigée d'adaptation de l'individu à son milieu, à sa fonction sociale et aux exigences (au stress*) de la vie collective urbaine.

On peut presque affirmer l'inévitabilité des névroses quelles qu'elles soient dans les sociétés modernes. Dans un tel contexte, la soif de comprendre et le besoin de fonctionner socialement avec un minimum de malaise favorisent « la pensée magique », et par conséquent la multiplication des charlatans dans tous les domaines : astrologie, voyance, divination, magnétisme, art de guérir, etc.

Je me suis penché avec curiosité et les outils de l'enquêteur professionnel sur la plupart des doctrines héritées de la Connaissance universelle. J'ai rencontré à chaque fois quelques rares professionnels sérieux (faisant largement appel à la psychologie) et une vaste cohorte de gens sans grande compétence et encore moins de scrupules, qui avaient trouvé une bonne combine pour gagner leur vie d'une façon plus facile et plus confortable qu'un ouvrier d'usine. Les malades sont malheureusement des proies faciles pour tous ces charlatans.

Exemple : il y a quelques années, étant à la recherche de témoignages de guérison d'une maladie réputée incurable, j'ai passé une petite annonce dans un journal paramédical grand public. J'ai reçu des réponses de malades me confirmant l'absence d'un seul cas de guérison et... plusieurs offres de traitements garantis par des charlatans de tout acabit.

L'ESPOIR TENACE

La vogue des médecines douces accompagne également la mode de la psychosomatique. Ce serait une grave erreur que de les condamner en bloc comme le font certains médecins obtus. Mais il est tout aussi dangereux et grave de ne recourir qu'à des tisanes et/ou à l'imposition des mains ou au magnétisme pour traiter une maladie grave que la médecine allopathique ne sait pas encore guérir, comme la sclérose en plaques ou la polyarthrite chronique évolutive (P.C.E.).

On connaît certes le mystérieux effet placebo*, qui reste la preuve éclatante de l'aspect psychologique de la maladie et de sa guérison. L'ennui, c'est qu'on ne peut prévoir le résultat de l'administration d'un placebo* (puisque c'est l'inconscient du malade qui va faire le travail du faux médicament) ; face à l'évolution d'une maladie grave, il serait criminel de ne prescrire que de l'eau distillée ou des pilules de sucre ou des amulettes.

L'espoir du malade a la vie dure : Christian Barnard, le grand chirurgien qui a réussi la première greffe du cœur, est atteint d'une polyarthrite chronique évolutive et a dû renoncer à son métier. Il a raconté lui-même comment, tout en étant médecin et un esprit rationnel, il a fait le tour des guérisseurs, rebouteux et autres « magiciens », dans l'espoir, bien sûr déçu, de rencontrer un remède miracle à une maladie sans remède connu. Ce n'est qu'après avoir épuisé les mirages que Christian Barnard a fait la seule chose qui lui restait à faire : il s'est pris en mains et en charge et a décidé de « faire avec ».

Sa vie a retrouvé sa qualité quand il a accepté de ne plus pouvoir rester un grand chirurgien pour devenir un conseiller respecté et un superconsultant. Beaucoup de gens – et moi-même – ont suivi le même itinéraire pour aboutir rapidement aux mêmes conclusions : *accepter le changement* (et par conséquent arrêter de poursuivre des mirages) et se prendre sérieusement en mains. Les autres continueront à souffrir et à être la victime des marchands d'illusions. *C'est une des façons qu'ils ont (inconsciemment) choisi pour rester malades.* Comme nous le verrons, il y en a beaucoup d'autres.

Car être malade et le rester peut procurer certains avantages non négligeables, nous le verrons également. La réduction du stress est à la portée de toute personne motivée pour éviter de tomber malade. Pourquoi donc ceux qui le savent ne font-ils rien pour éviter la maladie comme on donne un coup de frein pour éviter un accident ? Pourquoi diable l'homme d'affaires ou le cadre supérieur qui mange et boit trop, fume trop et travaille à l'excès, vous assure-t-il ne pas pouvoir faire autrement ? Pourquoi donc la mère de famille travaillant à l'extérieur s'acharne-t-elle à bourrer son emploi du temps, à multiplier ses corvées, en poussant ses enfants à des activités diverses, toutes éloignées, qui l'obligent à de longs trajets fatigants en sus de son travail ?

Un peu de stress est nécessaire et d'ailleurs inévitable. Le stress, c'est la vie. Mais rajouter des facteurs de stress dans une vie déjà bien remplie, c'est

volontairement courir à la surchauffe. Quand la maladie arrive, elle est accueillie comme un soulagement. Ouf ! on va enfin pouvoir décrocher, se faire servir le petit déjeuner au lit avec bonne conscience, traîner chez soi en robe de chambre, lire un bon livre, recevoir des fleurs, des bonbons et autres gentillesses. On va enfin recevoir de l'attention et être reconnu.
Ce n'est pas si mal d'être malade de temps en temps, non ?

CHAPITRE IV

Comment tomber malade...
et le rester !

Un grand psychologue polonais, émigré aux Etats-Unis, où il est l'une des vedettes de la célèbre « école de Palo Alto », Paul Watzlawick, a écrit un bref ouvrage au titre évocateur : *Faites vous-mêmes votre malheur.* (En anglais : *The situation is hopeless, but not serious.*)

Ce titre a fait « tilt » quand je l'ai rencontré. Je n'ai pu que sourire, connaissant Watzlawick et son humour. Je n'ai donc pas acheté ce livre tout de suite, possédant déjà des tas de « trucs » à ce sujet. Et d'après ce que j'observe tous les jours, et ce que j'entendais dans les groupes de thérapie, la plupart de mes contemporains ont déjà tous leur petit répertoire de « trucs » personnels.

Pour qui connaît l'œuvre de Paul Watzlawick, son nouvel opus n'apporte rien de nouveau. Il m'a quand même donné l'envie de faire une synthèse des moyens les plus courants pour se rendre malade (et malheureux) et pour ne pas s'en sortir.

Le premier commandement, c'est de se demander « pourquoi » au lieu de « comment », ce qui m'arrive me tombe dessus. C'est très utile de perdre son énergie et son temps avec « pourquoi », afin de ne pas adopter les mesures et les soins qui risqueraient de me guérir. Avec la question « pourquoi moi ? » et « pourquoi maintenant ? », ce sont autant de bonnes barricades sur la voie d'une éventuelle solution. Cela permet d'user beaucoup de forces mentales dans de vagues ratiocinations au lieu de rechercher les moyens du mieux-être ou de la guérison. Cela permet de se poser en « victime » passive au lieu de choisir d'être un acteur de son propre destin.

En effet, toutes les réponses à « pourquoi » — si réponse il y a — ne peuvent apporter aucune information utile, ni ne donner aucune perspective de solution. En revanche, la ou les réponses à « comment » peuvent nous mettre sur la bonne piste pour s'en sortir — à condition que les réponses soient réalistes, honnêtes et sincères. Si l'on sait « comment » on devient malade, il « suffit » en somme de faire le contraire de ce que nous avons fait jusque-là.

Au début, n'essayez pas avec vous-mêmes, mais choisissez autour de vous quelqu'un que vous connaissez bien et posez-vous la question « comment ». Vous passerez vite maître dans l'art de détecter les différents moyens de se rendre malheureux (et malade), et/ou de se suicider.

L'HISTOIRE D'ALFRED

Il y a une vingtaine d'années j'avais un bon camarade, plus âgé que moi, mais taillé pour vivre bien et longtemps. Tous deux vieux célibataires « endurcis », nous nous voyions beaucoup, d'autant que nous habitions le même quartier. Capitaine autoritaire, Alfred me tirait parfois du lit pour rejoindre une « bordée ». Riche et généreux, il tenait table ouverte et invitait libéralement ses copains chez lui, au restaurant et à bord de son ketch de quinze mètres.

Sur ce fameux bateau, à Deauville ou à Cannes, nous avons fait de mémorables agapes, et même quelquefois de vraies croisières. Nous étions quatre ou cinq équipiers attitrés, bons marins, bons copains et libres, ne dédaignant ni le champagne, ni le foie gras, ni le homard et les autres babioles qui les accompagnaient.

A ce régime, mon système digestif ne résistait pas longtemps, même si à cette époque il était très robuste. Je me mettais régulièrement à la diète comme les animaux savent si bien le faire quand ils ont dépassé les bornes. Mais Alfred vivait et mangeait ainsi tous les jours de l'année ; ou presque. Dans son vaste salon, des compotiers remplis des meilleurs chocolats garnissaient toutes les tables et consoles, voisinant avec de pleins raviers de pistaches, d'amandes et de noisettes. La spacieuse cuisine regorgeait toujours de provisions fraîches, de fines pâtisseries, de riches fromages, de rôtis et de pâtés. Le caviar était fréquent, directement importé frais d'Iran par kilos. Et les champagnes et les vins millésimés étaient dignes des meilleures tables.

Alfred « bouffait » de tout, en abondance. Il pouvait digérer d'énormes quantités de nourritures riches sans aucun problème. Malheureusement pour lui, car le résultat se voyait : il prenait des kilos par dizaines. Il finissait par devenir gras, hideux et bouffi. Aussi, très régulièrement, il nous quittait pour deux semaines. Il se rendait en Suisse, à Zurich, dans la célèbre clinique du docteur Bircher, où les privilégiés de la fortune vont payer très cher le droit de boire du bouillon de légumes clair et de grignoter quelques grammes de carottes râpées non assaisonnées. Avec en prime l'obligation de se coucher tous les soirs à 21 heures.

Grâce à ces coûteux séjours, notre ami perdait vingt à vingt-cinq kilos ; il nous revenait rajeuni, ragaillardi, détendu et... prêt à recommencer. Sa conception d'un régime pour ne pas grossir se limitait à ne jamais prendre de hors-d'œuvre dans le grand restaurant où il déjeunait quotidiennement. Il se contentait du « plat du jour » (généralement un plat en sauce servi très copieusement) et se laissait tenter parfois par un deuxième mille-feuilles géant ou une tarte aux amandes de belle taille. Le tout arrosé, bonne cuisine oblige, d'un vin adéquat.

J'ai assisté pendant plus de dix ans à ces « bouffes » suicidaires et au rituel séjour chez Bircher au moins deux fois l'an. Tous ceux qui aimaient bien Alfred — car on ne pouvait pas ne pas l'aimer d'une certaine façon —, tous, avons essayé de le convaincre de manger moins et moins richement et de faire davantage d'exercice. D'essayer de ne pas grossir autant au lieu de courir se faire maigrir. Comme il me demandait souvent mon avis sur beaucoup de sujets et semblait en tenir compte, je pensais qu'un jour il m'écouterait. Quelle présomption !

Alfred était toujours d'accord avec moi et, à la fin de mon exhortation, me prenait par les épaules pour aller dîner, comme d'habitude, dans un grand restaurant où il continuait à s'empiffrer. En outre il fumait trop jusqu'au jour où, un médecin ayant réussi à l'effrayer en le disant voué à la paralysie, il avait réduit la cigarette pour passer aux cigares. J'oubliais : nos repas étaient toujours précédés de quelques verres de whisky (du meilleur, bien sûr !) et se terminaient par de fins cognacs ou de vieux armagnacs, en se prolongeant tard dans la nuit.

LA FIN PRÉVISIBLE

On aura deviné la suite : athérosclérose et crise cardiaque ont emporté Alfred avant son soixante-sixième anniversaire. Aujourd'hui je peux comprendre ce « gai suicide ». Alfred n'avait voulu aucun véritable ami, aucun amour profond et stable, aucune relation affective significative. Il avait le don d'attirer à lui des êtres de qualité, loyaux et sensibles — hommes et femmes. Mais il s'empêchait d'éprouver la moindre émotion sincère. Même ses rares colères étaient factices. Il aimait bien les gens en général et à distance (comme le prouvent ses dons importants très discrets à des œuvres de charité). Il n'aimait personne en particulier et coupait net les épanchements naturels.

En une douzaine d'années de fréquentation assidue, de vacances ensemble — et je crois aussi, d'amitié —, je ne l'ai vu que deux fois se laisser aller à me parler de lui. C'était très touchant. Autrement, il « s'achetait » des « amis » par sa grande générosité. (Pour un service professionnel rendu, il avait tenté de m'offrir une voiture.)

Il se vantait presque de n'aimer personne en particulier, surtout pas une femme, et de n'apprécier que ses compagnons de bamboche et ses compagnes de lit. Toutes les filles, mannequins, starlettes ou bourgeoises, avec lesquelles il passait des nuits, n'étaient que des passades. Jamais il n'avait voulu établir de liaison durable. Ce désert affectif lui convenait. Il ne souhaitait pas « s'engager » dans une relation trop impliquante.

Je crois que sa boulimie peut être interprétée comme une surcompensation à la vacuité affective de sa vie. Une autre surcompensation prenait la forme d'un investissement excessif dans son travail, au moins pendant les premières années de nos relations. Ensuite, il avait acquis une telle réputation d'homme d'affaires et gagné tellement d'argent, qu'il pouvait travailler de moins en moins. Et attendre la mort.

Dans ce résumé de l'histoire d'Alfred, je retrouve beaucoup de recettes utiles pour tomber malade et le rester, ou bien, comme dans ce cas précis, pour mourir le plus vite possible. *Excès de nourriture, d'alcool et de tabac, manque d'exercice, de sommeil de qualité, d'affection et d'amour* – par choix délibéré. *Excès,* pendant longtemps de *stress professionnel* dans un métier très concurrentiel et instable. J'y ajouterai également un *mépris total,* la plupart du temps, *pour les avertissements et les soins médicaux.* (J'avais dû un jour le traîner par chantage chez un médecin ami pour le guérir d'une lamentable rhinite purulente, compliquée de sinusite, qui l'empoisonnait depuis des mois.)

Enfin, au niveau psychologique, Alfred *dévalorisait fréquemment les autres, et leurs sentiments,* et, alternativement, lui-même. Ce qui m'évoque la boutade de Groucho Marx : « Je ne ferai jamais partie d'un club qui m'accepterait pour membre. » Affirmation sous-tendue par l'idée que d'être aimé ou respecté par quelqu'un qu'on méprise vous rend tous deux encore plus méprisables.

Alfred ne voulait pas prendre au sérieux les premières protestations de son corps : une tension trop élevée et un cœur surchargé de graisse. Il faisait partie de ces gens qui n'ont (pour leur malheur) presque jamais de « petits bobos » : ni mal de tête, ni indigestion, ni lumbago, ni petits rhumes, et qui ne savent pas se soigner. Nous en connaissons tous autour de nous qui se vantent de ne jamais prendre une aspirine ou voir un médecin. Nous voyons le résultat : en général ils sont foudroyés beaucoup trop tôt par rapport à l'âge que leur constitution semblait leur permettre d'atteindre.

OBLIGATIONS, CONTRAINTES ET SUPERSTRESS

Il existe bien d'autres moyens pour entrer en maladie et y demeurer. Il suffit généralement de s'organiser pour obtenir un supplément de stress inutile (voir plus loin), ce qui est possible même dans la vie apparemment la plus calme et la plus oisive. On peut s'inventer des obligations superflues, des contraintes sans objet ; on peut se convaincre très tôt que la vie est « compliquée », « difficile » (« On n'en sort pas vivant », a dit un humoriste). Un remède très sûr : éviter l'intimité confiante, l'expression de ses émotions authentiques et le partage affectif.

Après quoi, quand on est devenu malade, il suffit d'entretenir le système de fonctionnement mis en place, notamment en faisant de la maladie le pivot central de sa vie et la justification de toutes ses activités. Et quel inépuisable sujet de conversation quand on manque d'imagination ! « Le nombre de ceux qui paraissent naturellement dotés du talent de fabriquer leur enfer personnel peut passer pour relativement élevé », écrit Watzlawick. Et si je le cite, c'est parce que chacun peut observer comme je l'ai fait qu'il a raison.

Exemple : je connais une dame très occupée, bien qu'elle n'ait jamais eu besoin de travailler. Elle a investi toutes ses énergies dans ses maladies. Son monde est un monde affreux où les gens sont méchants, insincères et à l'affût d'un mauvais coup. Pour employer son temps, elle parcourt volontiers de longues distances pour la moindre emplette. Ses heures de veille se partagent entre « ses soins » et ses activités ménagères. Elle suit toujours des traitements qui nécessitent de longs déplacements, avec des rendez-vous médicaux plusieurs fois par semaine.

Quand par hasard elle n'a rien, elle emmène son chien ou son chat chez le vétérinaire. On ne l'entend jamais dire qu'elle va à peu près bien. Si le temps est au beau « Ça ne va pas durer ! ». La télévision l'alimente quotidiennement en sujets de conversation favoris : les catastrophes. Cette pauvre dame a ainsi réussi à se créer une vie aigre et solitaire alors qu'elle avait les atouts pour faire le contraire. Car il est certain que se rendre malheureux demande autant d'énergie que de se donner de la joie et du plaisir.

J'ai gardé pour la fin le fait le plus significatif : *cette dame est parvenue au troisième âge sans avoir un seul ami* ni même une relation amicale. Son univers affectif se limite à une courte famille, qu'elle ne voit pas trop, parce que « ça la dérange ». Elle arrive en s'agitant dans le quotidien à entretenir une illusion de vivre. Elle ne boit pas, ne fume pas, ne fait pas d'excès alimentaires, se couche tôt ; elle ne peut pas être considérée comme sédentaire : elle est toujours en mouvement. Elle ne laisse personne lui imposer des tâches nombreuses ou excessives ; elle est maîtresse de son temps et, autant qu'on puisse en juger, les facteurs objectifs de stress ne l'accablent pas.

En revanche, elle a toujours réussi à éviter l'intimité affective, l'amitié et l'amour. C'est typiquement un scénario « sans amour », décidé très tôt. En général, ce genre de décision précoce se réalise sans peine car l'individu, à la fois consciemment et inconsciemment, met en place tous les éléments pour que son « scénario » triomphe. De toutes ses expériences et de toute l'information qu'il reçoit à longueur de vie, il ne retient que ce qui renforce ses croyances et préjugés, et donc son choix de vie. « Les gens étant hypocrites et malfaisants, mieux vaut les éviter. » A ceci près que croire et appliquer le contraire était tout à fait possible. Il est à peine utile de mentionner que le compagnon de vie d'une telle personne a dû chercher ailleurs intimité et tendresse.

CHAPITRE V

L'adaptation au monde

Entendons-nous bien : personne n'a envie *consciemment* de tomber malade. Mais la maladie constitue souvent une solution à une situation qui paraît bloquée ou à des problèmes jugés insolubles. Dans un scénario « sans amour » par exemple, c'est un moyen d'escroquer des marques d'attention. Dans les circonstances où la vie nous apparaît insupportable, les perspectives bouchées et les problèmes trop lourds, c'est généralement parce que nous manquons d'amour vrai et d'amitié sûre. C'est alors que la situation nous paraît « sans issue » et que la plupart d'entre nous caressent des idées de suicide. Heureusement, très peu passent à l'acte.

Dans la maladie, c'est également la pulsion de mort qui est à l'œuvre (cf. Pierre Marty, Groddek, Léon Kreisler, etc.). Notre inconscient s'arrange pour nous détourner du projet suicidaire en nous fournissant un moyen d'en sortir à moindre frais, une issue qui n'est ni aussi radicale, ni aussi définitive que la mort. Et nous l'accueillons souvent avec gratitude, comme une option plus agréable que l'alternative vie ou mort.

En réalité, nous pouvons éviter la plupart du temps nombre de maladies en nous demandant tout bonnement : « Qu'est-ce que je somatise ? » Cela demande la clarté envers soi-même, l'acceptation de sa particularité névrotique et d'une part d'insatisfaction (qui existe dans toute vie). Ce préalable résolu, le contenu de la réponse à la question : « Qu'est-ce que je somatise ? » n'a pas vraiment d'importance. *Parce que, même si la réponse est fausse, le seul fait de trouver un substrat psychologique au problème somatique contribuera à le faire disparaître.* Ceci est un fait d'expérience mille fois vérifié.

Nous rencontrons tous des difficultés dans notre vie de relations : avec les collègues de travail, avec nos conjoints ou nos amours, avec nos enfants... Nous apprenons à nous en accommoder plus ou moins bien, le plus souvent au prix du refoulement de nos vrais sentiments et de l'accumulation de malaise névrotique et de ressentiment. Pourtant, nous pouvons aussi apprendre à résoudre franchement nos difficultés (parfois, simplement en faisant le contraire de ce qu'on a fait jusqu'alors), et aussi accepter l'idée qu'il existe des problèmes insolubles.

Face à des difficultés multiples, j'ai compris un jour l'inanité de se battre contre des moulins à vent. J'ai compris que si je n'avais pas le pouvoir de changer les autres, il m'était facile de changer moi-même.

CHANGER SA VISION DU MONDE

Quand on a un problème relationnel, par exemple avec ses enfants ou son conjoint, c'est son propre comportement qu'on peut changer, qu'il faut changer. Et quasi miraculeusement, tout se transforme. Certains problèmes se résolvent d'eux-mêmes : il aura suffi de les « recadrer », c'est-à-dire de changer de perspective. « Quand tu changes ton idée du monde, c'est le monde tout entier qui se transforme » fait dire Castaneda à son initiateur, l'Indien yaki Don Juan (El Viaje...).

Une de mes amies m'a raconté comment elle avait appliqué cette « recette » avec une collègue de bureau. Selon elle, cette dernière se montrait odieuse. Au lieu d'escalader, mon amie a choisi de « changer de perspective », de « recadrer » leurs relations. Elle a cherché et trouvé quelque chose qu'elle pouvait sincèrement aimer et admirer chez sa collègue et le lui a dit. En peu de temps l'autre l'accueillait avec le sourire et bientôt lui apportait des roses de son jardin. Comme par enchantement, les vertiges fréquents de cette amie ont disparu. Exemple banal. La plupart des gens « coincés » dans une attitude passive agressive sont en général très malheureux et en souffrent plus que leur entourage. Il suffit de les aborder sans les juger et avec un peu de bienveillance pour les voir se « décoincer » et exprimer le meilleur d'eux-mêmes. Quand nous sommes nous-mêmes acculés dans ce type de comportement agressif, demandons-nous ce qui nous manque et osons être honnêtes et nous le procurer. Cela peut nous épargner bien des malaises.

Il est utile parfois de connaître la structure psychologique dominante, c'est-à-dire comprendre comment fonctionne un individu − soi-même ou un autre − pour intervenir efficacement. C'est beaucoup moins difficile et mystérieux qu'on ne le croit. Sachons seulement observer et être aussi critique à notre égard qu'à celui des autres. Cela nous évitera bien des désagréments, en particulier avec nos enfants quand ils deviennent « adultes ».

Nous avons tous nos voies de prédilection pour « tomber malade » et/ou le rester. Celles-ci sont liées à notre structure mentale. D'où l'intérêt de les identifier. Cela n'a rien d'ésotérique et de mystérieux. Tout en admirant comme ils le méritent les travaux de Pierre Marty, je me sépare de lui quand il écrit : « Cerner et préciser la structure mentale d'un individu n'est pas... chose aisée. La démarche nécessite une ou plusieurs investigations de longue durée [1]. » Nous tombons là, dans le travers fatal de la psychanalyse

---

1. P. Marty, *Les mouvements individuels de vie et de mort*, p. 95.

orthodoxe selon laquelle tout traitement doit être long, difficile (... et coûteux). Je ne dis pas que ce qu'affirme le docteur Marty est faux ; je dis que c'est inutile.

Celui qui souffre de difficultés psychiques ou somatiques a besoin d'être soulagé rapidement. L'investigation longue ne répond pas à sa demande. Ceci est bien démontré par l'école de Palo Alto qui a créé le Centre des thérapies brèves. Les thérapies modernes en général sont plus brèves parce que centrées sur la solution du problème « Ici et Maintenant ». Elles s'inspirent des travaux de Gregory Bateson (Ecologie de l'esprit), d'Eric Berne (Analyse transactionnelle), de Frédérick Perls (Gestalthérapie), de Milton Erikson (Hypnothérapie), et de Bender et Grinder (Programmation neurolinguistique ou P.N.L.) ainsi que des découvertes les plus récentes.

La psychologie et le monde ont beaucoup changé depuis la révolution freudienne à la fin du XIXe et au début du XXe siècle. Le rythme de vie fabrique davantage de névroses banales mais, en contrepartie, on invente sans cesse de nouvelles méthodes pour se sentir mieux dans une société qui change trop vite pour les individus qui la composent.

CONNAÎTRE SA PROPRE STRUCTURE

On n'a donc plus besoin de connaître à fond la structure mentale d'un individu pour l'aider à sortir de son malaise, de ses difficultés et de ses somatisations. Il suffit de quelques renseignements sur ses croyances, sa vision du monde et sa façon particulière de s'y adapter pour fonctionner en société, informations qu'il donne, bien involontairement, dans les premières minutes d'une rencontre. Sa posture, son langage gestuel (non verbal), le ton et l'allure du débit oral, plus le choix de certaines expressions et paroles clés, tout ceci peut être suffisamment clair pour indiquer la meilleure piste afin de l'aider à s'en sortir.

J'ai vu par exemple un monsieur tordu de douleurs gastriques et qui avait déjà été hospitalisé trois fois sans résultat. Le problème vital qu'il expose est clair : quitter ou ne pas quitter son épouse de trente ans. Il comprend très bien qu'il somatise plutôt que de prendre une décision. Comme il est intelligent, il suffit de quelques séances pour qu'il comprenne *comment* il a mis en place depuis longtemps son « petit enfer portatif » et donc, *comment* s'en débarrasser.

Autre cas : une dame craint de quitter son mari qui la terrorise en menaçant de la tuer. Quand je la rencontre, je viens de voir se régler un cas similaire. Son angoisse est réelle ; elle souffre de mille maux. Elle se croit « coincée ». Au point où elle en est, et compte tenu d'une structure portée au défi, je crois surtout discerner le risque d'une provocation (inconsciente mais délibérée) envers son mari pour qu'il passe à l'acte et l'assassine.

Ce n'est pas une maladie qui peut régler son problème. Mais à l'évidence c'est la pulsion de mort qui est à l'œuvre et la crainte de la mort violente la domine. Elle a donc besoin qu'on lui montre *comment* se « décoincer » parce qu'il existe (comme c'est toujours le cas) d'autres options que la mort pour régler un problème de survie.

Croire très fort en un événement, c'est créer automatiquement toutes les conditions pour qu'il survienne. Les psychologues connaissent bien ce mécanisme. On a beaucoup plus de chances d'avoir un accident de voiture, de devenir invalide ou de développer un cancer mortel, si, pendant des années, « on croit » qu'une telle éventualité est inévitable ou seulement possible.

Tout ce processus peut être parfaitement inconscient. Il n'empêche qu'il est réel et souvent visible par les autres. Nous sécrétons tous le contexte de la réalisation de notre vie. « Une idée, a écrit Watzlawick, pour peu qu'on s'y accroche avec une conviction suffisante, qu'on la caresse et qu'on la berce avec soin, finira par produire sa propre réalité [1]. »

D'où l'intérêt de connaître sa propre structure et celle des autres, c'est-à-dire sa façon particulière de recevoir les « coups du sort », de créer ses maladies et ses accidents. On a fait depuis une dizaine d'années des progrès remarquables dans ce domaine.

Ainsi, un psychologue américain, Paul Ware, a mis en évidence nos « systèmes d'adaptation » au monde et à la vie, à la société et à l'entourage. Son modèle a été répandu et affiné en étant intégré dans un ensemble cohérent par un autre Américain Taibi Kahler. Ce qui a valu à ce dernier, outre le prix scientifique Eric Berne, d'être appelé comme consultant par la NASA pour la sélection des astronautes et autre personnel important.

Ce n'est pas une mince référence car la préparation mentale et l'adaptation psychologique sont infiniment plus importantes pour les astronautes que l'entraînement technique [2].

Paul Ware et Taibi Kahler ont découvert par l'observation de dizaines de milliers de cas six ou sept formes majeures d'adaptation au monde, nous dirions de structures psychologiques principales (voir tableau). Il existe peu de structures « pures ». Nous sommes le plus souvent un composé de plusieurs « adaptations », mais toujours avec une structure majeure dominante. Nous avons tous « choisi » très tôt une certaine forme de relation au monde et elle va dominer toute notre vie. Le plus étonnant : il est facile, en quelques minutes (trente à soixante secondes selon Taibi Kahler), de déceler le type psychologique dominant d'un individu.

Taibi Kahler a enseigné sa méthode en France où un certain nombre de praticiens et de consultants l'appliquent avec succès. Elle est utilisée par des « chasseurs de têtes » pour la sélection de cadres dirigeants, pour la constitution d'équipes de travail compatibles et la formation de négociateurs ; et naturellement en thérapie. En psychothérapie elle permet simultanément

---

1. P. Watzlawick, *Faites vous-même votre malheur*, p. 54.
2. *Dixit* Patrick Baudry, astronaute français entraîné à la fois en URSS et aux USA, *in IHT*, June 23, 1987 « Psychology is key on long flights ».

LES ADAPTATIONS OU TYPES DE PERSONNALITÉ selon Paul Ware

Adaptation	Caracté-ristiques	Description	Messages contraignants	Injonctions
Schizoïde	passif en retrait rêveries évitement indifférent	timide hypersensible excentrique	« Sois fort » « Fais effort » ou : « Fais plaisir aux autres »	« Ne réussis pas » « N'aie pas d'attaches » « N'aie pas de plaisir » « Ne sois pas sain d'esprit » « Ne grandis pas » « Ne sens pas (l'amour, la sexualité, la joie) » « Ne pense pas »
Hystérique	excitable émotionnellement instable réactions excessives aime le drame recherche l'attention séduction	manque de maturité égocentrique futile dépendant	« Fais-moi plaisir » « Fais effort » ou « Dépêche-toi »	« Ne grandis pas » « Ne sois pas important » « Ne pense pas »
Obsessionnelle	conformiste consciencieux	perfectionniste très inhibé exagérément consciencieux trop axé sur le devoir tendu	« Sois fort » « Sois parfait »	« Ne sois pas un enfant » « Ne sens pas (la joie et la sexualité) » « Ne sois pas proche » « N'aie pas de plaisir »
Paranoïde	rigidité de pensée déformations « grandioses » projection	perspicacité extrême soupçonneux jaloux envieux	« Sois fort » « Sois parfait »	« Ne sois pas un enfant » « Ne sois pas proche » « Ne sens pas » « N'aie pas de plaisir »
Antisociale	conflits avec la société tolérance minime à la frustration besoin d'excitation et de drame	égocentrisme insensible irresponsable	« Sois fort » « Fais plaisir aux autres »	« Ne réussis pas » « Ne sois pas proche » « Ne sois pas un enfant » « Ne sens pas »

Adaptation	Caracté-ristiques	Description	Messages contraignants	Injonctions
Passive - agressive	passivité agressive ressentiment	obstruction têtu	« Fais effort » « Sois fort »	« Ne sens pas » « Ne sois pas proche » « N'aie pas de plaisir » « Ne réussis pas »

Extrait de *Actualités en Analyse transactionnelle,* vol. 7, n° 28, octobre 1983.
Traduit du *Transactional Analysis Journal,* San Francisco, January 1983.

N. B. Aux six types de personnalité de Paul Ware, Taibi Kahler a ajouté un septième : *le cyclique* ou « cyclothymique », qui est l'équivalent de l'hystérique, dans son état agité et du schizoïde dans son état déprimé.
Selon moi, ce septième type ne s'impose pas, la cyclothymie étant fort répandue et la plupart des personnalités étant de toute façon composées d'au moins un type dominant et de traits de quelques autres.

un diagnostic, un plan de traitement et un pronostic. Bien sûr, ce n'est pas la panacée ; mais c'est la typologie la plus opérationnelle et la plus performante qui m'ait été enseignée parmi une douzaine d'autres [1].

LA MALADIE, EXUTOIRE DE L'ANGOISSE

Concernant la maladie psychosomatique, l'intérêt d'une typologie simple est de permettre de prévoir « comment » un individu va s'y prendre pour tomber malade et le rester. Ce qui peut permettre la prévention ou, au pire, la prise de repères pour en sortir plus vite.

Toute typologie, pour être opérationnelle, doit donner le « mode d'emploi » de la somatisation, et dans certains cas permettre de prédire les maladies d'élection d'un certain type psychologique. Et aussi de permettre un traitement par la prise en compte des besoins méconnus de l'individu.

Dans la pratique, c'est déjà une aide au diagnostic. Un individu qui souffre ne comprend pas pourquoi il n'arrive pas à résoudre son problème : phobies, angoisses, alcoolisme, boulimie, maladies à répétition... S'il demande de l'aide, c'est qu'il est décidé à faire quelque chose pour en sortir. L'éclairer sur son fonctionnement, sur le « comment », et lui montrer les différentes options offertes, peut couper court à ses angoisses et aux menaces de récidive ou d'aggravation.

« Maintenant, je sais comment je peux me fabriquer un cancer et ainsi me suicider m'a dit Nicole Weerts. Donc, je sais ce qu'il faut que je fasse pour

1. Voir Paul Ware in *AAT* n° 28, octobre 1983 ; *Psychologie* n° 143, janvier 1982.

pas tomber malade ; aujourd'hui, je sais que je n'ai plus besoin de cela. »
Celle qui parle a connu deux fois un cancer du sein.

Nous sommes cependant, pour la plupart, des types complexes. En outre, à part notre structure psychologique, entrent en jeu d'autres facteurs immatériels qui vont contrarier ou favoriser le retour à la santé. Pour ma part, je sais que pendant longtemps mon problème central était de toujours répondre aux sollicitations et de ne pas hésiter à prendre en charge les problèmes des autres, allant jusqu'à vouloir les résoudre pour eux avant qu'ils me le demandent. Au-delà de la structure, il y a les traumatismes de la vie et de l'entourage familial. Lorsque ma famille a été rapatriée d'Algérie, par exemple, j'ai été obligé de « faire face ». Mais j'ai été trop loin dans la prise en charge.

Heureusement (ou malheureusement), le corps veille. Il décide un jour qu'il en a marre. Il crie « Pouce ! » (maladie « douce »), ou il se révolte (maladie ou accident graves). Le corps veille, j'ai dit « heureusement », car sans cela il n'y aurait aucune raison de ne pas poursuivre des comportements dommageables. Celui qui rend service et assiste les autres en tire des satisfactions égotiques considérables. Il est aimé, recherché ; il peut jouer à se croire indispensable. Comme celui qui boit ou fume trop en tire satisfaction, même quand il sait qu'il détruit sa santé.

Pourtant il est de plus en plus facile aujourd'hui de choisir de ne pas tomber ou retomber malade. Nous disposons d'un vaste arsenal de connaissances et de techniques pour nous empêcher de choisir la maladie comme moyen d'exprimer nos peurs, nos conflits, nos frustrations ou notre angoisse existentielle.

RECHERCHER L'HARMONIE

Comment se fait-il alors que les dépenses de santé croissent de façon phénoménale dans tous les pays pour lesquels nous disposons de statistiques fiables ? En France, la Sécurité sociale creuse sa propre tombe avec des déficits annuels gigantesques malgré les mesures prises pour limiter la couverture sociale et augmenter des cotisations déjà très élevées. En Allemagne fédérale, chaque jour de l'année 10 millions de citoyens sont simultanément malades. Coût quotidien : 450 millions de deutsche marks. Aux Etats-Unis, les dépenses de santé sont passées de 12,7 milliards de dollars en 1950 à 247,2 milliards en 1980. C'est la même chose dans tous les pays développés où la maladie est devenue un palliatif à l'effort et à l'angoisse de vivre. Jusqu'au jour où la couverture sociale va craquer.

La solution est trop simple et c'est pourquoi les citoyens des pays avancés la refusent ou l'ignorent : vivre en harmonie avec soi-même, à son rythme, selon ses besoins profonds, en sachant dormir, manger sainement, se reposer quand on est fatigué ; refuser l'excès de contraintes, d'obligations et de stress ; faire suffisamment d'exercice physique ; tout cela est nettement trop bon marché et beaucoup moins intéressant que de se faire opérer plusieurs fois ou de capoter en voiture.

Avant l'effondrement définitif de nos services de « sécurité sociale », il appartient à chacun d'entre nous de prendre en charge la conduite de sa santé. Toute structure a ses névroses* spécifiques et toute maladie qui les exprime procure des avantages, de la « nourriture » psychologique, aussi nécessaire que l'autre. Chaque malade trouve quelque avantage dans sa ou ses maladies, qu'il s'agisse d'une grippe ou d'une cardiopathie aiguë ou d'un cancer ; ce qu'on appelle en français, « les bénéfices secondaires ».

En général, le malade est horrifié quand il entend parler pour la première fois des bénéfices secrets de sa maladie. Et pourtant, s'il est de bonne foi, il ne tarde pas à découvrir de nombreux avantages à être malade. Choquant ? Combien d'entre nous se permettent-ils sans une bonne raison de s'arrêter quelques jours de travailler, de faire le ménage et la cuisine ou de s'occuper des enfants, sauf si la maladie les y force ?

Allons, il y a de sérieux dividendes à encaisser en tombant malade !

EN RÉSUMÉ

Trop ou mal manger : une enquête effectuée en 1987 auprès de la population masculine révèle : 90 % des hommes reconnaissent qu'ils sont fatigués. 61 % l'attribuent au fait de « trop manger » (et trop boire ?).

Le stress excessif : même enquête : 60 % mettent la fatigue au compte des difficultés professionnelles. On peut réduire ce facteur de 50 % en changeant notre approche du travail. Ou en changeant de métier.

Manque de sommeil ou de repos : depuis l'électricité, l'homme dort de moins en moins et de moins en moins bien. Même avec les somnifères. « La paresse, dit Woody Allen, c'est de se reposer *avant* d'être fatigué. » C'est d'une grande sagesse. Mais qui va regarder la télé ?

Manque d'amour et d'affection partagés : c'est peut-être le facteur majeur des somatisations. *Une maladie est souvent un appel au secours* pour être l'objet d'attentions. On tombe malade pour « exister ». Tous les médecins le savent. Tout le monde a besoin d'amour. Un truc utile : commencer par aimer les autres et soi-même. L'amour est la seule chose qui enrichisse quand on le donne.

Exercice physique : les sportifs de haut niveau, les interprètes virtuoses, les chevaux de course, s'entraînent tous les jours. A plus humble échelle, notre corps a besoin d'entraînement quotidien pour bien fonctionner. Aux malades, je dis : quel que soit votre état, bougez, faites chaque jour de l'exercice, et que cela devienne une de vos joies de vivre. Et si vous êtes handicapé, imaginez que vous courez. On m'a raconté qu'une vieille dame clouée dans son fauteuil adorait regarder les matches de football à la télé. Elle disait que ça lui faisait du bien de voir des jeunes courir sur leurs bonnes jambes.

CHAPITRE VI

Les dividendes de la maladie

Un groupe de douze à vingt personnes se réunit le temps d'un « week-end », pour apprendre des techniques de gestion de santé et, notamment, ce qu'on appelle « la visualisation positive » ou imagerie mentale (voir plus loin, au chap. XXII).

En règle générale, un tel groupe peut comprendre des malades graves (cancer, cardiopathie, diabète, sclérose en plaques, Sida, infections rebelles, etc.) ; des malaises moins graves (eczéma, asthme, psoriasis, migraines, constipation rebelle, allergies de toutes sortes, douleurs de tous acabits...) et des gens bien portants (membres de la famille d'un malade ou personnel soignant). Il y a aussi parfois d' « anciens malades » qui veulent apprendre à prévenir les récidives, et même des non-malades, soucieux de préserver leur santé.

Tous sont emplis de curiosité et de bonne volonté. Ils sont venus après avoir entendu parler de la « visualisation » comme d'une méthode qui donne de bons résultats et ils sont bien disposés pour écouter ce que va dire l'animateur.

A un certain moment, le deuxième jour, après avoir déjà partagé pas mal d'informations et fait effectuer plusieurs exercices, l'animateur-enseignant va prendre un moment pour parler des « bénéfices secondaires ». Il va demander aux participants à cet atelier pratique de dresser, pour eux-mêmes, la liste − confidentielle − de quelques avantages qu'ils trouvent, ou qu'ils ont trouvé, à tomber malades (toutes maladies, graves ou bénignes, confondues).

Cette demande jette un froid. Le scepticisme et la dénégation se lisent sur les visages. Certains protestent : « Quels avantages peut-il y avoir à être malade ? Pas pour moi, en tout cas. » Au fur et à mesure que l'animateur explique et donne des exemples directement tirés de son expérience vécue, les participants commencent, parfois avec réticence, à dresser « leur » liste de « bénéfices secondaires ». Pour les mettre à l'aise, l'animateur a précisé que cette liste est très personnelle et ne doit être montrée à personne.

Les gens hésitent, écrivent, mordent leur crayon. Puis on voit des sourires se dessiner, on entend parfois des ricanements, entre conjoints ou amis on se pousse du coude. Le responsable a demandé au moins huit « bénéfices secondaires ». Il n'est pas rare de voir en quelques minutes certaines listes dépassant le double de ce chiffre. Dès qu'on commence à en trouver un ou deux, on en trouve d'autres, et de plus en plus.

Au bout d'une dizaine de minutes l'animateur va demander à ceux qui veulent bien de lui citer au hasard des exemples qu'il va inscrire au tableau. Les idées fusent ; c'est assez impressionnant. Après 20 ou 25 exemples, l'animateur s'arrête d'écrire ; le but est atteint ; les participants ont compris. Ils ont compris que chacun d'entre nous peut trouver quelque avantage à tomber malade, plus ou moins gravement. Les « bénéfices secondaires » diffèrent selon les individus ; mais, à chaque fois, ils démasquent le ou les besoins non satisfaits qui « l'obligent » à devenir malade.

MALADES POUR EXISTER...

On trouve des choses très banales telles que le plaisir de flâner au lit sans culpabilité ; de rester toute la journée en robe de chambre à lire le gros bouquin reçu en cadeau à Noël et qu'on n'avait pas encore ouvert ; de recevoir des fleurs et des attentions inhabituelles ; d'être exempté de corvées domestiques, telles que la cuisine, la vaisselle, les courses, sortir le chien ou la poubelle ; téléphoner longuement à sa (son) meilleure amie ; pouvoir enfin dire « Je suis trop fatigué(e) » pour telle ou telle chose qu'on n'a pas envie de faire ; ne plus voir la « tronche » de son chef de service ou de la collègue revêche... Il y a des cas plus sérieux, frisant la « conversion hystérique », allant quelquefois jusqu'à la paralysie totale ou la très grave opération. Ils sont généralement motivés par le désir et le besoin d'être totalement pris en charge par l'entourage. Ou par le désir secret (inconscient) de faire payer à ses proches des frustrations ou des méfaits plus ou moins imaginaires. Le bénéfice est lourd, à l'échelle du dommage.

La maladie comme le suicide sont très souvent dirigés contre les personnes les plus proches, « pour leur montrer », pour les obliger à nous regarder. André Malraux, ce visionnaire, a écrit : « On ne se tue jamais que pour exister. » C'est également vrai pour la maladie. Beaucoup de maladies ou d'accidents graves ont pour origine le besoin d'exister aux yeux des autres ainsi que le besoin de compassion, c'est-à-dire d'amour. Cette soif inextinguible remonte parfois à la prime enfance. On n'est jamais assez ou trop aimé. Quand on devient malade, on nous regarde, on nous touche, on s'intéresse à nous, à notre devenir et, avec un peu de chance, on nous témoigne de l'amour et de l'affection. Nous existons « davantage ».

APPRENDRE À DEMANDER

La psychologue américaine Marge Reddington est une des plus grandes spécialistes de la visualisation ; c'est elle qui nous l'a enseignée en Europe et

notamment en France. Elle raconte dans tous ses ateliers l'histoire suivante. Quand elle a compris le processus qu'elle mettait en place, elle en a eu assez d'être malade pour que sa famille et son mari s'occupent d'elle. Elle est entrée dans l'état de santé. Seulement voilà : il n'y avait plus les « bénéfices secondaires ». Forte de son expérience, Marge a décidé qu'elle pouvait obtenir les mêmes avantages sans se rendre malade. Elle raconte :
« Un beau matin de printemps, je téléphone à l'une de mes chères amies et lui demande :
– Chérie, si j'étais malade, est-ce que tu viendrais me voir ?
– Naturellement ! Quelle question ! répond l'autre.
– Est-ce que tu m'apporterais des fleurs (ou des chocolats) ?
– Mais oui, bien sûr, ma chérie ! Qu'y a-t-il ?
– Est-ce que tu passerais une heure à papoter avec moi ?
– Avec plaisir, ma chérie ; deux heures si tu veux ! Mais...
– Eh bien, reprend Marge, je ne suis pas malade ; je vais même très bien. Simplement, j'ai terriblement envie que tu m'apportes des fleurs et que tu viennes passer une heure avec moi. »
Tous ceux qui connaissent Marge savent que cette histoire est véridique. Plusieurs d'entre nous l'ont même mise en pratique. Ô surprise : ça marche ! Autrement dit, il n'est pas nécessaire de tomber malade pour que ceux que vous aimez s'occupent de vous ; ou, *a contrario,* vous fichent la paix. Il suffit de le leur demander tranquillement, de leur dire gentiment et calmement : « Tu sais, j'ai besoin de ta présence et de ton amour. » Ou inversement : « J'ai besoin de repos, de solitude et de tranquillité. » Sachons seulement trouver le moment favorable où *notre* besoin n'entre pas en conflit avec *leur* besoin. Combien d'entre nous, face aux exigences dévorantes des enfants, des parents, des collègues et des supérieurs, trouvent le courage de dire qu'ils sont las et qu'ils ont besoin de s'occuper de retrouver la forme *avant* de tomber malade ?

LA MORT D'UN SUPERMAN

Il y a une vingtaine d'années, je n'ai pas su dire à temps à ma mère et au reste de la famille qui pesaient sur moi que je n'en pouvais plus. Je suis devenu moi-même gravement malade. J'avais grandi parmi de perpétuels malades : un père, grand blessé de guerre ; une mère plusieurs fois gravement opérée, une sœur, un frère, qui m'ont fait connaître tous les hôpitaux et cliniques où ils séjournaient à tour de rôle. On me considérait comme le seul bien portant, « l'homme fort » de la famille.
J'avais naturellement pris l'habitude de m'occuper des autres et de me soucier de leur bien-être. J'étais assez fier de pouvoir le faire. Un jour, la mesure a été comble : je leur ai dit : « Superman est mort ; moi aussi, je suis malade. »
Avec le recul et l'expérience, je vois bien ce qui s'est passé. J'avais longtemps ignoré les petits malaises (les murmures) mal ou peu soignés ; je n'avais pas

tenu compte des symptômes un peu plus graves (les cris) ; et à la longue, je suis devenu vraiment très malade (le hurlement du corps inécouté).

Il est clair que le bénéfice immédiat de la maladie a été dans ce cas de pouvoir démissionner de mon rôle de sauveteur, de fils et de frère dévoué, toujours disponible... jusqu'à l'épuisement. Je n'avais pas su à temps me donner la permission de ne plus être la bête de somme des autres. Si j'avais su alors ce que je sais, si j'avais disposé de toute l'information et l'expérience utile, j'aurais sans doute pu éviter la maladie.

Une fois, cependant, ma grande amie, Clara Malraux, constatant mon fonctionnement aberrant vis-à-vis de mes proches, m'avait lancé, avec irritation : « Jusqu'à quand allez-vous continuer de vous détruire en prenant en charge tous les problèmes des autres ? » Lors du rapatriement dramatique des miens d'Algérie, j'avais accueilli et aidé tous ceux que j'avais pu, ce qui était normal. Ce qui l'était moins, c'est qu'un an plus tard, j'avais toujours à charge une partie des miens, en l'occurrence ma mère et ma sœur, son mari et ses enfants mineurs. Plaidant la maladie — comme de juste — mon frère s'était défilé. Matériellement et psychologiquement, je me voyais comme le seul recours de ces pauvres exilés. J'avais tort.

Clara m'a fait comprendre que je ne leur rendais pas service ; qu'en revanche, mes angoisses, mes insomnies et mon surmenage (excès de stress, ô combien !) obéraient toute mon énergie qui me ferait défaut au moment crucial. Plusieurs fois, je frôlais l'épuisement total. Je souffrais de douleurs dorsales et lombaires insolubles : j'en avais « plein le dos ».

Je suis donc arrivé un beau jour dans la famille et, en souriant, j'ai annoncé que je ne m'occuperai plus de leurs problèmes ; ma contribution financière serait limitée et, pour le reste, sauf extraordinaire, chacun allait devoir se débrouiller. Je ne voulais plus savoir ce qui se passait. Le croirez-vous ? Ils s'en sont tous très bien sortis.

L'ÉGOÏSME, C'EST DE NE PAS SE SOIGNER

Chacun de nous a besoin de temps à autre de déposer son fardeau, de se retrouver seul face à soi, dans la paix et le silence. Chacun de nous a le droit (et le devoir) de s'occuper de ses propres besoins, avant de devenir une charge pour les autres. Mais chacun de nous a également besoin de l'amour des autres.

Ce n'est pas contradictoire. Le plus grand service qu'on puisse rendre à nos proches, c'est d'abord de rester en bonne santé. Pour cela, nous devons constamment nous poser la question : « De quoi ai-je besoin pour me sentir bien (en état d'équilibre physique et moral) ? »

La réponse sera très individuelle et personnelle. La liste des avantages que nous trouvons à être malade (les dividendes de la maladie) constitue un bon point de départ. Même sans être malade, on peut dresser sa propre liste de

« bénéfices secondaires ». Rappelons-nous la dernière fois où nous avons passé trois ou quatre jours chez nous avec une grippe.

Il importe de savoir que pour nombre d'entre nous la maladie constitue une « permission » de s'occuper de soi et de ses besoins – et même de ses envies. Nous sommes de plus en plus nombreux à savoir qu'on n'a pas besoin de tomber malade pour se donner cette permission.

C'est difficile, au début surtout, parce que cette attitude est en contradiction avec notre « éducation » (notre dressage) et les normes sociales. Mais on s'aperçoit très vite que la plupart des gens nous comprennent mieux qu'on ne l'aurait cru : prendre soin de soi n'est pas de l'égoïsme ou de l'égocentrisme. Cela consiste justement à ne pas peser sur les autres, à ne pas risquer de devenir une charge. C'est le contraire de l'égoïsme ! L'évolution de la société nous contraint, de toute façon, à devenir, chacun de nous, responsable de notre bonne santé et de notre équilibre. Cela fait partie du « devoir de solidarité ».

Il y a quelques années, lors de mon divorce, je me faisais un sang d'encre pour mon petit garçon. Résultat : je dormais mal, je souffrais de troubles digestifs et j'arborais une mine à faire peur. Jusqu'au moment où un ami m'a dit : « Le meilleur service que tu puisses lui rendre, c'est de lui conserver un père en état de fonctionnement ; tu n'en prends pas le chemin. »

J'ai vite compris. L'alternative était, soit de me battre avec des problèmes insolubles et de souffrir « à la place » d'Alexandre ; soit d'accepter la situation et son inconfort en restant serein pour négocier les passages difficiles. La suite a prouvé que la deuxième option était la bonne.

ÉCONOMISER SON CAPITAL-SANTÉ

Toute situation humaine a des côtés sombres et d'autres plus plaisants. Notre capacité à faire face aux problèmes de la vie dépend largement de la façon dont nous percevons les solutions et donc de notre équilibre interne. Si nous ne sommes pas capables de conserver cet équilibre (ou de le reconstituer rapidement), et si nous n'acceptons pas le fait qu'il existe des problèmes insolubles (par nous ou à notre échelle), alors nous accumulons le stress au lieu de le gérer dans l'harmonie.

Chacun connaît aujourd'hui les méfaits du « stress » ; ou plutôt, dirais-je, de *l'excès de stress*. Au point qu'il y a de grandes confusions à ce sujet. Le stress est encore un de ces concepts mis à la mode par les médias, et que chacun comprend à sa façon, généralement pas la bonne.

Avant de parler plus en détail du stress et de sa gestion, il est bon de retenir que nos « bénéfices secondaires » sont le plus souvent des échappatoires pour tenter d'éviter le stress. Ne plus voir pendant une semaine le collègue ou le supérieur insupportable, c'est éviter un facteur stressant important. Au moins pendant cette semaine-là.

Mieux vaudrait pourtant avoir le courage de partir en vacances au soleil avec un charter (ou changer de boulot) que de passer une semaine au lit. La maladie reste une solution de facilité. Ce n'est pas *la* solution. Le bon sens, dirais-je, consisterait à prendre ses huit jours de « convalescence », *avant* de tomber malade.

C'est bien sûr impossible, comme d'encaisser des dividendes sans investir de capital. Souvenons-nous cependant que notre capital-santé s'épuise un peu chaque jour de notre vie. Apprendre à le gérer économiquement est plus important que de comprendre les mécanismes de la finance internationale.

Par une grise et glaciale journée d'hiver, quand la pluie et le vent cognent à nos vitres, combien d'entre nous souhaiteraient pouvoir se recoucher avec un bon café, lire le journal, regarder la télé en grignotant des chocolats, tout en pensant avec commisération à ceux qui courent après leur train ou leur bus. Après quelques secondes de rêve vite refoulé, on se prend à penser en se rasant ou en se maquillant à des cocotiers sur fond de mer bleue, aperçus dans une publicité. Ou bien aux pentes neigeuses et ensoleillées dévalées avec grâce par des skieuses et skieurs bronzés.

Conditionnés comme producteurs et consommateurs, nous allons alors travailler avec d'autant plus d'acharnement afin de nous payer quelques vacances, seule soupape de sécurité contre l'excès de stress. Et pendant tout ce temps, nous refoulons au troisième sous-sol nos besoins les plus élémentaires et naturels, nos besoins affectifs, amoureux, sensuels et sexuels. Nous mangeons à heure fixe... comme nous faisons tout le reste. Et nous le faisons là où on nous dit de le faire. On s'en accommode plus ou moins bien, en développant sa petite névrose bien à soi.

Jusqu'au jour où parfois, quelque part dans notre inconscient, le corps est parvenu à la décision de prendre la direction des opérations afin de nous obliger à prendre en considération nos besoins essentiels, affectifs surtout. A moins que la chance nous ait été donnée à l'avance d'apprendre à « gérer le stress » et à éviter les surcharges et les disjonctions.

CHAPITRE VII

Le stress au banc des accusés

Le stress est accusé de tous les forfaits alors que son rôle est de nous maintenir en vie. Cela paraît paradoxal. Mais l'absence de stress, c'est la mort. Ou la folie. Pouvez-vous imaginer une vie où il ne se passerait jamais rien ? On sait en tout cas par les expériences de suppression totale des perceptions qu'une telle privation sensorielle aboutit à la dépersonnalisation. En revanche, un stress excessif peut être créé par un excès de perceptions. Nous avons besoin du stress ; il fait partie intégrante de la trame de notre vie ; mais il l'use. C'est pourquoi trop de stress engendre une usure anormale. Pas assez de stress, l'ennui, le vide. Mais qu'on se rassure : nous ne risquons pas de manquer de *facteurs stressants ;* dans nos sociétés modernes, ce serait plutôt l'abondance. Les technologies et machines trop perfectionnées génèrent des facteurs de stress par peur de ne pas savoir les maîtriser. Qu'on l'appelle « technostress » ou « cyberphobie », le refus inconscient de l'hypertechnologie fabrique un stress superflu. Nous ne nous occuperons pas du stress, élément naturel de la vie, mais *de l'excès de stress* apporté par des sociétés névrogènes.

Un parallèle : nous avons besoin d'oxygène ; mais trop d'oxygène donne des malaises.

SAVOIR GÉRER LE STRESS

Apprendre à gérer le stress, c'est simplement apprendre à accepter les facteurs ou agents stressants inévitables et savoir refuser tous les autres. Cela demande moins de connaissance que d'humour. Gérer le stress, c'est le *digérer ;* et pour pouvoir le digérer, il convient de n'en absorber qu'en quantité raisonnable, afin de ne pas risquer, comme pour la nourriture, une indigestion. C'est trop simple pour être couramment admis.

Les facteurs de stress font partie du déroulement normal de notre vie. Le décès d'un proche, la naissance d'un enfant, la perte d'un animal familier, un déracinement, un gros souci financier, un conflit professionnel aigu, autant d'énormes facteurs stressants. Pouvons-nous les éviter ? Vous connaissez la réponse : c'est non ! Mais nous pouvons « faire avec », les reconnaître comme inévitables, comme faisant partie de la vie même. Les accepter et aussi accepter les émotions normales qui les accompagnent, *c'est réduire leur effet stressant.*

Les petits tracas quotidiens sont également générateurs de stress : un embouteillage, une contravention, l'organisation d'un dîner de fête, la rentrée des classes, les vacances, la maladie du chien, le chantage affectif d'un parent, une promotion, une grosse perte (ou une grosse rentrée) d'argent, tout cela et bien d'autres choses encore est synonyme de stress. A une personne qui se plaignait amèrement de tourments bien banals, une grande thérapeute américaine, Fanita English, a lancé un jour avec irritation : « Vous ne pouvez pas faire l'économie du travail de vivre. » Formule-choc.

Vivre, c'est du stress. Le stress, c'est de vivre. Tout dépend en somme de la manière dont chacun de nous est préparé et conditionné pour « encaisser » les facteurs de stress. Epictète disait déjà : « Ce ne sont pas les événements qui sont dramatiques ; c'est la façon dont nous les ressentons. » Dans une expérience de mesure du stress, effectuée par la Pacific Northwest Research Foundation à Seattle, des souris ont été placées sur une table rotative en mouvement ; ce qui a provoqué chez ces rongeurs un haut niveau de stress. La même expérience avec des singes n'a produit que très peu ou pas du tout de stress ; au contraire, il semble que les singes apprécient de tourbillonner, comme des enfants sur un manège.

Nous pouvons tous, selon le cas, le contexte et notre nature, réagir comme les souris ou comme les singes. La réponse à un agent stressant est éminemment individuelle ; elle dépend d'une multitude de facteurs, dont l'hérédité et les expériences antérieures font partie. *Notre cadre de référence intime détermine en dernier recours le niveau du stress éprouvé et la meilleure façon de le (di)gérer.*

La gestion du stress dépend donc souvent de notre histoire personnelle. Les messages parentaux, les événements mineurs de notre enfance, les petits conflits non résolus, les frustrations non compensées, les refus inexprimés forment notre « cadre de référence » ; et aussi, les rancœurs accumulées, les amours mal vécues, les absences mal supportées, toutes nos contradictions oubliées ou refoulées : notre mémoire intellectuelle les a effacées, mais la mémoire infaillible de notre être total − corps/mental/esprit − les conserve de manière indélébile.

C'est pourquoi tout travail de type résolutoire, avec un ou une amie, un thérapeute professionnel, un prêtre compétent ou un médecin attentif, peut nous aider à dissoudre des nœuds anciens, ancrés dans notre corps, et peut faire disparaître des symptômes habituels ou des maladies à répétition.

S'EXPRIMER COMPLÈTEMENT

Combien d'allergies, d'asthme, d'otites, de maux de gorge, de dorsalgies, de dermatoses ou d'infections rebelles, n'ai-je pas vu disparaître (y compris chez moi-même) à la suite d'un travail « thérapeutique » réussi ! Il s'agit ni de guérir le symptôme (prompt à se loger ailleurs) ni de découvrir la cause du mal, mais bien de comprendre intimement ce que veut exprimer le corps qui jusque-là n'avait pas été entendu.

« Le but suprême de l'homme est de s'exprimer aussi pleinement que possible, en fonction de ce qu'il a pu connaître » a écrit Hans Sélyé, le génial chercheur et médecin canadien qui a « inventé » le concept de stress [1].

Au sens médical, le stress est la réaction physiologique normale et mesurable à un « état » psychologique. Par « état », j'entends ici aussi bien la structure psychologique de la personne que son histoire personnelle et le contexte du moment. La réaction physiologique, scientifiquement constatée, est la réponse automatique du corps à toute sollicitation, excitation ou message. Ce sont les rougeurs, les sueurs, les tensions nerveuses ou musculaires, la tachycardie, les « boules » à l'estomac, les coliques, etc., que nous pouvons ressentir face à n'importe quel agent stressant. C'est pourquoi Hans Sélyé définit le stress comme « la réponse *non spécifique* du corps à toute demande qui lui est faite ». C'est un syndrome général d'adaptation, selon le premier nom que lui a donné Sélyé. L'important est qu'il soit « non spécifique » ; ce qui signifie que notre organisme réagit, à tout moment, et à toute situation, *agréable ou désagréable,* provoquée par les événements de notre vie. Il s'ensuit que le stress peut aussi être considéré comme *l'inévitable usure du corps physique tout au long de la vie.*

Nous sommes, paraît-il, programmés génétiquement pour vivre plus de cent ans. Mais on ne peut pas faire l'économie du stress. On ne peut qu'apprendre à ralentir et diminuer la rapidité du taux d'usure par une conduite plus détendue et une approche plus sereine de la vie. On peut apprendre à « dédramatiser » les événements déplaisants et les multiples occasions de contrariété, de peur, de colère, de tristesse, qui nous accompagnent de la naissance à la mort.

RECONNAÎTRE SES ÉMOTIONS

La joie de vivre est certainement le remède le plus sûr contre les effets du stress de la vie. Le taux d'usure varie selon les individus comme les mines de crayons selon qu'elles sont dures ou tendres et selon qu'on appuie plus ou moins fort en les utilisant. Car le stress comprend deux éléments complémentaires : 1. le facteur stressant et 2. la façon dont il est perçu à travers les filtres psychologiques du sujet.

1. Hans Sélyé, *Le stress de la vie*, p. 334.

Nous dirons donc, qu'en dernière analyse, notre attitude mentale sera le *facteur décisif* dans la façon finale dont le stress peut affecter notre santé. Il existe des individus de bonnes dispositions, de « bons vivants », sur lesquels le stress semble n'avoir que peu de prise. Cela fait partie de leur capital génétique, de leur constitution. Et cependant, certains d'entre eux n'évitent pas les maladies majeures ou accidents graves. Là aussi on peut distinguer entre les individus réellement et naturellement optimistes et ceux qui ont choisi de faire toujours bonne figure et de ne pas montrer leurs émotions ni exprimer la tendresse (c'est une plainte souvent entendue chez les femmes à propos de leur père). Ces derniers sujets sont les meilleurs candidats aux somatisations majeures ou à une mort prématurée.

A force de refouler ses émotions, négatives surtout, celles-ci exigeront de « sortir » autrement. Elles s'expriment dans des pathologies variées, fonctionnelles, devenant organiques, de plus en plus graves, tant que la personne n'a pas compris (profondément et pas seulement dans sa tête) que le refoulement des émotions authentiques préparent le terrain à la maladie. Dans son livre fondamental [1], Hans Sélyé montre bien, expériences à l'appui, la foule de maladies couramment répandues, qui sont provoquées par la non-expression des émotions.

VRAI ET FAUX OPTIMISME

J'ai vécu dix ans avec une personnalité du premier type – l'optimiste à tout crin – et dix autres avec une personne du second type – le pseudo-optimiste, faisant bonne figure.

Dorothée ne prenait rien au sérieux, encore moins au tragique. Quand elle ne riait pas d'un grand rire gai, c'est parce qu'elle souriait du plaisir de vivre. Rien à ses yeux ne méritait qu'on se fasse du souci plus de trente secondes. Elle trouvait en tout matière à se moquer et abordait toutes les situations avec un optimisme indéracinable. Je finissais par m'en agacer. Elle refusait de dramatiser. Elle n'a cependant pas manqué d'épreuves douloureuses et de traumatismes pendant les dix années où je l'ai connue. Divorce, soucis financiers, perte d'un vieil ami qui remplaçait le père qu'elle n'avait pas connu, déménagements, recherches d'emplois et notre propre séparation.

Quand il devint évident que notre rupture approchait inévitablement, elle a dû être opérée d'urgence d'un gros fibrome brusquement devenu alarmant. Ce qui a retardé l'événement de quelques mois pendant lesquels je veillais sur les enfants, et assurais son retour à la santé. J'ai compris qu'elle avait préféré mutiler son corps plutôt que d'accepter une rupture brutale. Elle s'est donné le temps de s'y préparer et de choisir elle-même le moment douloureux (pour nous deux).

L'autre personne avec laquelle j'ai vécu une décennie avait été habituée dès

1. Hans Sélyé, *Le stress de la vie.*

l'enfance à feindre, à manipuler et à présenter une façade calme et gaie, et à ne pas exprimer ses vrais sentiments. L'illusion a − pour moi − duré deux ou trois ans. Ensuite a commencé la lente détérioration de nos relations, accompagnée d'un cortège de somatisations de plus en plus sérieuses au fil des ans, chez elle et chez moi : allergies, petites opérations, maux de dos, migraines, règles douloureuses et infections vaginales chez elle, douleurs et problèmes intestinaux chez moi, douleurs lombaires rebelles (à tour de rôle), l'occlusion chez moi ; puis chez elle, l'effondrement final, commençant par trois semaines de dorsalgies intolérables résistant à tout traitement, pour déboucher sur une profonde et grave dépression et l'hospitalisation.

Tout ceci pour pouvoir enfin me montrer sa grande colère, son ras-le-bol et son désir de divorcer. Ce qu'elle a pu finalement me dire avec une rage quasi meurtrière après cinq mois de maladie et de séparation. Bien sûr, je n'étais pas innocent, ne serait-ce que pour avoir voulu maintenir « l'illusion ».

ATTENTION AUX SENTIMENTS PARASITES

A travers ces exemples vécus, l'analogie qui vient à l'esprit est celle d'une marmite à pression. Si l'on conserve sous pression des émotions qui auraient dû s'échapper, on risque une explosion et, en tout cas, une consomption plus rapide du corps. Tous les moyens d'évacuation des émotions sont bons. Violemment, verbalement, en criant tout seul dans les bois, en tapant de toute sa force contre un arbre ou un oreiller, en pleurant à gros sanglots, ou en riant à ventre débridé...

J'ai constaté souvent le résultat quasi magique de l'expression libre d'émotions trop longtemps refoulées. Les gens changent littéralement de visage et d'expression. Leurs traits sont apaisés. Mais combien savent-ils qu'on peut même exprimer de la colère sans se mettre en colère ? Ou de la tristesse sans pleurer et se complaire dans la tragédie ? Ou de la peur sans trembler ? Ce n'est pas suffisant bien sûr, mais c'est un bon début. Cela nous apprend à reconnaître l'émotion *authentique,* à l'identifier, puis à l'accepter et *à la vivre.* Et s'il s'agit d'une émotion positive (joie, amour), à la prolonger en la savourant.

J'insiste sur le mot *authentique* parce que nous sommes tous conditionnés dès l'enfance par les messages parentaux, le milieu, l'éducation, à ne pas montrer − encore moins exprimer − certaines émotions. Exemple : « Les garçons ne pleurent pas ! » « Les petites filles bien élevées ne se mettent pas en colère. » Ainsi sommes-nous dressés à camoufler le sentiment « interdit » en le remplaçant par un autre qui est permis.

C'est ce qu'on appelle en Analyse transactionnelle, le « sentiment-parasite* », aussi dommageable que l'absence d'expression d'un sentiment. Comme petit garçon, je n'avais pas le droit de pleurer, ni d'avoir peur. En revanche, la colère, émotion virile, était permise, voire recommandée. Aussi, pendant quarante ans, abusais-je de la colère quand j'aurais dû être triste ou apeuré. Ce conditionnement m'a doté − entre autres − d'un système digestif fragile et douloureux jusqu'au moment où j'ai appris ce qu'est le sentiment-parasite, comment l'identifier et faire apparaître, cachée derrière lui, la véritable émotion. Et enfin, l'exprimer, ne fût-ce − au début − qu'en la « disant » : « J'ai peur » ; « Je suis triste » ; « Je suis heureux » ; « Je t'aime »... comme on dit « J'ai faim » ou « J'ai soif ». A défaut de pouvoir exprimer mes émotions, j'ai connu en quelques décennies toute une série de somatisations « classiques » : intestins (lieu privilégié chez les humains), jusques et y compris une tumeur précancéreuse opérée ; maux de gorge et rhumes à répétition ; douleurs dorsales et lombaires ; insomnies rebelles, etc.

J'ai commencé à être alerté quand mon médecin traitant, un vieil ami, m'a fait prendre conscience du fait que tous ces maux disparaissaient en vacances, particulièrement en bateau à voile et au ski. J'attribuais ce mieux à l'air du large ou de la haute montagne. Mais je notais aussi plus tard que les problèmes s'aggravaient quand j'étais en vacances avec ma compagne d'alors, pendant nos deux ou trois dernières années de vie commune. Je me mettais en colère plusieurs fois par jour alors, qu'au-dedans de moi, j'aurais voulu pleurer en constatant l'échec flagrant de notre relation. C'est ainsi que nous amplifions notre niveau de stress en taisant nos vrais sentiments et en les remplaçant par d'autres, socialement plus acceptables (croyons-nous).

SAVOIR ACCEPTER CE QU'ON NE PEUT ÉVITER

L'homme est un animal fragile, rendu plus vulnérable par la civilisation. Henri Laborit et d'autres avant lui (dont le Dr A.T.W. Simeons) ont reconnu et exposé cette donnée de base du comportement humain : devant une situation difficile, stressante ou menaçante, l'animal humain est physiologiquement programmé pour l'alternative : *lutter ou fuir ;* (en anglais : *fight or flight*). Or, dans la vie moderne, aucune de ces options n'est praticable dans la plupart des cas. Si un policier vous siffle au feu rouge, vous ne pouvez sans risque vous enfuir ou vous battre. Si votre supérieur hiérarchique vous engueule injustement, il n'est guère envisageable de lui casser la figure ou de partir en claquant la porte. [Certains se défouleront chez eux, avec l'époux(se) et les enfants.]

Ne pouvant ni fuir, ni se battre, l'homme et la femme modernes « encaissent » et intériorisent au long des jours des frustrations multiples. Alors que leur corps physique, très normalement, voudrait extérioriser son inconfort, leur cerveau « rationnel » leur a appris que « cela ne se faisait pas ». Il y a donc conflit et tension entre le cerveau archaïque, animal (« reptilien » dit-on), dont fait partie le système limbique [1], et le « néo-

1. Jean-Pierre Changeux, *L'homme neuronal*, p. 140 à 142.

cortex », la couche la plus récente, la plus « civilisée » du cerveau humain. Le cerveau archaïque va cependant ignorer complètement les messages du cortex enjoignant au corps physique de rester impassible et sans réaction ; il va sécréter, comme chez un animal, les hormones de la peur ou de l'agressivité, de la bataille ou de la fuite. Comme c'est son rôle. Et ces hormones inutilisées vont être stockées comme autant de poisons, quelque part dans nos muscles et nos organes.

En se répétant au long des jours, des mois et des années, ce type de fonctionnement imposé mine le corps, qui finira par n'offrir plus qu'une résistance amoindrie aux agressions bactériennes et chimiques de l'environnement. Parfois, le meurtre, la folie, ou le suicide, apparaîtront à certains comme la seule issue possible à l'accumulation du stress. Pourtant, le suicide est le type même de la non-solution.

On peut apprendre à gérer ce stress « banal », quotidien, comme on apprend à gérer son budget ou son temps, afin de vivre en harmonie avec soi et avec les autres. Mais si l'on peut éviter certains des multiples facteurs stressants de la vie par l'exercice d'une vigilance-réflexe, de lourds traumatismes stressants resteront inévitables : deuils, pertes d'emploi, soucis d'argent, déménagements, séparations, etc. Ce serait folie que de vouloir ignorer ou minimiser ces traumatismes psychiques, qui sont inscrits également dans notre corps total.

À CHAQUE PERTE, UN DEUIL NÉCESSAIRE

Il y a quelques années, je me suis trouvé dans un atelier dirigé par George Kohlrieser, pour apprendre de lui sa façon de mener un « travail de deuil ». J'avais souvent effectué ce travail avec d'autres, mais les méthodes de George Kohlrieser sont réputées et je voulais le voir « en situation ». Je n'avais pas de deuil à faire consciemment. Mais invité, à un moment donné, à m'exprimer, je mentionnai la perte de ma mère qui nous avait quittés trois ans auparavant et que j'avais déjà abondamment pleurée. A ce moment-là, l'émotion était « bidon », comme l'a dit George Kohlrieser : ce deuil-là était fait et terminé. Un peu plus tard, une dame âgée d'origine algéroise, s'est mise à déplorer la perte de sa terre natale, l'Algérie (où j'étais né et avais été élevé). En quelques minutes, les quatre ou cinq « pieds-noirs » de ce groupe d'une vingtaine de personnes se sont mis à sangloter. Comme les autres, je me surpris à hurler ma peine et ma douleur, ma colère aussi, d'enfant blessé et déchiré. Nous pleurions tous à grosses larmes, en proie à une détresse infinie. Nous nous embrassions tout en sanglotant, et autour de nous, beaucoup d'assistants ne connaissant rien à l'Algérie, étaient gagnés par l'émotion et pleuraient avec nous. Je crois n'avoir jamais autant pleuré, ni aussi longtemps, avec tout le corps qui tremblait.

C'est seulement après cette douloureuse séance que j'ai pu dire un véritable

« adieu » à mon pays natal, à ma terre nourricière ; ce qui ne m'empêche pas de le pleurer encore, mais avec davantage de sérénité et en ne refoulant plus mes larmes authentiques. Elles viennent d'elles-mêmes à cette évocation. Ce que je veux dire, c'est que jusqu'à cet atelier, je n'avais pas reconnu la peine et le déchirement que m'avait causés la perte de mon pays, du lieu où j'étais né et où j'avais grandi, où je ne pourrai plus jamais retourner vivre. Le pays lui-même n'existait plus tel que je l'avais connu. Je l'avais quitté définitivement en 1952, dix ans avant l'indépendance, persuadé depuis la révolte de 1945 qu'elle était inévitable. J'avais pris à la lettre en 1945 le slogan des « indépendantistes » : « Français : la valise ou le cercueil ! ». J'avais même incité ma famille et mes amis à partir avant qu'on ne les y force. En ce qui me concerne, je pouvais donc croire la séparation achevée et la perte acceptée quand, en 1962, l'indépendance de l'Algérie a contraint un million de « pieds-noirs » à quitter le pays.

LE CORPS N'OUBLIE RIEN

Plus de quinze années après l'événement, le deuil non accompli m'a rattrapé. Ce que je niais ou ignorais au niveau rationnel, mon corps et mon cerveau archaïque ne l'avaient pas oublié. Ce n'est qu'après avoir exprimé pleinement ma douleur et pleuré cette perte que mon deuil de l'Algérie s'est réellement achevé, *presque trente ans après mon départ. La leçon de cet épisode : nous ne pouvons pas faire semblant de ne pas être attristé et ignorer un deuil ou une perte qui nous touche, sans risquer de le payer en somatisations. Rien dans notre corps ne s'oublie.*
C'est encore davantage le cas avec la mort d'un proche parent. Nombre de gens choisissent de ne pas montrer ni exprimer leur tristesse et leur douleur quand disparaît un père, une mère ou un autre être cher. Ou alors comme on le voit souvent, ils pleurent un peu et disent une semaine plus tard que c'est fini, qu'il faut accepter la perte.
C'est le contraire qui se passe. Ils n'ont pas réellement accepté la disparition irrémédiable de l'être cher. Ils ont simplement refoulé la peine immense qu'elle leur cause et continueront à la refouler jusqu'à oublier qu'ils l'ont refoulée. Trente ou quarante ans plus tard, le corps et le cerveau archaïque n'auront rien oublié. La facture sera présentée. Tant qu'un deuil n'est pas fait complètement, c'est-à-dire tant qu'on n'a pas reconnu, accepté et exprimé totalement sa peine, aux niveaux physique, psychologique et spirituel, on reste en danger de la voir resurgir en dysharmonie physique, en somatisation. Cela est vrai pour tous les événements traumatisants de l'existence, ceux qu'on peut qualifier de *stress majeurs*.
Les recherches épidémiologiques sur la maladie cancéreuse effectuées aux Etats-Unis ont bien démontré le rapport entre stress majeur et développement de la tumeur, dans les six à dix-huit mois suivant l'événement

traumatique [1]. Comme il nous est impossible d'éviter les événements dramatiques de la vie (par exemple, la mort de ceux que nous aimons), il nous reste la ressource d'apprendre à gérer notre énergie, à savoir nous ménager dans les périodes de grande fragilité, à éviter l'accumulation de stress en exprimant nos émotions vraies et à ne pas nous charger de contraintes pour éluder la réalité, au lieu de l'affronter.

Faire face à la réalité émotionnelle est une nécessité vitale. Car il est désormais scientifiquement démontré, depuis les travaux d'Hans Sélyé et de ses disciples, que le cerveau archaïque enregistre bêtement tous les stress, quelle que soit notre attitude mentale consciente et raisonnable ; il réagit selon son programme biologique, comme le cerveau d'un animal, en inondant nos organes et nos tissus d'hormones inemployées et corrosives. C'est là l'un des acquits de la « civilisation ».

---

1. Voir Simonton, *Guérir envers et contre tout.*

CHAPITRE VIII

Survivre à l'épuisement

Comme à la bataille, je les ai vus tomber autour de moi, mes camarades. Plus d'une douzaine en moins d'une décennie. Trois en une seule année. Tous autour de mon âge. Dans ma seule entreprise de presse, six crises cardiaques, dont trois ont frappé mes trois « patrons » et amis successifs. Un seul survivant : le dernier. Il a démissionné peu après. Il avait entendu le message. Il vit heureux dans sa boutique parmi les livres anciens.

La vie en entreprise est rarement favorable à la libre expression de la personnalité. Les censures que l'homme civilisé a mis en place au niveau du néo-cortex pour ne pas pleurer, crier, se battre ou fuir, n'affectent en rien le réseau neuronal du cerveau archaïque. On soupçonne ce dernier de fonctionner encore comme il y a cinq cent millions d'années, chez nos ancêtres arboricoles. C'est pour cela que se préparent dans notre tête, souvent des années à l'avance, la plupart de nos maux physiques. Comme une défense contre la mort ou des dangers depuis longtemps disparus. La surcharge de stress déclenche la pathologie visible comme la surcharge d'un circuit électrique fait disjoncter tout le réseau.

Nos systèmes nerveux centraux et périphériques sont organisés, comme tous les systèmes interdépendants, en réseaux hiérarchisés, reliés, d'une façon ou d'une autre, à la totalité de l'organisme psychophysiologique. C'est ainsi qu'un cor au pied peut donner des maux de tête. Et ces systèmes interconnectés reçoivent par les cinq sens, plus l'épiderme et l'intuition, *des millions de messages par jour*. A tout moment de la vie, même quand nous dormons, notre organisme réagit *simultanément* à des dizaines de milliers de messages sensoriels, et même à des perceptions extrasensorielles.

ÉVITER LA SURCHARGE DE STRESS

Schématiquement, la mécanique est simple : dans le cerveau, l'hypothalamus, stimulé par le néo-cortex, via le thalamus, envoie ses « flashs » via le système nerveux. Ce dernier met en route des réactions en chaîne affectant de nombreuses glandes et organes. L'hypophyse stimulée déclenche la production d'hormones (telles les endorphines* contre la douleur), les surrénales émettent des cortico-stéroïdes inhibant le système immunitaire* ou de l'adrénaline qui fait grimper la tension artérielle. Et d'autres glandes, plusieurs fois par jour, déchargent des microgrammes de substances dans tous nos organes.

Notre corps physique est ainsi sollicité ou concerné par la moindre de nos émotions, agréable ou désagréable, que nous choisissions ou non de les admettre à la conscience via le néo-cortex.

Connaître un minimum de ces mécanismes aide à éviter la surcharge et à gérer le stress avant l'épuisement. *Nous pouvons toujours éviter la surcharge ;* c'est-à-dire refuser certains agents stressants superflus et fabriquer pour notre système nerveux des moments de sérénité, des plans de bonheur, favorisant la sécrétion d'hormones positives. Un simple exemple : couper le téléphone une demi-heure pour s'étendre en relaxation.

Je suis frappé chaque jour de ma vie par le nombre de gens qui génèrent leur propre stress superflu en acceptant des situations détestées, des tâches qu'ils abhorrent et des contraintes mal vécues. Quand on leur indique une solution à ces surcharges parasites, la réponse est toujours : « Je ne peux pas faire autrement. » Ce qui est faux bien entendu. *Connaître ses limites et les respecter, voire même rester en deçà, voilà tout le grand secret de la gestion du stress,* c'est-à-dire de la conduite harmonieuse de sa vie. Malheureusement la plupart d'entre nous n'acceptent leurs limites qu'après avoir « craqué » une ou plusieurs fois.

Je le répète : le stress est inévitable ; mais ce qui est évitable, ce sont les quelques grammes de stress en trop. On connaît l'âne méditerranéen, un animal solide et résistant, et un fameux porteur de fardeaux. Tous ceux qui les ont vus sont étonnés de la tolérance de ces braves bourricots. Pourtant, quelquefois, l'âne tombe à quatre pattes ; il refuse d'avancer. Parce qu'à sa charge de 150 ou 200 kilos on a rajouté 500 grammes de trop.

C'est ainsi pour tous les mammifères, dont l'homme. Ce ne sont pas les kilos qui gênent, ce sont les quelques grammes supplémentaires. Chacun d'entre nous a connu des situations de surcharge, avec sensation de « ras-le-bol », envie de tout planter là et de fuir, parfois se réfugiant dans la dépression, voire le pseudo-suicide. C'est à ce moment-là que tomber malade représente une ultime tentative pour éviter le pire. Comme le soldat tire-au-flanc se fait « porter raide » pour se soustraire aux corvées. Il y a des moyens plus simples pour y échapper.

DU TEMPS POUR SOI

Il existe *toujours* d'autres options que de se laisser déborder. L'homme occidental vit aujourd'hui une vie complètement artificielle, avec la lumière électrique qui prolonge ses veilles, des machines qui le transportent (trop vite) en lui évitant un travail musculaire nécessaire, une nourriture industrielle dévitalisée, et toujours trop d'activités pour se voir et s'entendre vivre. Sa dernière ressource, sa soi-disant détente, est devenue la télé, devant laquelle il s'affale souvent avec un verre d'alcool ou des bonbons (d'usine). Il démultiplie ainsi les messages sensoriels inutiles et surabondants qui l'agressent en continu toute la journée.

Il y a quelques années, j'ai passé plusieurs semaines merveilleuses de chaleur et de partage dans une famille de « quakers » américains. Les soirées, passées à deviser devant un feu de bois, étaient particulièrement agréables : ce couple et leurs trois enfants ne connaissaient pas la télévision.

Ayant travaillé pour ce puissant médium, je ne cracherai pas dans la soupe. Mais la télévision n'est pas pour moi un moyen de détente. C'est un merveilleux outil de communication, d'information, d'éducation, et de distraction, à condition de savoir l'utiliser. Sinon, c'est un « chronophage » nocif. Pour ma part, un magnétoscope m'a libéré des horaires. J'enregistre les bonnes émissions et les regarde quand je suis disponible. Ainsi, se libère un temps précieux que je peux consacrer à la relaxation. Ou à l'amour.

Ceux qui ont pris leur santé en mains deviennent généralement avares de leur temps et savent le gérer au mieux. *Le principal acquis d'une démarche d'évolution personnelle et de changement est d'apprendre à connaître ses limites et à les respecter. C'est à ce critère qu'on reconnaît une évolution (ou une thérapie) réussie.*

Le temps fait partie de nos limites. Tous les malades ou ex-malades interviewés pour ce livre, quelle que soit la maladie, m'ont unanimement déclaré avoir appris à gérer leur énergie, c'est-à-dire leur *capital-santé,* en ne dépassant plus leurs limites.

Le temps est notre bien le plus précieux. Quand on a déjà connu une sérieuse alerte (cette confrontation sans équivoque avec la mort imminente), on devient presque malgré soi attentif aux clignotants rouges dès qu'ils s'allument. La vigilance devient une attention sans tension, un réflexe spontané. J'appelle cette vigilance, *une superconscience d'être conscient de ce que l'on vit.* C'est un « ange gardien » que chacun de nous peut se donner.

VIVRE DANS SA TOTALITÉ

C'est pourquoi ceux qui ont connu ce chemin savent très bien ce que leur tête et l'hyperactivité mentale peuvent faire à leur corps. Ils ne l'obligent plus à subir l'excès de stress menant à l'accélération de l'usure et à l'épuisement. Ils n'en deviennent pas pour cela frileux, paresseux ou inefficaces, au contraire.

Nicole Weerts, par exemple, dirige tambour battant une entreprise pour laquelle travaillent dix-huit personnes. Organisée et méthodique, elle sait se ménager le temps nécessaire à l'amitié, aux loisirs, à l'exercice, aux soins, au repos, et à des activités humanitaires. Son premier cancer, disparu pendant deux ans, a récidivé, justifiant une opération urgente. Elle m'a dit : « Le cancer, c'est une déprogrammation, un éclatement. Ça peut basculer très vite si on ne choisit pas la vie. » Pour elle, cela veut dire « être vigilant et sélectif dans chaque acte et chaque activité ». C'est le refus du « suicide par inattention ».

François L., 42 ans, atteint du Sida, m'a dit également combien son mode de vie avait changé depuis le diagnostic. Les sorties nocturnes tardives ont été abandonnées. « Ça ne m'amuse même plus » dit-il. En revanche, François, comme tant d'autres, s'est rapproché de la nature. Il aime faire de longues promenades en forêt pendant son temps libre. Poursuivant sa pleine activité professionnelle, il examine chaque démarche et chaque engagement en fonction de sa valeur réelle et du coût en énergie. Il consacre aussi beaucoup de temps à aider et soutenir d'autres malades.

Les autres aussi, Jacques (cardiopathie opérée), Gino (cancer incurable) disent la même chose. J'y souscris également. Le temps qui nous reste à vivre − quel qu'il soit − est devenu trop intéressant pour être surchargé en activités futiles, inutiles et chronophagiques. Ceci pourrait être valable pour tous.

D'une façon générale, les « survivants » peuvent et doivent apprendre à rechercher une harmonie et une cohérence internes et externes dans leur vie ; ce qui les empêche *ipso facto* de la dissiper dans des agitations médiocres. La découverte de soi, des richesses d'une certaine solitude choisie, de la méditation paisible, rapportent immédiatement des dividendes en sérénité et en qualité de vie. Chaque moment peut être apprécié pour lui-même, sans anticipation d'un futur incertain, illuminé par la nouvelle conscience du privilège d'être vivant.

Une certaine démarche ou orientation spirituelle ne peut plus être absente de cette nouvelle qualité de vie. L'être humain est une totalité et la découverte de sa complétude corps/mental/esprit mène fatalement à la conscience d'une dimension supérieure de la réalité. On peut l'appeler l'Ame, le Divin, le Soi, l'Atman, Dieu ou d'un tout autre nom. Cette aspiration de l'être à vivre à tous les niveaux cette plénitude est fondamentale.

« Puisque nous allons mourir avec la totalité de nous-mêmes, pourquoi donc ne pas vivre avec cette totalité » s'exclame Don Juan, l'initiateur de Carlos Castaneda [1].

UNE NOUVELLE ÉNERGIE

De toute éternité, l'être humain a éprouvé le sentiment d'une transcendance, d'une réalité supérieure qui le dépasse. Il a toujours essayé de l'atteindre ou de l'appréhender. Les religions organisées ne sont que l'expression politico-

1. C. Castaneda, *Voyage à Ixtlan,* Gallimard, Paris.

sociale exotérique de cette aspiration. Peu de gens en définitive ne croient véritablement en rien, malgré toutes leurs affirmations. C'est pourquoi la Révolution française avait transformé les églises en « temples de la Raison ». En Europe communiste j'ai constaté, comme tout le monde, l'échec du matérialisme athée. Des croyants disent avoir perdu la foi dans les camps de concentration ou à l'occasion d'autres traumatismes. Souvent ils n'ont fait qu'abandonner la religion qu'on leur avait, dès l'enfance, imposée. Ils y ont gagné en qualité spirituelle. Tel ce juif polonais, rescapé d'Auschwitz, que l'abandon de l'orthodoxie a ouvert à toutes les expressions de la foi.

La foi en une transcendance reste ineffable et ne peut se communiquer. Je ne crois pas davantage qu'elle puisse s'exprimer dans une religion particulière et à l'égard d'un « Dieu » bien défini. Beaucoup de mes interlocuteurs malades possèdent cette force spirituelle énorme, une force *en soi*, qu'aucun d'entre eux n'a envie de nommer ou de décrire. C'est peut-être simplement *la capacité à entrer en contact avec ce qu'il y a de plus noble, de plus juste, de plus authentique et de meilleur en soi*. Je ne sais pas si Dieu existe ; ce dont je suis sûr, c'est que la croyance en son immanence décuple ou centuple nos forces et nos joies. Selon les grands mystiques et les meilleurs théologiens, c'est d'abord *en soi* qu'il doit être rencontré.

Cette énergie supplémentaire, cette réserve de force, peut nous soutenir dans les moments les plus difficiles. Elle permet aussi de dédramatiser la mort, de la regarder lucidement comme un événement aussi inéluctable qu'a été notre naissance et de vivre en paix avec cette compagne de notre vie. C'est encore un moyen supplémentaire d'éviter un stress superflu : la relativisation de tous les petits drames mineurs de la vie, face à l'événement monumental que constitue notre mort.

UN VOYAGE EXTRAORDINAIRE

Ces attitudes devant la vie et la mort ne s'apprennent pas vraiment dans les livres ou les discours. Tout ce qu'on peut apprendre, c'est que cela existe, que c'est possible, et qu'à force de foi en soi, une expérience intérieure puissante peut complètement nous transformer. Aucun mot ne peut nommer cette expérience, croyez-en un vieil agnostique. Ceux d'entre nous qui ont fait l'expérience aller-retour du « passage » vie/mort ne peuvent plus s'y tromper.

Hélène Renard [1] et le docteur Moody [2] ont familiarisé le grand public avec ces voyages surnaturels. En 1986 à Paris j'ai osé, pour la première fois, en parler en public, au congrès « Energies et unité de l'homme ». Immédiatement après, plusieurs auditeurs sont venus me parler de leur propre « voyage » ; une grande belle jeune femme m'a serré longuement

1. Hélène Renard, Philippe Lebaud, *L'après vie*, Paris, 1985.
2. Raymond Moody, *La vie après la vie*, J'ai Lu, Paris, 1975.

dans ses bras avec force et douceur, avant de me dire « Je te reconnais, mon frère ».

Comment dire l'indicible ? Mettre des mots sur des perceptions inconnues ? Pendant quatre ans, je me suis tu en me demandant si ma « mort » ne s'était pas tout bonnement accompagnée d'hallucinations. Un an après, je tombais, « par hasard », sur le livre de Moody. La similitude des descriptions m'a ébranlé. Je retrouvais, pauvrement exprimé par les mots, des sensations que j'avais connues : une lumière qui n'est pas une lumière ; une « musique » sans son, ni instrument ; des couleurs sans nuances identifiables ; la chaleur, la douceur, la joie, la certitude d'être « arrivé ». L'accueil aussi d' « entités » bienveillantes, exsudant l'amour le plus fort et le plus pur.

Mais à quoi bon essayer d'expliquer l'ineffable ? Ce qui m'a frappé les deux fois successives où j'étais parti « là-bas », c'est le sentiment de tristesse et de profonde détresse en revenant à la vie. Le retour était désespérant et, à chaque fois, j'en voulais à ceux qui me ramenaient. C'est plus tard seulement que j'ai admis l'idée que j'avais peut-être encore des choses à faire, à apprendre et à partager. J'ai délibérément alors « choisi de vivre ». Mais *plus jamais comme « avant »*.

APPRENDRE À VIVRE AUTREMENT

A partir de là, foin du stress et des méthodes pour mieux l'encaisser. Les prédispositions biogénétiques, les obstacles imprévisibles, les accidents de la vie, l'angoisse irrationnelle et tout le reste se dissolvent comme un morceau de sucre dans le café chaud. Le sucre n'a pas cessé d'exister ; mais il a changé de forme, il a été dilué ; il sera digéré. Etant « toujours prêt », je ne sais plus ce que c'est que l'angoisse, ni celle de vivre, ni celle de mourir. C'est assez paradoxal, après un demi-siècle d'interrogations. On peut donc apprendre à vivre « autrement » ?

Après les Etats-Unis, plusieurs pays européens ont vu se créer des formations spécialisées pour faire face au stress de la vie professionnelle. Nombre d'organismes offrent maintenant d'apprendre aux cadres d'entreprises à « gérer le stress » comme on enseigne le marketing ou le contrôle de gestion. Les formateurs s'aperçoivent cependant bien vite qu'on ne peut dissocier le stress du travail de celui de la vie sociale, personnelle et familiale. La recherche de l'efficacité optimale dans le travail passe par le rééquilibrage de l'individu en fonction de tous les événements qui l'assaillent dans tous les domaines de sa vie. Comme les virus, le stress ne connaît pas de frontières. Il convient donc de réapprendre à vivre avec la connaissance du stress, y compris des éléments intériorisés depuis l'enfance. Notre conception du monde, notre vision de la vie colorent chacune de nos expériences du pigment de nos préjugés, hérités de nos ancêtres à travers nos parents et nos éducateurs. Nous nous fabriquons souvent un stress superflu en essayant de continuer d'appliquer des idées désuètes, des valeurs périmées, qui ne correspondent plus, ni à notre époque, ni à notre évolution personnelle. C'est la base de bien des dysharmonies internes qui peuvent mener à l'épuisement et à la maladie grave. Or, à l'intérieur d'une morale intangible, nous avons tous et chacun de nous la liberté et le droit de réévaluer et de choisir nos propres valeurs et les comportements qui en découlent. Cela s'appelle *le libre arbitre*. Il existe : je l'ai rencontré. Quand on a accepté, après expérience, l'idée que nous sommes toujours plus ou moins responsables de ce qui nous arrive (maladies, accidents, ou joies et bonheurs), on a déjà fait un grand pas dans la voie de la compréhension du stress. Nous pouvons, et à tout moment, choisir d'en être la victime ou bien de l'apprivoiser et de négocier un *modus vivendi* avec soi-même. Il existe certainement des maladies et des accidents dans lesquels il serait difficile de nous trouver une responsabilité. Mais même alors, nos peurs − reconnues ou non −, nos croyances et nos préjugés, peuvent amplifier, accélérer ou freiner le développement du mal. *Ce postulat signifie aussi que nous pouvons* a contrario *participer positivement à notre retour à la santé et à notre maintien dans le bien-être.*

LA GAIETÉ DES CENTENAIRES

Prévention de la maladie et retour à la santé demandent donc une réduction du stress. Il faut parfois pour cela faire appel à des professionnels, mais pas nécessairement. En tout cas, mieux vaut avoir recours à un psychothérapeute ou un médecin psychosomaticien *avant* de tomber malade plutôt que de se retrouver à l'hôpital ou à la morgue.

Nous sommes génétiquement construits pour vivre très longtemps et en bonne santé. Anne-Marie Filliozat, psychothérapeute et psychosomaticienne, affirme en se fondant sur une longue expérience : « Toute personne qui meurt avant 80-85 ans est un suicidé ». Une étude réalisée aux Etats-Unis, portant sur 1 200 centenaires, a mis en évidence le fait que les centenaires sont des gens gais, détendus, aimant la vie et la vivant bien au présent ; ils ne se laissent pas atteindre par les contrariétés mineures, ni surexcités par les succès et les joies. Ils aiment leurs semblables et connaissent rarement des sentiments négatifs comme la déception, la honte, la rancune ou l'inquiétude pour le lendemain. On dit d'eux qu'ils sont « naturellement optimistes ». Ils aiment vivre et être entourés de jeunesse et de gaieté.

La plupart d'entre nous qui n'avons pas naturellement ces heureuses dispositions peuvent en tirer des leçons. La relaxation, c'est bien connu, fait baisser la tension, ralentit la circulation sanguine et le rythme cardiaque, apaise la respiration et dénoue les contractions musculaires, notamment abdominales ; elle nous débarrasse de l'acide lactique, responsable des crampes et douleurs musculaires. Au niveau mental, elle réduit l'anxiété et la tension nerveuse et redonne du tonus. Tous les pratiquants savent qu'en quelques minutes ils peuvent « retrouver la forme » en entendant leur respiration calme et leur ventre qui glouglroute agréablement. Toutes les formes de relaxation, à condition d'être régulièrement pratiquées, apportent une protection contre l'excès de stress, contre l'usure trop rapide du corps et contre l'épuisement. A défaut de devenir centenaire, on peut commencer par vivre mieux une vie de meilleure qualité, plus joyeuse et plus sereine que celle que traîne la plupart de nos compagnons sur cette planète.

UNE ALTERNATIVE OUVERTE

Les quasi-centenaires de ma famille étaient tous des gens gais, de « vieux farceurs ». De temps à autre, je rencontre l'un de ces rares personnages qui allient longueur et vigueur de vie avec la joie et le bonheur de vivre. Michaël Goren, homéopathe et naturothérapeute à Jérusalem, est l'un d'entre eux. Depuis près de quarante ans, je le vois bouillonner de la même énergie souriante et tranquille. A quatre-vingts ans, avec son teint rose, ses yeux bleus et sa barbe blanche, il est exaspérant de santé. Tout comme sa compagne que j'ai connue naguère fragile et délicate. La dernière fois que je leur ai rendu visite, une lombo-sciatique aiguë m'empêchait de porter ma valise (15 kilos) jusqu'à leur appartement du troisième étage (sans ascenseur). A ma courte honte, Michaël l'a saisie d'un seul élan et a grimpé devant moi les étages comme un jeune garçon. Est-ce le résultat de ses tisanes et de sa diététique ? Les succès thérapeutiques de Goren l'ont rendu célèbre. Mais je crois que sa seule présence et sa force de conviction sont déjà la moitié du traitement [1].

La vie des Goren n'a cependant pas manqué d'épreuves. Juifs, ils ont quitté l'Europe nazie *in extremis* en 1940 sur le dernier bateau autorisé à partir. Notre ami commun Naftali Faltin, sauveteur sans fanfare de milliers de gens, avait négocié avec Adolf Eichmann lui-même, « l'achat » en devises fortes de ces quelques centaines de réfugiés. Toute leur famille, leurs parents, leurs amis restés en Europe ont disparu dans les camps de la mort. Les tribulations des Goren et des Faltin en Palestine jusqu'en 1948, date de la création de l'Etat d'Israël rempliraient un volume. Mais leur sourire et leur confiance dans la vie ne se sont jamais effacés.

Certains me diront que de tels cas sont exceptionnels. Et aussi que « c'est la barbe que de s'astreindre à une certaine hygiène de vie et à une diététique adaptée ». Reste à savoir qui est le plus libre et le plus heureux : celui qui se donne volontairement des règles de vie saine et les applique ; ou celui qui tombe fréquemment malade plutôt que de les observer. A chacun de choisir ce qu'il préfère : vivre longtemps en bonne santé ; ou bien traîner un corps-fardeau maladif, jusqu'à son décès anticipé.

L'alternative est ouverte.

1. Michaël Goren, *El Camino a la Salud*, éditorial Sursum, Buenos Aires, 1957.

CHAPITRE IX

Les limites
de la responsabilité

Les recherches effectuées depuis une vingtaine d'années, en particulier aux Etats-Unis, ont mis en évidence de troublantes corrélations statistiques entre niveaux élevés de stress et certaines maladies soupçonnées être déclenchées essentiellement par des facteurs psychologiques. C'est le cas par exemple de l'ulcère du duodénum ou de la recto-colite comme de certains cancers et maladies cardiovasculaires. L'infarctus du cadre superstressé est un « classique ». Mais les réactions diffèrent selon les individus.

Chacun de nous met en place, dès son jeune âge, des « filtres » et des défenses, à travers lesquels il va interpréter chaque événement heureux ou malheureux de sa vie. Il est donc intéressant d'apprendre, tôt ou tard, à développer ces « filtres », à mettre en place ces protections, de manière à réagir sainement aux divers facteurs stressants qui, inévitablement, vont accompagner toute notre vie. C'est évidemment plus facile à dire qu'à faire ! Cela vaut tout de même la peine car, autrement, le malade psychosomatique accumule souvent les somatisations, et va d'un mal à l'autre, presque sans solution de continuité, ce qui le fera traiter soit d'hypocondriaque, soit de « malade imaginaire »[1].

Carl et Stephanie Simonton, qui travaillent depuis de longues années avec des malades cancéreux et ont mis au point une méthode efficace d'accompagnement psychologique des patients, restent extrêmement prudents dans leurs affirmations. Lorsqu'ils citent les statistiques démontrant par exemple que dans une population témoin 60 % d'individus à haut niveau de stress ont eu un cancer diagnostiqué dans les 12 à 18 mois après avoir encaissé un maximum de facteurs stressants, ils ont l'honnêteté de noter que tous les individus ne deviennent pas cancéreux (40 % ne sont pas atteints, soit 2 sur 5) et que, d'autre part, de nombreux individus qui ne sont pas particulièrement stressés (ou n'ayant aucune raison objective de l'être) dans les années précédant le diagnostic auront un cancer[2].

1. Voir Marty, *Les mouvements individuels de vie et de mort*.
2. Voir Carl Simonton, Stephanie Matthews-Simonton et James Creighton, *Getting Well Again*.

TERRAIN ET ORGANES-CIBLES

Ici intervient l'importante notion de *terrain,* bien connue des horticulteurs, pépiniéristes et autres agriculteurs écologistes. Les médecins, psychologues, psychiatres et psychothérapeutes doivent approfondir l'idée de terrain ; à commencer, en ce qui les concerne, par *le terrain psychologique.* Depuis la découverte de l'acide désoxyribo-nucléique (ADN) et toutes les connaissances qui continuent d'en découler, on n'a plus le droit d'ignorer les facteurs héréditaires, personnels ou collectifs. Y compris *l'hérédité psychologique ou mentale.* Eric Berne, le perspicace inventeur de l'Analyse transactionnelle, leur attribuait une importance d'au moins 50 % dans la composition physico-psychique de la personnalité. Dans beaucoup de maladies très répandues, telle la scoliose, les spécialistes parlent *d'hérédité multi-factorielle.* Ainsi, un individu ayant hérité de ses géniteurs une faible constitution, et élevé de surcroît dans des conditions de pauvreté, de malnutrition et de manque d'hygiène est davantage prédisposé à certaines maladies − de carence notamment − que les enfants de la bourgeoisie des pays industrialisés. Même dans les classes nanties des pays riches, il existe des susceptibilités et des prédispositions familiales à des troubles organiques sur lesquels l'individu n'a aucune prise, en particulier s'il n'a pas connaissance du facteur de risque, ce qui est souvent le cas. La polypose du côlon est l'une de ces maladies héréditaires bien connues des gastro-entérologues. Des chercheurs britanniques ont ainsi isolé en 1987 un gène défectueux responsable du cancer du côlon. Un mot clé, par conséquent, c'est *l'information* ou mieux encore *l'éducation.* Connaître ses faiblesses mais aussi ses forces, c'est ce qui permet de gérer efficacement un capital-santé, quelle que soit la donne de départ.

Chacun de nous peut connaître ses organes cibles, ceux que notre inconscient choisit par priorité pour somatiser. C'est un préalable nécessaire pour comprendre son propre et unique mécanisme de somatisation ; et donc, inversement, le processus de guérison, *la dé-somatisation.*

Certains auront de préférence mal au dos, ou une migraine ou un torticolis. D'autres connaîtront des aigreurs d'estomac, des spasmes intestinaux, des « crises de foie ». D'autres encore subiront des arythmies cardiaques, des sensations d'étouffement, des tachycardies ou des extrasystoles. Et certains autres souffriront de maux de gorge, de rhinites, de sinusites, de laryngites « chroniques » ; ou de différentes maladies de peau (eczéma, psoriasis, etc.). Inutile de détailler ici les infinies variétés et possibilités de somatisation. Il suffit de savoir que, pour chacun d'entre nous, elles intéressent primordialement une sphère physiologique privilégiée. En outre, chaque individu a sa façon particulière de somatiser. C'est-à-dire en somme d'exprimer ou de camoufler un trouble psychologique ou une inquiétude latente par un symptôme physique. Les organes cibles et la façon de somatiser sont aussi personnels que la couleur des yeux ou les empreintes digitales (cf. Groddek, Sélyé, Marty, etc.).

SOMATISATION À PETITE ET GRANDE VITESSE

Cela dit, il y a des généralités communes. Un très grand nombre d'individus connaissent des troubles intestinaux face au stress, imprévu ou continu. Au point que le docteur suédois Axel Munthe a pu nommer et identifier la « colite », ce qui lui a permis de vivre dans l'aisance et d'écrire le merveilleux *Livre de San Michele*.

Au point aussi qu'une psychothérapeute norvégienne, Gerda Boyesen, a inventé, après de longues années d'expérience, une méthode thérapeutique dirigée principalement vers la remise en ordre intestinale, *le psychopéristaltisme*. Ecole très sérieuse et qui obtient des résultats remarquables (voir bibliographie). Notre inconscient a certainement un faible pour l'intestin et la sphère abdominale. Ceci s'explique par des raisons physiologiques très concrètes. Notre système nerveux autonome est relié directement et sans intermédiaire à notre système digestif : reins, foie, vésicule biliaire, estomac, intestins, pancréas. Quoi que nous fassions et disions consciemment, nos états d'âme et nos humeurs vont être reflétés dans notre bedaine.

Il y a enfin un autre paramètre. Chaque individu somatise, non seulement de manière différente, mais encore à des vitesses variées. Le sujet hypersensible va souvent traduire par un malaise immédiat une mauvaise nouvelle ou une contrariété : angine simulée, sinusite, douleurs abdominales ou toux nerveuse, par exemple. Nous connaissons tous des personnes incapables de freiner la transmission éclair d'un trouble mental en malaise organique. Et à l'opposé, il existe ce qu'on appelle chez les bio-énergéticiens la structure *masochiste*. (Rien à voir avec l'acception courante de ce terme.) Cela signifie que l'individu est capable d'encaisser longtemps et sans souffrance apparente beaucoup de stress et des épreuves répétées.

Entre les deux extrêmes, du somatiseur « automatique » et du « non-somatiseur apparent », existent toute la gamme et la variété infinie des structures psychophysiologiques humaines (ou même animales). Le psychosomaticien aurait du mal à émettre des règles générales et à s'y tenir aveuglément. La règle est... qu'il n'y a pas de règle.

En revanche, chacun d'entre nous a la possibilité et un grand intérêt à reconnaître sa façon particulière de recevoir et d'interpréter les facteurs stressants, et donc de somatiser plus ou moins visiblement. Ne serait-ce que parce que c'est le meilleur moyen de commencer à apprendre à faire le chemin inverse : apprendre à dé-somatiser.

CONSTITUTION ET INTERACTIONS

Le *terrain*, c'est à la fois la *constitution psychophysiologique* de la personne, héritée avec tous ses autres caractères dans son patrimoine génétique et, aussi, la résultante des *interactions* multiples entre ce facteur hérité et *l'environnement,* y compris les environnements psychologiques et éducatifs, depuis la naissance [1].

Trop insister sur la responsabilité individuelle au début d'une maladie, ou d'un accident, peut aboutir à culpabiliser, ou à désespérer le patient, en tout cas à accroître son angoisse et son incapacité. Il est temps de relativiser la notion de responsabilité individuelle, qui est un luxe d'intellectuels bien informés dans les pays riches et évolués.

Au-delà de cette limite, la notion n'est plus valable et donc guère utile. Les auteurs qui ont abondamment exposé le sujet font tous eux-mêmes partie de cette classe socioculturelle. Il convient donc de souligner à ce stade que *c'est l'information et la formation du patient qui permettent de sortir de la passivité psychosomatique pour passer à la prise en mains de sa santé.* Ne tombons pas dans l'excès inverse en disant que personne n'est plus responsable de rien dans ce que la vie lui apporte ou, en tout cas, ne serait jamais entièrement responsable. Ce serait tout à fait faux. Tout est fonction de nuance et de niveau, de proportion et de mesure, dans chaque cas individuel.

L'important est que les personnes investies d'un pouvoir thérapeutique, qu'elles soient médecins, psychothérapeutes ou autres, prennent conscience des limites de la notion de « psychosomatique », et qu'elles n'en abusent pas. C'est ainsi qu'elles peuvent le mieux accompagner leurs clients sur le chemin *d'une prise de responsabilité accrue,* en elle-même bénéfique et résolutoire. Les malades de leur côté doivent connaître les limites de leur propre responsabilité. Leurs médecins ou thérapeutes sont eux-mêmes limités : dans leurs connaissances d'abord ; mais aussi, subjectivement, dans leur capacité à faire face à ce qui, chez le patient, les interpelle dans *leur propre vulnérabilité, dans leur propre peur de la maladie et de la mort.* Le malade ne doit jamais oublier que le médecin (ou tout autre soignant) est aussi un homme (ou une femme) avec ses propres problèmes. Comme l'a dit si justement le docteur Fernand Attali, « la relation médecin-malade dont on parle tant est hélas souvent une relation malade-malade » [2].

Un malade, surtout chronique ou incurable, se doit par conséquent de mieux collaborer à sa propre santé et établir un rapport humain équilibré avec le soignant [3]. Les soignants eux-mêmes souffrent de somatisations (fatigue, migraines, insomnies, perte d'appétit) dues à leur travail auprès de malades et de mourants [4].

FACTEURS PSYCHIQUES ET FACTEURS ORGANIQUES

Je me souviens personnellement de la première fois − il y a plus de trente

1. Voir Jean Delay, *La psycho-physiologie humaine,* Que Sais-je ?, PUF, Paris, 1974.
2. Fernand Attali, *Le temps qui tue, le temps qui guérit,* Le Seuil, Actuels, Paris, 1981.
3. Ivan Illitch, *Némésis médicale, l'expropriation de la santé,* Le Seuil, Paris, 1975.
4. Revue *Etudes,* novembre 1987, « Des soignants en souffrance ».

ans – où j'ai été confronté à l'affirmation par un médecin du fait que l'affection – grave – dont je me plaignais était « psychosomatique », impliquant donc ma propre responsabilité. Ma révolte pendant quelque temps a freiné tout progrès thérapeutique, aggravant même mes symptômes. Jusqu'à ce que, selon mon habitude, je décide d'utiliser mes méthodes d'enquêteur professionnel pour aller voir ce qu'il y a derrière les mots.

Qu'entendait-on tout d'abord par la « psychosomatique » ? Roger Lewinter la définit comme « la découverte du facteur psychique des maladies organiques, du symbolisme des symptômes organiques, et la guérison de ces symptômes par leur interprétation »[1]. C'est une définition simple et suffisante, utile pour le thérapeute.

Mais cela n'intéresse pas le malade et ne change rien à son traitement que de le savoir. Un malade psychologiquement fragilisé n'a pas besoin, dans la phase initiale d'un traitement, de se sentir responsable pour ce qu'il fait et pour ce qui lui arrive ; jusqu'au moment où il pourra de nouveau fonctionner de façon autonome en toute lucidité et avec le plein contrôle de ses actes et de ses émotions. Autrement, il se culpabilise à l'extrême, source de nouveaux problèmes et de nouvelles somatisations.

Ceci a été parfaitement compris et illustré par Jacqui Schiff et son école[2]. Avec le concept de « symbiose » et la méthode du « reparentage » notamment, cette grande thérapeute américaine a guéri ainsi des hébéphréniques* et des catatoniques* réputés incurables, sans parler de diverses formes de schizophrénie et de banales névroses. Or, qu'est-ce qu'une somatisation, sinon la traduction dans le corps d'un malaise psychologique, d'une névrose qui ne peut pas être acceptée, reconnue et vécue au niveau cognitif ou autrement ? Actuellement dans le corps médical s'affrontent deux écoles : celle où « tout est psychosomatique » ; et celle où « rien n'est psychosomatique ».

Le résultat est qu'on ne distingue plus clairement la limite entre les maladies psychosomatiques ou l'aggravation psychologique de syndromes organiques et d'inévitables accidents de santé dus aux conditions de vie. La notion de la totalité de la personne et de son « capital génétique » n'est pas toujours suffisamment prise en considération. La distinction n'est plus faite entre les constitutions psychophysiques de forte santé et des individus fragilisés par une hérédité morbide, alcoolique ou syphilitique, par exemple. Où est la responsabilité de l'état d'un enfant qui naît avec le Sida ou une malformation congénitale ?

L'ENVIRONNEMENT ET LA FATALITÉ

La civilisation planétaire actuelle a également créé des environnements favorables au développement de certaines pathologies (exemple : les maladies

1. Georg Groddeck, préface à *La maladie, l'art et le symbole*, Gallimard, Paris, 1969, p. 12.
2. Voir bibliographie.

iatrogènes ou chimio-toxiques, ce qui signifie « créées par le traitement médical »). Les différences climatiques et alimentaires affectent sérieusement un grand nombre d'individus sur la planète où des millions de personnes migrent chaque année. Les parasitoses de vacances, de plus en plus fréquentes, ou les maladies tropicales transmises par des insectes « passagers clandestins » des avions, sont devenues de véritables nouveaux problèmes de santé publique.

Pour ma part, j'ai autrefois longtemps étudié les conditions de vie des travailleurs immigrés algériens en France (les Kabyles), constatant que certaines maladies, quasi inconnues dans leur milieu naturel, faisaient en Europe des ravages. Certainement l'isolement et le traumatisme psychologique de la séparation et de la marginalité dans un milieu étranger doivent jouer un rôle dans la propagation des maladies chez ces immigrés ; mais personne ne peut nier *la prédominance des facteurs infectieux, climatiques et nutritionnels,* entraînant, en même temps que les facteurs psychologiques, l'affaiblissement généralisé du système immunitaire.

A l'inverse, il serait grave de ne pas tenir compte des aspects psychologiques dans la genèse ou l'aggravation de la maladie. La génétique des populations, science encore très jeune, nous enseigne également que certaines populations sont massivement prédisposées à certaines maladies en raison parfois de caractères anciennement acquis ou parfois des conditions d'alimentation. L'absence de certains minéraux dans l'eau d'une province chinoise favorise ainsi le cancer de la mâchoire chez les paysans. Pour des raisons voisines, les Japonais ont une mauvaise denture. Dans la même population, les maladies cardiaques se sont rapidement développées après l'occupation américaine à la suite de bouleversements des habitudes diététiques (consommation nouvelle et accrue de produits laitiers et de viande bovine). Les juifs polonais, descendants de tribus caucasiennes converties en masse au judaïsme au XIIᵉ siècle, ont conservé par l'endogamie leurs caractères génétiques propres et se transmettent une maladie rare et spécifique.

Dans de pareils cas, quelle peut être pour l'individu la part du psychologique et celle d'une fatalité qui le dépasse ? La question mérite d'être posée.

Rapprochons ces exemples des accidents de voiture qui détruisent chaque année la vie de milliers d'individus jeunes et en bonne santé dans nos pays industriels. Il est admis que des individus suicidaires ou très agressifs, ou parfois dépressifs, provoquent les accidents les plus graves, mortels ou invalidants.

De ce fait, tout accident corporel sérieux sera suspecté par un psychologue ou un psychiatre consciencieux ou par le médecin armé de connaissances psychologiques, d'une recherche d'automutilation ou de pulsion de mort ou d'incapacitation. Ces facteurs existent certainement dans de très nombreux cas. Mais la « terrible simplification » consisterait à les rechercher et à les voir *dans tous les cas ;* alors qu'une partie des victimes n'ont eu que le tort ou le malheur de se trouver au mauvais moment à l'endroit fatal face à un conducteur alcoolique.

On peut en dire autant des malheureuses victimes du terrorisme aveugle, phénomène de plus en plus fréquent de notre époque.

LES ACCIDENTÉS DE LA CIVILISATION

A partir de ces réflexions de bon sens, il devient difficile d'imputer la responsabilité de leur propre destin et de leurs maladies aux millions de gens qui, depuis la Seconde Guerre mondiale, ont été obligés, pour cause de bouleversements politiques, de quitter leur pays d'origine pour vivre dans des conditions plus difficiles dans d'autres lieux, sous d'autres climats.

On ne peut en revanche les abandonner à leur sort « psychologique ». On peut enseigner aux nombreux réfugiés qui transmigrent chaque année à gérer leur situation particulière pour ne pas traduire leur désarroi moral en détresse physique. Mais d'une façon générale, les populations massivement déplacées réagissent plutôt mieux que les individus et s'adaptent d'une manière dynamique et positive à l'environnement nouveau, en raison d'un phénomène de solidarité. Des pays entiers ont été créés à partir de telles populations : l'Etat d'Israël ou le Pakistan par exemple [1].

Les problèmes psychologiques et sociologiques des transplantés et ceux que posent leur intégration économique et leur assimilation socioculturelle sont connus. On a également une bonne idée des troubles mentaux ou psychiques, à commencer par la dépression primaire, qui accompagnent parfois certaines mutations. Dans ces cas également, on peut être tenté de trouver des explications psychologiques faciles aux maladies organiques affectant ces types de population.

On doit toujours tenir suffisamment compte des facteurs climatiques, alimentaires et propres à l'environnement. Les bons médecins savent écouter et ne rien négliger [2].

Depuis quarante ans, après la fin de la Seconde Guerre mondiale, au moins 300 millions de personnes ont dû être considérés comme « réfugiés », selon les critères du Haut Commissariat des Nations unies pour les réfugiés. Un nombre également important d'individus ont été transplantés ou sont partis sans avoir ce statut officiel de « réfugié » (tels les « pieds-noirs » d'Afrique du Nord ou les juifs des pays arabes ayant fui vers Israël). On parle beaucoup de certaines populations de réfugiés « privilégiés » et presque pas ou pas du tout de certaines autres (les musulmans de l'Inde : 40 millions, ou les Allemands de l'Est : 11 millions). Or, la problématique du réfugié est la même partout. Dans le monde actuel déchiré, ce phénomène n'est pas prêt de disparaître. Chaque bouleversement politique important entraîne sa nouvelle vague de

1. Voir Association pour l'étude du problème mondial des réfugiés.
2. Voir bibliographie : Marty, Kreisler, Simeons, Dubois.

réfugiés fuyant vers des pays plus accueillants que leur propre terre natale. Ils doivent ensuite s'adapter à tout un nouveau mode de vie et à un autre univers socioculturel (Chili, Viêt-nam, Liban, Iran ces dernières années...).

LA DIMENSION PSYCHIQUE DE LA GUÉRISON

Dans les périodes troublées et dans un grand nombre de pays, les individus peuvent devenir les victimes passives de circonstances incontrôlables. Ils n'ont ni pouvoir ni responsabilité sur les causes et sur les effets de leur destin souvent tragique : des camps de concentration nazis ou staliniens, aux massacres du Viêt-nam et du Cambodge, ou aux tremblements de terre californiens et colombiens et tant d'autres catastrophes naturelles.
Je place dans le même ordre d'irresponsabilité individuelle fondamentale le destin misérable des centaines de millions d'individus déshérités dans le Tiers-Monde, Afrique, Asie, Amérique latine, subissant souvent, outre leur misère physique, les rigueurs de régimes dictatoriaux et sanguinaires. Si l'on songe aux multitudes affamées de l'Inde, du Bangladesh, de l'Indonésie, d'Ethiopie ou du Sahel, et de tant d'autres pays, souffrant à la fois de la misère physiologique et de la dictature politique, la notion de responsabilité individuelle apparaît tout à fait dérisoire. *La responsabilité naît du libre arbitre : comme telle, elle reste l'apanage des citoyens libres et évolués des pays riches.*
Dans ces pays, en revanche, il est invraisemblable d'entendre encore des professeurs de médecine responsables nier l'importance des facteurs psychologiques dans la genèse et l'évolution de la maladie.
Les limites de la psychosomatique existent certes, et tous les psychosomaticiens en sont conscients. On peut frémir en revanche d'entendre des commentaires sur l'inutilité du traitement psychosomatique ou de l'accompagnement psychologique des malades cancéreux ou autres. Heureusement, cela est en train de changer rapidement.
La médecine du symptôme et du corps physique finira par céder devant la nécessité de considérer et de guérir le malade tout entier, dans toutes ses dimensions, physiologiques, psychologiques et même spirituelles.
Un de mes amis, qui a longtemps étudié le sujet, avant de subir lui-même une grave opération cardiaque, m'a affirmé : « Toute maladie a des aspects psychologiques, soit à l'origine, soit dans ses prolongements. Je trouve qu'il est criminel, et en tout cas coûteux, de la part du système médical, de remettre en circulation des personnes opérées ou traitées sans les assister psychologiquement ». Lui-même avait commencé à ressentir, quelques mois après l'opération qu'il avait subie, les effets d'une forte dépression pour laquelle il a eu de sa propre initiative recours à l'aide d'un psychothérapeute. Dépression réactionnelle (au choc opératoire) ou dépression exprimant des difficultés inconscientes qu'avait masquées la somatisation cardiaque ? Dans

son entreprise, un employé de rang modeste, qui avait subi une opération cardiaque identique, s'est suicidé par pendaison, cinq mois après être sorti « guéri » de l'hôpital. Son destin aurait-il été différent si un psychologue l'avait aidé c'est-à-dire accompagné dans sa réinsertion sociale ? Que d'opérations réussies qui débouchent sur le néant ! Que d'argent − et de talent − dépensés en vain faute d'une prise en compte de la dimension psychologique de la maladie... et aussi de la guérison !

CHAPITRE X

Contre la tyrannie
de l'inconscient

Chacun de nous, tôt ou tard, peut être confronté à sa part de responsabilité dans ce qui lui arrive ; mais justement, tant que cette confrontation n'est pas survenue et devenue pour le sujet une évidence, on peut la considérer comme potentielle mais non consciente. L'art de guérir, de se guérir et de gérer sa santé et son bien-être tient précisément dans la venue à la conscience de ce potentiel de responsabilité.

Il est bon d'avoir présent en mémoire l'existence d'instances supérieures déterminantes *en même temps* que notre part de libre arbitre. Nos vies et nos destins sont en partie gouvernés par ces instances et il serait tout aussi absurde de les nier que de leur attribuer un pouvoir total et démesuré.

Le concept de *scénario de vie,* étendu à toute une culture, fournit un moyen de comprendre comment l'individu peut être très tôt enserré dans un carcan de contraintes et de comportements appris, qui deviendront plus tard la source de ses névroses. En sortir demande tout un travail de déconditionnement. Ou un accident. Eric Berne affirme (et ce point de vue est confirmé désormais par des dizaines de milliers d'observations) que (hormis la psychothérapie) les catastrophes naturelles, les guerres et les conversions religieuses sont les seuls moyens de « sortir » de son scénario (et notamment du scénario de santé). Nous y reviendrons.

La psychothérapie, qu'elle soit psychosomatique ou autre, permet la sortie du scénario (c'est-à-dire la rupture avec la fatalité), quand elle est réussie. Autrement, c'est quelquefois échanger un déterminisme pour un autre. La conversion religieuse présente un phénomène intéressant : qu'on songe, par exemple, à un juif religieux orthodoxe, dont la vie se passe à attendre, espérer et tenter de provoquer la venue du Messie ; et qui à la suite de rencontre fortuite mais forte se reconvertit au christianisme. Son scénario culturel et individuel n'a plus aucune prise sur lui, plus aucun sens dans sa nouvelle croyance. J'ai connu un pareil cas.

Quant aux guerres et catastrophes naturelles, elles pourraient presque se passer d'illustrations ou d'exemples. Depuis la fin de la Deuxième Guerre mondiale – qui a eu une telle influence sur mon itinéraire ou destin personnel – la planète n'a jamais connu la paix. Mon métier et ma vie de journaliste en même temps que mon intérêt pour le changement sociologique, m'ont mis au contact de façon répétitive avec des situations individuelles ou collectives dramatiques dans lesquelles les vies de populations entières et d'individus étaient totalement bouleversées.

J'ai déjà cité l'exode des Européens d'Egypte en 1956, celle des juifs des pays arabes vers Israël entre 1949 et 1956, celle des « pieds-noirs » d'Afrique du Nord, en particulier d'Algérie en 1962, la guerre civile provoquant la fuite de nombreux chrétiens et musulmans du Liban depuis 1974, puis des Iraniens fuyant la République islamique à partir de 1979. Tous ces événements, ces déracinements brutaux, je les ai vécus en direct à travers les amis ou les familles concernés, pour ne parler que de ceux-là. J'ai pu voir la ruine et le désespoir de certaines familles ; mais j'ai aussi assisté au redressement de situations dramatiques et apparemment désespérées. C'est pourquoi je crois à *notre part infrangible de libre arbitre.*

IL Y A TOUJOURS QUELQUE CHOSE À FAIRE

Le libre arbitre sera d'autant mieux conquis qu'on aura accepté qu'il existe des situations politiques, économiques ou sociales susceptibles, à certains moments, de restreindre considérablement les possibilités d'action et donc la responsabilité de la personne. Cela, c'est la réalité quotidienne de notre monde. Elle peut mener selon les tempéraments à des choix opposés : la résignation et le fatalisme, accompagnés de plaintes et d'aveux d'impuissance ; ou au contraire, la prise en mains décisive de son destin.

Dans le domaine de la santé, c'est toute la différence entre la passivité destructrice et pessimiste et l'affirmation profondément vécue qu'*il y a toujours quelque chose à faire,* quelque chose de bien et de bon pour soi. Déterminisme social, culturel ou héréditaire, certes tout cela existe et ne peut être nié ; mais aussi, dans n'importe quelle situation, la réaction de certains individus exemplaires nous montre qu'on peut toujours reprendre l'initiative. En d'autres termes, la psychosomatique n'est pas seulement la science ou l'explication de nos névroses transformées en souffrances et atteintes physiques. L'autre versant de ladite psychosomatique, *c'est l'apprentissage des moyens qui permettront de défaire le mal à partir de ses propres défenses, de ses propres ressources, de son propre mental.* Et ceci est à la portée de chacun d'entre nous. Si l'action mentale est capable, dans notre inconscient, de nous amener la maladie, inversement la prise de conscience de ces mécanismes et l'acquisition de quelques connaissances pratiques peuvent nous permettre de nous amener consciemment à la réappropriation de notre santé.

Des amis se sont posé des questions sur ma « résistance » et sur mon itinéraire et sur les moyens qui m'ont permis de bien vivre les « coups du sort » de la dernière décennie. J'ai souhaité partager mon expérience et mon information avec tous ceux qui pourraient en avoir besoin. Je raconte donc ce que j'ai vécu. Le Talmud dit que c'est un grand péché que d'avoir une expérience à partager et de ne pas le faire. Pour une fois, j'écoute la sagesse des Anciens. Avec, j'espère, assez d'humilité. Humilité nécessaire, m'adressant à d'autres malades, dont certains me donnent jour après jour le courage et la joie de vivre.

L'ESPOIR ET SA RÉCOMPENSE

Sentir sa vie suspendue – avec tout plein de points de suspension – entre le rien et le néant, à cinquante-cinq ans, quand, quelques heures avant, on pense que tout va recommencer dans l'ardeur et l'enthousiasme de la création, avec la vigueur et la relative sagesse de la maturité : c'est l'expérience qu'il m'a été donné de vivre. Cinq ans plus tard, je me sens tellement différent, tellement enrichi et si heureux de vivre, que je peux éprouver une vraie reconnaissance pour les épreuves des dernières années et les leçons qu'elles m'ont enseignées : la visite soudaine de la mort, la perception d'un au-delà rationnellement inexplicable ; le sursis plein d'espoir ; puis la maladie sans espoir et la condamnation à perpétuité ; l'abandon d'une compagne que je croyais solide, le divorce, les pertes financières et professionnelles ; la peur du vide... Puis le sursaut ; le retour en force de la foi en moi et du goût acharné de vivre. Et pour finir, la récompense suprême : la rencontre avec un amour lumineux.

Le soleil brille sur la neige et sur les arbres tout décorés, comme festonnés de crème chantilly ; merci Seigneur pour cette merveilleuse journée de vie. Déjà les forces physiques reviennent, lentement. L'énergie, ce mystérieux quantum indéfinissable, recommence à sourdre du plus profond de moi. Je suis à l'écoute. J'aime me sentir en vie par tous mes organes ; mon cœur qui bat, mon péristaltisme parfois bruyant, mon écoute de tous ces bruits non identifiables de la vie, au-dedans et au-dehors de moi, mes mains si pleines encore de force et de caresses, mon sexe vivant, mon odorat gourmand, ma vue qui trouve tant de beauté pour se rassasier. Quel cadeau formidable que la Vie ! Comment ne pas remercier Celui et ceux qui nous l'ont donnée ? Quand le présent est radieux – et il peut toujours l'être dans la fugacité éphémère de l'instant unique – qu'a-t-on à faire du passé et encore moins d'un avenir ? Tant que l'on peut prendre une main et dire (avec ou sans les mots) que l'on aime...

NOTRE PLUS SAGE CONSEILLÈRE

Le problème fondamental du malade grave ou soi-disant incurable, c'est *l'angoisse de l'avenir*. C'est peut-être son seul problème. Comment sa maladie va-t-elle évoluer ? Quand, comment va-t-elle empirer ? Que deviendra-t-il s'il est invalide ou sérieusement handicapé ? Ses proches vont-ils se débarrasser de lui dans un mouroir ? Quand, comment, où, avec qui, va-t-il mourir ? Ce n'est pas la mort qui l'angoisse. Après tout, les bien-portants aussi finissent par mourir. Non, c'est le devenir de sa vie et la qualité de sa mort. J'appelle cela « s'écouter mourir ». La vraie merveille, c'est qu'on peut toujours à l'inverse s'écouter vivre. En cela notre libre arbitre est total.

Il y a quelques années, une de mes très grandes et très chères amies se faisait à cinquante-deux ans tellement de soucis pour son avenir qu'elle en est morte soudainement. C'était sa façon à elle de « résoudre » son problème d'angoisse. Une prise de conscience de la fragilité de la vie – elle était cardiaque – aurait pu la mettre sur une autre voie. Et cette belle femme, supérieurement intelligente et douée, écrivain et poétesse de talent, aurait pu vivre encore quelques superbes décennies créatives. Car « qui a jamais ajouté un jour ou une heure à sa vie en se faisant du souci » dit l'Evangile.

Toute la question pour le malade qu'on dit condamné ou l'infirme est de passer de la quantité à la qualité. En premier lieu, la qualité de sa vie. Alors seulement l'espoir peut renaître et chaque journée de vie devenir une victoire sur la mort.

Très tôt, j'ai été frappé par le fait que chaque humain parle de la mort des autres comme s'il était lui-même éternel. Cela explique que dans la majorité des cas, la plupart des « bien-portants » ont plutôt tendance à fuir le contact et la compagnie des malades. Pour ne pas voir ce qu'ils redoutent : leur propre vulnérabilité et leur impuissance devant la mort, cette grande égalisatrice. *S'accepter vulnérable, savoir et sentir – profondément – que cette vie si précieuse peut nous être retirée à tout moment, est le premier pas vers la résolution de l'angoisse.*

Carlos Castaneda a écrit à ce sujet de belles choses. « La mort, dit-il, est *notre plus sage conseillère.* » Selon l'enseignement qu'il a reçu de son maître, l'Indien yaqui don Juan, notre mort est toujours là nous guettant, derrière notre épaule gauche. « Chaque fois que tu sens, comme tu le fais toujours, que tout va mal, et que tu es sur le point d'être anéanti, tourne-toi vers ta mort et demande-lui si cela est exact. Ta mort te dira que tu te trompes ; que rien en réalité n'importe sauf son toucher. Ta mort te dira : "Je ne t'ai pas encore touché". »

Tous ceux qui autour de nous s'agitent – comme longtemps je l'ai fait – pour obtenir des choses futiles, tels la gloire, le statut social, la notoriété ou plus d'argent qu'ils n'en ont besoin, aussi bien que les indifférents, les craintifs et les passifs, tous vont aussi mourir un jour, sans que leur passage dans la vie ne laisse davantage de trace que le vol d'un oiseau dans le ciel. *Mais ils ne veulent pas le savoir.* Et tout rappel leur est insupportable.

Au-dessus de l'entrée principale du cimetière d'Alger était inscrite cette phrase lapidaire et terrible : « *Aujourd'hui Moi, demain Toi.* » C'est cela notre réalité de « vivant ».

ENTRE MAINTENANT ET L'ÉTERNITÉ

Le malade qui se sait vulnérable et mortel et qui l'a accepté une bonne fois pour toutes, possède donc un indéniable privilège ; celui de regarder en face sa propre mort, voire de négocier avec elle. Et surtout ne pas en faire un événement dramatique et répugnant (« horrible et sale », disait Albert Camus) ; mais au contraire un prétexte à croissance et à épanouissement. « Puisque je dois mourir, peut-il se dire, que puis-je faire de mieux, pour moi et pour les autres, dans les limites que je me connais, entre Maintenant et l'Eternité. »

La réponse est bien entendu éminemment individuelle. Elle dépend des conceptions de chaque individu, de son passé, de son caractère, de ses goûts, de ses centres d'intérêt, de sa capacité d'aimer et d'être aimable, et, n'ayons pas peur des mots, de sa foi et de sa morale. De ses valeurs en somme.

Pour ma part, entre autres choses, j'écris ce livre ; en ce moment c'est ma « raison d'être ». Tel autre, du même âge, même milieu, et même éducation a choisi de vivre pleinement chaque jour et chaque heure pour et avec les autres, continuant à travailler comme devant et à donner son amitié et sa chaleur. Qui ne connaît pas d'exemples similaires ?

La grandeur et la justification de la condition humaine résident dans ces possibilités de choix qui sont nôtres, dans ce libre arbitre. Qui est aujourd'hui paradoxalement et scientifiquement prouvé par la connaissance du code génétique. Les molécules d'ADN* nous transmettent nos structures physiques et mentales ancestrales ; mais elles conservent de la place − des « pages blanches » ont dit certains biologistes − afin que chacun d'entre nous puisse apporter sa contribution, et continuer à écrire au présent ce qui deviendra l'histoire humaine. Ainsi, *chacun de nous est appelé à déterminer l'avenir du phénomène humain dans toutes ses dimensions.*

A tout moment, à chaque seconde de ma vie, je me trouve à un carrefour où différentes routes s'ouvrent à moi, où différentes options sont offertes ; c'est moi qui dois choisir en fonction de l'information dont je dispose. Ainsi, à chaque seconde, je peux choisir de renouveler mon contrat avec la vie ; à chaque seconde et jusqu'à la dernière.

Ce n'est pas là l'apologie de l'individualisme sans foi, ou de l'orgueil. Au contraire, pour un croyant, l'observation que j'avance veut dire : Dieu nous offre à chaque instant la possibilité *d'être davantage* et de mieux servir son dessein.

L'éventail des options n'est là que pour nous rappeler notre richesse de vie et notre potentiel d'amour et de liberté. C'est pourquoi je dis : la « guérison » est en permanence au-dedans de nous. L'énergie vitale est toujours là au tréfonds de notre être, luttant en permanence avec *la pulsion de mort*. Vivre n'est pas autre chose que savoir écouter et entendre cette énergie. La mettre en œuvre est le premier devoir envers soi-même et aussi le premier pas vers la vraie santé. Il ne s'agit pas de théorie, mais d'expérience vécue, la mienne propre et celles de nombreux autres malades avec lesquels j'ai travaillé ou qui m'ont confié leur propre expérience. Des malades dits « incurables », ou « condamnés », donc apparemment privés de la « santé ».

L'APPRENTISSAGE DE LA SANTÉ

La santé, voilà bien un mot magique. Que veut-il dire ? Est-ce vraiment « un état de fonctionnement parfait de l'organisme en l'absence de toute maladie » ? Selon la définition à laquelle est parvenue l'Organisation mondiale de la santé, après des années de réflexion par les plus grands spécialistes mondiaux, la santé peut être définie comme « un état d'équilibre physique et mental, indépendamment de toute atteinte organique ». Il est clair qu'un équilibre définitivement stable n'est jamais acquis. Il doit constamment être recherché en tenant compte d'une infinité de facteurs variables.

L'exemple de Patrick Segal vient appuyer ces assertions. Il est mondialement connu pour son dynamisme et son courage malgré sa paraplégie. L'objectif de Segal était de démontrer que la vie ne s'arrête pas, au contraire, et même que son contenu, sa qualité peuvent être améliorés quand on est atteint d'un mal incurable ou d'une infirmité irréparable. *La maladie serait-elle alors l'école de la santé ?*
J'ai lu le premier livre de Patrick Segal [1], un jour de Noël, dans une période où, habitué jusqu'alors à une vie hyperactive, je me désolais d'être presque constamment cloué au lit. Je me trouvais limité dans ma vie et mes mouvements par une forte lombo-sciatique devenue quasi permanente. A la fin de ma lecture (quelques heures), je confesse avoir eu honte de moi et de mon auto-apitoiement. J'ai immédiatement décidé de marcher sans canne, ni support dès que je me lèverai, de ne plus me faire accompagner à la piscine où j'allais m'exercer, et de faire l'inventaire exact de mes ressources, de mes faiblesses et de mes forces, et de voir ce que je pourrais en faire. J'ai mis au point un processus pour fonctionner normalement à base d'exercices et de relaxation. Grâce à Patrick Segal il y a ainsi des milliers de gens qui ne font plus un drame de leur handicap physique et qui vivent joyeusement.
La situation n'est pas exactement la même quand un individu apprend, dès la quarantaine ou la cinquantaine, qu'il est atteint d'une maladie qui va aller en empirant ; et que les dernières années de sa vie (rares ou nombreuses) risquent d'être de plus en plus pénibles à supporter. C'est ainsi pour certaines maladies cardio-vasculaires, pour la sclérose en plaques, la polyarthrite chronique évolutive (PCE), la maladie de Parkinson, le Sida, ou certaines formes de cancer. Toutes ces maladies et bien d'autres n'ont rien en

1. Patrick Segal, *L'homme qui marchait dans sa tête,* Flammarion, Paris, 1977.

commun si ce n'est ceci : *le diagnostic tombe comme une condamnation,*
comme un lourd couperet qui divise la vie en deux : *avant* et *après.*
C'est ce que j'ai vécu et c'est aussi le témoignage de nombreux malades.

LE REFUS DE LA FATALITÉ

Un médecin américain a écrit : « Si le cancer est souvent une condamnation
à mort, la maladie de Parkinson est toujours une condamnation à la prison à
perpétuité. » Pardon, monsieur, c'est *votre* opinion, de l'extérieur. Je ne me
considère pas, moi, comme un condamné, parce qu'une petite structure de la
base du cerveau, grosse comme à peine une petite noisette ne fait plus son
travail. Elle devrait fournir d'infimes quantités d'un neurotransmetteur
particulier, la dopamine. Une, parmi la centaine de ces substances qui font
transiter à travers le cerveau et la moelle épinière l'influx nerveux et les
ordres d'action.

C'est ainsi pour la plupart des maladies qui touchent l'encéphale. On ne
connaît ni leur cause ni leur traitement. Le sujet atteint n'a plus
théoriquement qu'à attendre l'évolution de son mal vers la paralysie et la
dégradation de toutes ses fonctions : c'est une mort à petit feu, humiliante.
C'est aussi le cas du Sida, et de plusieurs affections cardiaques, cancéreuses
ou hormonales. « Le plus dur, me confiait François, pré-sidaïque, c'est le
vide qui se fait autour de vous. » Et pourtant, même quand on dit qu'il n'y a
plus rien à faire, il reste encore quelque chose à faire. C'est de *prendre la
décision de vivre.*

Beaucoup de souffrances peuvent être allégées par cette décision. Parmi les
fléaux de l'âge, je pense par exemple à l'arthrose et à l'hypertension.
Beaucoup de quinquagénaires et de sexagénaires commencent de plus en plus
tôt à en souffrir. Mais je constate aussi, pour ces maladies comme pour
d'autres considérées comme des affections « normales » du vieillissement,
qu'elles atteignent des êtres de plus en plus jeunes. C'est le cas également du
Parkinson dit « juvénile » et de la polyarthrite chronique évolutive (PCE). Or
il suffit souvent de quelques modifications du mode de vie et d'alimentation,
accompagnées – impérativement – d'un peu d'exercice et de relaxations
régulièrement effectuées et bien conduites, pour obtenir des améliorations
spectaculaires, dépassant parfois 50 %.

Je revois avec émotion la réelle gaieté qui règne dans certains groupes de
malades, des cancéreux, des cardiaques, des « condamnés ». Ils témoignent
de leur amélioration et de leur optimisme. Certains sont morts aujourd'hui.
Mais je sais que leurs dernières années sur terre ont été plus riches et plus
joyeuses que celles de beaucoup de non-malades encore vivants.

Avant de les connaître, et comme d'autres, je fuyais les grands malades.
Maintenant je me demande parfois si ce ne sont pas les « bien-portants » qu'il
faut plaindre quand ils passent à côté de leur vérité : la fragilité de toute vie et
la disponibilité aux autres.

DES LEÇONS D'OPTIMISME

Dans toutes les maladies on connaît des cas de guérison spontanée quasi miraculeuse ou de longues et spectaculaires rémissions, inexplicables par la médecine. Le docteur Marcel Tobelem m'en a cité plusieurs cas, sans pouvoir les comprendre et les expliquer médicalement. Ce médecin est un généraliste chevronné, d'une compétence et d'une conscience professionnelle rares. « Chaque fois, écrit le docteur Pierre Marty, que l'évolution d'une maladie s'avère heureuse, il est à peu près certain qu'au-delà de l'aide que nous apportons au malade ce dernier a retrouvé à un moment donné ses propres possibilités de lutte, ses mécanismes de défense, dont la défaillance, à un autre moment, avait entraîné l'apparition de la maladie. La question demeure alors de savoir pourquoi un patient qui nous aide à certains moments ne nous aide pas toujours. Le patient peut-être, plus ou moins obscurément, le sait-il [1]. » Oui, le patient peut le savoir. Avant tout il ne doit pas se résigner à subir la maladie comme une malédiction ; car la force de vie existe en chacun de nous et le pouvoir de guérir aussi. Et ce n'est pas une question d'âge.

Je connais une vieille dame de quatre-vingt-deux ans, presque entièrement paralysée, mais qui tient à faire elle-même tout ce qu'elle est encore en mesure de faire. Elle vit seule dans un petit studio. Mais elle n'est jamais solitaire. Comme elle est toujours gaie, elle est très entourée : de voisins, d'amis, de parents. Elle ne se plaint jamais, trouve toujours un mot gentil et un sourire pour ceux qui viennent l'aider. Elle n'est pas pressée de mourir et il n'y a pas longtemps, elle m'a cité un proverbe, arabe je crois : « Jusqu'à la mort, la vieille a toujours quelque chose à apprendre. »

De temps en temps, quand ça va mal, je sais que je peux aller chez elle prendre une leçon d'optimisme et de gaieté. Je suis heureux d'être son neveu. Car la gaieté de ma tante ne dépend guère des facteurs extérieurs et de ce fait elle est communicative. Elle peut vous raconter les anecdotes relativement banales de sa vie de vieille dame malade et sédentaire, en ponctuant ses phrases d'éclats de rire. Tout est prétexte à s'amuser. En même temps ma tante Fernande se soucie des autres et exprime sa compassion devant les épreuves qui touchent ceux qu'elle connaît, et aussi ceux qu'elle ne connaît pas.

L'INCONSCIENT POUR ALLIÉ

Aujourd'hui une autre malade sort de chez moi, Ilona Sponnier. Elle vit avec un Parkinson sérieux depuis cinq ans. Elle n'a pas encore quarante ans. Une amie médecin me l'avait présentée il y a trois ans pour que je l'informe et que je la conforte. Malgré ses difficultés à marcher, sa lenteur et son

---

1. P. Marty, *Les mouvements individuels de vie et de mort*, p. 60.

élocution parfois hésitante, elle garde un moral d'acier. Quand elle dessine (sa principale activité), elle ne tremble pas, me dit-elle. Elle a beaucoup d'amis qui lui rendent visite. Son voisin de palier, cuisinier, lui prépare chaque soir un succulent repas. Elle voyage beaucoup avec son ami Georges. Ses yeux pétillent quand elle me raconte avec humour leurs tribulations africaines. Elle pratique assidûment ses exercices et des séances de kinésithérapie pour garder sa mobilité. Sa principale médication reste *un bon moral*.

Le grand neurologue qu'elle est venue consulter sur mes conseils en octobre 1987 lui a dit qu'elle ne serait pas mieux en prenant toutes sortes de médicaments. Elle met son espoir d'en sortir dans les greffes de neurones, qui en sont au tout premier stade expérimental. C'est le genre de « malade » dont le contact vous ragaillardit. On croit leur apporter quelque chose ; c'est nous qui recevons. Comme le souriant et tranquille M. Chaumien. J'ai rarement vu un opéré du cancer du poumon de soixante-treize ans aussi serein et confiant. Sa courageuse compagne n'est pas non plus du genre à se lamenter. « Il ne faut pas dramatiser, me dit le jeune vieux monsieur. Je me suis dit : j'ai beaucoup de chance ; il y a bien plus malade que moi. Et puis moi, j'ai toujours eu le moral. »

Reconnaissons que c'est un comble que de se trouver chanceux d'être moins malade qu'on aurait pu l'être. Pour moi, la leçon est claire : on ne peut pas lutter avec ce monstre froid qu'est l'inconscient. Mais on peut, en restant optimiste, s'en faire un allié.

CHAPITRE XI

Gérer sa santé

Un jour de mars 1979, je me suis rendu sans arrière-pensées à un séminaire d'Analyse transactionnelle. J'en avais entendu parler depuis l'été 1978 et j'avais lu plusieurs ouvrages me convainquant du fait que la méthode et sa pratique pouvaient puissamment contribuer à l'amélioration des relations humaines. J'avais mis plusieurs mois à trouver à Paris quelqu'un de compétent et m'inspirant suffisamment confiance pour m'initier. J'avais seulement la certitude que je le trouverais. Un yogi africain noir, un rien « sorcier », ne m'avait-il pas dit quelques mois auparavant, au moment où nos chemins se séparaient dans un aéroport espagnol : « Je sais que tu vas trouver ce que tu cherches. »

Pendant un quart d'heure il avait écouté sans mot dire ma conversation avec quelqu'un d'autre assis avec nous à la même table. Puis, quand mon vol pour Paris avait été appelé, alors que nous nous étions déjà banalement dit au revoir en nous serrant la main, il a couru après moi pour me dire cette phrase bizarre : « *Je sais* que tu vas trouver ce que tu cherches. »

A cette époque, je travaillais comme quatre depuis de longues années et j'étais presque en permanence harassé et survolté. Assurant plusieurs jobs à la fois, sautant d'un avion à l'autre, de la radio à la télé, ne refusant jamais un article supplémentaire, ou une conférence, ou une consultation à l'étranger. Je vivais nettement, depuis au moins un quart de siècle, au-dessus de mes moyens physiques. Je dormais par morceaux, avec des maux de dos et de ventre. Pourtant je me rendais à ce séminaire d'Analyse transactionnelle moins pour apprendre à en faire moins que pour connaître des recettes pour en faire plus.

J'ai mis ce jour-là un doigt dans un engrenage et tout le reste y est passé. Cela a duré sept années : formation à l'Analyse transactionnelle et à la Gestalt avec Raymond Hostie et Rémy Filliozat, prise de conscience du corps avec la bioénergie chez Vincent Lenhardt, formation parallèle à la psychosomatique, à la visualisation, au massage sensitif ; de même au yoga tantrique et à la relaxation, à la gestion du stress et au « travail de deuil » ; le tout accompagné en parallèle par une psychothérapie personnelle, à la fois en groupe et individuelle. Je ne faisais pas les choses à moitié.

Au moins trois week-ends sur quatre étaient consacrés à des ateliers, souvent avec de grands spécialistes américains ; deux ou trois soirées par semaine se passaient en thérapie ou conférences didactiques et pendant quelques années plusieurs après-midi par mois étaient occupés par la formation.

Avec les séances individuelles de thérapie, cela remplissait mon emploi du temps et dégarnissait mon compte en banque. Pendant quelques années j'ai également été conseiller de la rédaction et collaborateur à la revue *Psychologie*. Il a bien fallu tout cela pour que j'admette et que je comprenne profondément que je n'avais cessé de me mener moi-même à la « schlague », comme un galérien, sans nécessité. J'avais presque toujours spontanément pris les problèmes (et le stress) des autres à ma charge.

LE CHANGEMENT PERMANENT... MÊME APRÈS CINQUANTE ANS

Le changement, pour un temps, désoriente soi et les autres ; mais il n'y a pas d'autre chemin de vie authentique qui ne passe pas par l'acceptation du changement : « Le changement est la seule chose dans notre vie qui soit permanente » a dit Albert Einstein. J'ai donc accepté de changer, au début en renâclant. Et si l'on vous dit qu'il est difficile, voire impossible, de changer après quarante ou cinquante ans (ou 60 ou 90), ne le croyez pas. J'ai commencé à cinquante-deux ans et, autour de moi, j'ai vu des gens plus âgés entamer et mener à bien un processus de changement profond. Le seul changement possible étant, bien entendu, celui qu'on effectue sur soi et en soi. On ne peut pas changer les autres. On peut seulement offrir un exemple visible de changement.

Changer a voulu dire pour moi apprendre à vivre avec mes limites, faire le tri dans mes croyances, mes peurs et mes sentiments authentiques. Ce fut aussi apprendre à connaître et à respecter mes vrais besoins, corporels et émotionnels. Donc à ne pas m'imposer d'excès de toutes sortes. Et, par conséquent, apprendre à respecter les besoins et les émotions des autres, à les aimer tels qu'ils sont.

Par le yoga longtemps pratiqué, j'avais appris la relaxation et l'art de la visualisation positive. En 1979, grâce à mon thérapeute d'alors, j'apprenais la sortie, aux Etats-Unis, du livre des Simonton *Getting Well Again* [1]. J'en ramenais deux exemplaires en mai. Un atelier avec les Filliozat m'avait déjà initié à la méthode. J'assistais également en 1980 à un atelier de Marge Reddington qui a travaillé avec les Simonton et importé leur méthode en Europe. Ainsi armé, j'ai commencé (et je n'ai plus jamais cessé) à pratiquer

---

1. O. Carl Simonton, Stephanie Matthews-Simonton et James Creighton, *Guérir envers et contre tout*, Epi, Paris.

régulièrement la visualisation mais aussi tout ce qui doit l'accompagner : exercice physique, diététique, pensée positive, créativité, etc.
Que disent les Simonton, lui cancérologue et elle psychologue clinique ? Et que contient leur méthode ? Tout simplement que le cancer et toutes les maladies graves comportent d'importants aspects psychologiques trop longtemps négligés. Ils ne nient pas, au contraire, l'existence d'autres facteurs pathogènes : chimiques, bactériologiques ou héréditaires. Seulement leurs observations et leurs années de pratique et d'étude ont démontré l'énorme influence du mental sur la santé physique et la qualité de vie, y compris sur la guérison ou la prolongation d'une vie de qualité. Par extension on peut dire que leurs conclusions s'appliquent à toutes les maladies.

LA MÉTHODE SIMONTON

Carl et Stephanie Simonton, auteurs avec James Creighton du célèbre ouvrage *Guérir envers et contre tout* (en anglais : *Getting Well Again)* ont été, aux Etats-Unis, parmi les pionniers de méthodes pratiques de prise en charge des malades au plan psychologique, par eux-mêmes d'abord, par la famille, l'entourage et les soignants ensuite. Ils se sont appuyés sur les travaux de Leonard LeShan concernant les aspects psychologiques des maladies cancéreuses, et de Hans Selye sur le stress.
Carl est médecin cancérologue et Stephanie psychologue clinicienne. On les crédite le plus souvent de la systématisation pratique de la « visualisation positive » qu'ils ont longtemps utilisée avec les malades cancéreux avant de l'étendre à d'autres maladies. Mais ce qu'on appelle souvent par commodité la « méthode Simonton » ne se réduit pas à la visualisation. Elle englobe d'autres démarches importantes mentionnées dans cet ouvrage : exercice physique régulier ; développement des relations affectives ; nouvelle hygiène de vie ; alimentation appropriée.
Depuis la parution de l'ouvrage de référence en 1979, ces méthodes ont été approfondies, enrichies et perfectionnées, notamment par des psychologues cliniciens français, dont Anne Ancelin-Schutzenberger (traductrice des Simonton), Anne-Marie et Rémy Filliozat et Michel Guichard.

Comme d'autres avec moi, je le vérifie chaque jour depuis huit ans. Cela peut paraître banal aujourd'hui, après tant de livres, d'émissions de TV, de radio et d'articles consacrés à la guérison, notamment des cancers et au mieux-être en général. L'acceptation de ces hypothèses est encore loin d'être totale. On entend encore publiquement des médecins célèbres ou de grands chirurgiens nier ou se moquer des aspects psychologiques de la maladie. Laissons-les à leur incompréhension, à leurs limites d'hommes entêtés. Le mécanisme pathogène du stress excessif est scientifiquement établi.

DES RÉACTIONS PHYSIOLOGIQUES INÉVITABLES

Même un imbécile peut constater qu'un individu terrorisé transpire, pâlit, se hérisse et que son rythme cardiaque s'accélère. La diarrhée ou la colique des examens est un phénomène bien connu. La perte de contrôle et l'explosion de colère provoquent également des phénomènes physiques visibles : rougeurs, tremblements, bave... Toutes ces réactions physiques se produisent aussi chez nos animaux familiers. Les émotions, même et souvent réprimées, déclenchent automatiquement la sécrétion par le cerveau d'hormones et de fluides transportant des messages urgents à toutes les parties du corps.

Ce mécanisme se produit dans le système limbique, le cerveau archaïque, dit aussi reptilien, commun à tous les mammifères et vertébrés. Il ne peut pas, sauf exception, être contrôlé par le néo-cortex « intelligent ». Comme un chat menacé hérisse tout son poil, l'homme terrorisé ou désespéré connaît des transformations de tout son métabolisme vital.

Une petite glande pas plus grosse qu'une noisette, l'hypothalamus, envoie aveuglément ses commandes à l'hypophyse qui, à son tour, relaie les ordres à toutes les glandes endocrines : thyroïde, surrénales ou gonades, etc. Les différents organes du corps, viscères ou muscles, réagissent aux ordres du cerveau archaïque, sans que la personne puisse l'empêcher.

De la même façon, nous respirons et notre cœur bat 24 heures sur 24 sans y penser. La digestion et les mouvements péristaltiques se produisent sans notre intervention. Les yogis indiens ont depuis longtemps appris que les seuls moyens d'influer sur ces mécanismes moteurs étaient la respiration et/ou la mise délibérée en sommeil des organes par la relaxation profonde et la méditation. Leur science a donné naissance à de nombreuses adaptations occidentales dont le training autogène et la sophrologie ou l'accouchement sans douleur et le rêve éveillé [1].

On n'a rien inventé. Les Simonton ont eu le mérite d'apporter une caution scientifique crédible à ces phénomènes et de codifier un ensemble de règles pour passer de la passivité devant la maladie à la réactivité et à la prise en mains de sa propre santé. D'autres, depuis, ont été encore plus loin pour perfectionner et affiner la méthode, notamment en Europe. Des malades aussi, nombreux, ont découvert, seuls ou presque, des moyens de gérer eux-mêmes leur santé. La plupart du temps, ils y sont encouragés quand ils rencontrent un médecin intelligent et humain qui souvent devient un ami. Tous les malades ou anciens malades rencontrés m'ont dit la même chose : ils sont puissamment aidés dans leur démarche vers l'autonomie par la compréhension et l'encouragement d'un médecin ami.

C'est ce que le meilleur généraliste que je connaisse, le docteur Tobelem,

---

1. Voir *Le livre des extases*.

appelle « l'effet-médecin ». L'effet-médecin, c'est ce qui se passe au niveau non verbal, subtil et intuitif entre deux êtres humains authentiquement intéressés à s'aider et à se comprendre. De tels médecins sont devenus rares, mais encore suffisamment nombreux pour mériter d'être découverts et rencontrés. Le docteur Tobelem, président d'une association de généralistes qui compte 1 500 membres, a admis, devant mon insistance, qu'il en connaît quelques dizaines.

LE MÉDECIN SOIGNE
MAIS C'EST LE MALADE QUI SE GUÉRIT

Quelle que soit l'importance du médecin ou d'un autre soignant, *c'est le malade qui fait la démarche*. Comme je l'ai dit un jour à un professeur de médecine : « Vous me voyez 10 à 20 minutes tous les six mois et toute votre science est acquise par l'observation extérieure. Moi, je vis dans ce corps 24 heures sur 24, 365 jours par an, et ce que je sais, je le vis et *je le sens de l'intérieur.* »

Le meilleur médecin du monde ne peut en savoir plus que son malade. Il peut lui enseigner à se soigner et beaucoup d'autres choses. Il ne peut pas guérir à sa place.

« Le médecin soigne, mais c'est Dieu qui guérit. » Que ceux qui n'ont pas la foi se rassurent. Dieu est aussi en chacun de nous. C'est parfois un vocable commode pour désigner cette énergie subtile et indéniable qu'il est en notre pouvoir de capter et de mobiliser.

N'oublions pas enfin que les médecins sont aussi des êtres humains, susceptibles des mêmes peurs, des mêmes angoisses et des mêmes maladies que leurs patients.

Pour ma part, après des années d'observation et d'expérience, je tiens pour avéré qu'un médecin ou tout autre soignant qui n'a pas été malade ne pourra jamais tout à fait comprendre la maladie. Il en connaîtra tous les aspects physiques comme un mécanicien connaît une machine. Il lui manquera pourtant une dimension essentielle : l'expérience de cet état de dysharmonie interne qui est l'aspect le plus important de ce qu'on appelle une maladie. Sans distinction entre maladie grave ou vénielle.

Ce n'est pas dévaluer les médecins que de dire qu'ils sont limités : les meilleurs d'entre eux sont ceux qui, le sachant, demandent et obtiennent la coopération de leur malade à sa guérison. Le professeur de médecine J.-M. Dubois de Montreynaud a écrit un ouvrage plein d'humilité sur les lacunes et les doutes du bon médecin face au malade.

Savoir gérer sa santé et apprendre à « guérir » exige à la fois d'écouter son médecin et de s'écouter soi-même. La démarche doit être simultanée et complémentaire.

L'effet de l'accumulation du stress quotidien (les encombrements après une journée de travail où il a fallu « encaisser » les engueulades ou les plaintes, par exemple) produit chez la plupart des individus une baisse de tonus et un affaiblissement temporaire du système de défense immunitaire. L'organisme réagira moins bien aux agressions bactériennes, chimiques ou aux cellules folles, prémices du cancer. La répétition de ces facteurs de stress et/ou la survenue d'un traumatisme important peuvent abaisser tellement les défenses naturelles de l'individu qu'il ne peut éviter de tomber malade. Les cellules K. (Killer cells) ne sont plus assez fortes et assez nombreuses pour détruire les agresseurs.

Il paraît que notre corps s'autoprogramme dès la naissance, voire avant, pour résister à plus d'un million de germes pathogènes et de substances étrangères agressives. L'un des inventeurs des anticorps monoclones, le docteur Cesar Milstein, prix Nobel de médecine 1984, affirme qu'il existe bien plus d'un million d'anticorps. Le corps crée, en effet, un anticorps spécifique pour chaque antigène qui l'attaque.

Ainsi le Sida, cette terreur de notre fin de siècle, n'est pas en soi une maladie. C'est l'effondrement du système immunitaire qui laisse l'individu sans défense, à la merci de la moindre infection. Les globules blancs, les lymphocytes B, sont autant de sentinelles et de guerriers qui se précipitent sur les intrus pathogènes pour les détruire immédiatement. D'autres cellules saines, les *K. cells* vont attaquer et détruire les cellules malades et faibles que sont les cellules cancéreuses que nous produisons tous à plusieurs reprises au cours de notre vie.

LE RÔLE CAPITAL DU SYSTÈME IMMUNITAIRE

Beaucoup d'entre nous peuvent être naturellement prédisposés à certaines maladies. Mais, dans les mêmes conditions d'environnement et de vie, certains seront victimes de la maladie, alors que d'autres y résisteront. *Le bon fonctionnement du système immunitaire global est donc capital.* En particulier si l'individu se sait prédisposé héréditairement à une maladie. Le drame du Sida, c'est la disparition des défenses naturelles du corps.

En 1987 des savants britanniques ont identifié un gène déficient réputé responsable du cancer du côlon et du rectum. Ce type de cancer est la deuxième cause de mortalité adulte après les maladies cardiaques. On pensait déjà que le cancer côlorectal était héréditaire, mais on ne savait pas identifier le gène responsable. Par ailleurs, même dans les familles à risque, seuls certains individus seront malades et d'autres pas (en moyenne un sur deux). J'ai très bien connu une grande famille d'origine sud-africaine où l'on savait qu'un mâle sur deux ferait un cancer du côlon. La résection préventive du côlon était devenue chez eux une affaire de routine. Et la surveillance bi-annuelle des organes prédisposés était aussi automatique que le retour du printemps ou la fête de Noël.

Je les ai connus au moment où j'étais moi-même soupçonné de fabriquer un cancer intestinal ou une maladie de Crohn. On m'accordait trois à six mois de survie. La simplicité et le naturel avec lesquels mes amis sud-africains évoquaient ces problèmes, leur optimisme naturel et leur accueil chaleureux m'ont beaucoup aidé à dédramatiser la maladie et à croire en la guérison et en la survie. Cela se passait il y a vingt ans.

Cet épisode m'a enseigné que nous avons tous besoin des autres : besoin d'information exacte d'abord ; et besoin de chaleur affective et de soutien moral également. Gérer sa santé et prendre en charge le processus de guérison ne veut pas dire ne compter que sur soi et sa propre démarche. Une des premières choses à apprendre, c'est de savoir *où, à qui et comment demander de l'aide ;* et quelle sorte d'aide peut être disponible chez telle ou telle personne.

C'est donc faire l'inventaire des ressources existantes et passer en revue son réseau de relations sociales, médicales, amicales, familiales et affectives, pour ne pas risquer de « tomber en panne d'énergie ». Exactement comme on conserve chez soi la liste des numéros de téléphone utiles : médecin, plombier, centre anti-poison, etc.

Le seul fait de dresser cette liste (il convient de le faire par écrit) est en soi rassurant et bénéfique. On s'aperçoit que beaucoup de gens autour de nous sont capables de nous aider et disposés à le faire, pourvu qu'on le leur demande et qu'on sache ce qu'ils peuvent donner.

COMMENCER PAR PRENDRE SON BILLET

Il me revient en mémoire l'anecdote du quidam qui allait tous les jours prier Dieu de le faire gagner à la loterie. Il devenait de plus en plus insistant et amer parce qu'il ne gagnait pas. Au bout d'un certain temps, alors qu'il venait pour la énième fois de prier pour gagner, il entendit une grosse voix un peu excédée lui répondre : « Ecoute, je veux bien t'aider, mais prends au moins un billet ! »

Apprendre à demander de l'aide à la source adéquate (ami, famille, prêtre, thérapeute...) c'est prendre son billet. Comme à la loterie, il faut savoir aussi qu'on ne gagne pas toujours. Il convient donc d'apprendre en même temps à subir un refus sans désespérer. Un refus ponctuel n'est pas un rejet, une porte définitivement fermée. Ma demande peut avoir été mal formulée, arriver au mauvais moment ou adressée à la mauvaise personne. Je n'ai pas à être désarçonné ou mortifié pour un refus. Ce n'est pas moi dans mon être total qui est rejeté, mais cet appel précis, à ce moment précis. A moi d'en tirer la leçon pour savoir mieux « demander ».

Je consulte alors ma liste de « ressources » : en face de chaque nom et numéro de téléphone, j'ai inscrit souvent la capacité spécifique, le talent particulier ou la connaissance utile de chaque personne et aussi − très important − les meilleures heures d'appel et de disponibilité. Ainsi, je trouve rapidement une autre personne à appeler et j'obtiens, fût-ce au bout de trois ou quatre appels, l'aide dont j'avais besoin : information, rendez-vous, réconfort, paroles de sympathie, de soutien et d'espoir, ou plus simplement le fait de pouvoir dire à quelqu'un qui m'écoute mon désarroi et ma souffrance : « Merde, j'ai pas envie de crever ! »

Ainsi, en quelques minutes, un problème qui aurait autrefois empoisonné ma journée peut être réglé. Mon énergie et mon goût de vivre ont repris le dessus. J'ai bien géré mon malaise, mon mal d'être physique et/ou mental. Je repars « regonflé ».

CHAPITRE XII

Devenir un gagnant

Pour gagner il faut mettre toutes les chances de son côté. C'est bien pourquoi je dis qu'il « faut apprendre à savoir demander », comme on apprend une langue étrangère. Notre éducation (notre dressage) nous enseigne à cacher nos maux et nos peines et aussi la peur de montrer nos véritables émotions et nos besoins affectifs. Nous n'avons que faire, à l'âge adulte de ces inhibitions imposées, surtout si nous sommes malades, mais aussi si nous nous portons bien, *avant* de tomber malades. Nous pouvons faire comme Marge Reddington et dire à notre meilleur(e) ami(e) : « Apporte-moi des fleurs pour que je me sente heureuse et bien dans ma peau. »

Afin que ce propos ne reste pas trop abstrait, j'illustrerai mes assertions d'un exemple parmi d'autres : il y a quelques années, mon univers s'était effondré. Je me retrouvais, à 55 ans, sans travail assuré, atteint d'un mal inexorable, en pleine bataille d'un divorce contentieux, avec trois lettres recommandées par jour, obligé de quitter mon appartement et de trouver un autre logement, affligé d'une lombo-sciatique aiguë et dépassé par les problèmes du quotidien avec un enfant de 9 ans, plus quelques autres ennuis mineurs.

Je dormais peu et souvent je me levais le matin en appréhendant la journée à venir. J'ai donc appliqué la recette ci-dessus : j'ai dressé la liste d'une trentaine de noms et téléphones et quand tout allait trop mal, que l'avenir me paraissait sans issue ni valeur (parfois deux à trois fois par jour), je prenais mon téléphone *avant* de m'enfoncer dans le désespoir, j'appelais un ou une amie. La plupart d'entre eux étaient prévenus et avaient accepté l'idée de mes appels. D'autres étaient des « spécialistes », médecins ou thérapeutes, femme de ménage ou baby-sitter.

J'ai tenu le coup et dépassé les pires tempêtes grâce à ce système. Quelquefois j'étais tordu de maux de ventre et la douleur sciatique m'empêchait de me lever et de tenir debout. Lorsque j'avais eu la bonne personne en ligne, en un quart d'heure, je me levais, je prenais un bain chaud (et une douche froide) après quelques mouvements d'assouplissement, et j'abordais ma journée en sachant que j'allais pouvoir faire face à tous les problèmes.

Je pratiquais la visualisation positive dont je reparlerai. Mais je savais aussi qu'il est souvent trop lourd d'essayer de s'en sortir tout seul et que les autres — tous les autres, même les voisins ou passants inconnus — peuvent être des *ressources* comme nous sommes des ressources pour eux.

Si votre voiture tombe en panne de batterie, vous pouvez essayer de la pousser tout seul. Ou vous pouvez demander de l'aide à des passants ; ou téléphoner au plus proche garage ; ou même arrêter une autre voiture pour lui demander, soit d'alerter un dépanneur, soit de vous donner avec sa batterie (sa réserve d'énergie) le « coup de jus » qui fera démarrer la vôtre. Il suffit de connecter les bons cordons et, en trente secondes, votre batterie à plat repart. On est tout étonné de voir comme il faut peu de choses pour être dépanné. C'est facile de redémarrer : il suffit de demander.

LE SALUT, C'EST LES AUTRES

Eh bien, c'est la même chose avec la machine humaine. Quand l'énergie est tombée trop bas, il suffit souvent de l'apport très bref d'une autre énergie positive pour repartir. Parfois, nous pouvons nous-mêmes faire remonter l'énergie (entre autres, par la visualisation et la relaxation) ; d'autres fois l'effort serait inutile et risquerait de nous faire tomber trop bas, comme lorsqu'on s'obstine sur le démarreur avec une batterie déjà déchargée.

Alors, heureusement, il y a les autres. « L'enfer, c'est les autres » a écrit Jean-Paul Sartre. C'est une parole de « perdant ». Un *gagnant* voit les autres de façon positive et doit pouvoir dire, souvent : « Le salut, c'est les autres. » Il suffit de nous souvenir de toutes les occasions de notre vie où une main tendue, parfois anonyme, nous a aidé à passer le pont. Le meilleur exemple, c'est celui des soignants professionnels. Ce peut être aussi un voisin sensible ou un commerçant aimable qui vous fait crédit quand vous avez oublié votre argent, ou un enfant qui vous sourit en passant dans la rue.

Un gagnant ne croit pas que le monde est peuplé de gens affreux, prêts à lui sauter à la gorge. Il sait de science sûre qu'il existe plein de gens épatants qui savent sourire et aider sans rien attendre en échange. Et il le sait parce qu'il devient lui-même comme cela.

Nous sommes tous potentiellement des « gagnants ». Eric Berne dit que nous sommes tous nés prince ou princesse et que c'est notre éducation et les coups de la vie (les stress traumatisants) qui font de nous des « grenouilles ». Mais qu'il est toujours possible et en notre pouvoir de redevenir prince ou princesse. Ces affirmations sont confirmées par l'observation et l'expérience.

RENAÎTRE GAGNANT

Il est vrai que se mettre dans la peau d'un gagnant demande un effort, et souvent une rééducation. Dans les cas extrêmes il existe des psychothérapeutes professionnels. Sachons tout simplement que même un perdant peut toujours *renaître gagnant* [1]. *Un perdant, c'est quelqu'un qui ne voit que les problèmes. Un gagnant, lui, ne voit que les solutions.*

---

1. Voir Muriel James et Dorothy Jongeward, *Naître gagnant*, Interéditions, Paris, 1978.

Cela ne veut pas dire qu'on va gagner à tous les coups. Cela signifie que l'on sait que l'échec existe, mais que nous savons comment faire pour tenter de l'éviter ; et ce que nous allons faire après s'il est inévitable.

C'est aussi tirer la leçon de chaque épreuve, de chaque échec. Et savoir oublier l'épreuve (pas la leçon) pour ne comptabiliser que les succès. Comme un cadran solaire, on peut apprendre à ne compter que les heures ensoleillées. Même un perdant obstiné peut changer et devenir un cadran solaire, un « gagnant ». Il suffit parfois, souvent, d'une décision de devenir soi-même un « soleil » pour les autres, un sourire, une main, une amitié. Un malade ne peut se permettre de rester une « grenouille ». Du jour au lendemain, on se découvre alors beaucoup d'amis auxquels on n'aurait pas pensé.

Essayez un jour cette démarche : levez-vous en décidant que, quoi qu'il arrive, cette journée de vie va être une bonne journée. Vous allez dire « bonjour » et sourire aimablement, même aux inconnus les plus renfrognés. Vous allez tendre la main pour aider l'infirme, l'enfant ou la personne âgée qui veut traverser la rue. Vous allez tenir la porte pour la personne qui vous suit afin qu'elle ne lui tombe pas sur le nez. Vous allez, en somme, être humain et aider les autres, tous les autres. Essayez, même pour une heure. Vous verrez vous-même le résultat, et notez toutes les bonnes choses qui vous arrivent. Essayez.

Je sais d'expérience qu'il est difficile d'être spontanément aimable avec des gens qui vous regardent comme s'ils avaient envie de mordre. Cependant, *presque tout ce qui vaut la peine d'avoir ou de vivre est ardu*. Mais la satisfaction de gagner mérite d'affronter et de surmonter cette difficulté.

La personne malade, ou celle qui veut rester en bonne santé, doit acquérir cette mentalité de « gagnant ». Nous sommes tous, alternativement et en proportion variable, « gagnant » ou « perdant ». Ou même ni l'un ni l'autre, ce qui est pire. L'important c'est de progressivement devenir, de plus en plus souvent, un gagnant. C'est-à-dire, en somme, une personne pleine d'espoir et d'attentes positives, qui *sait* qu'aucun échec n'est irrémédiable, que tout échec porte en lui le germe d'un succès.

J'entends bien que cela n'arrive pas du jour au lendemain. Comme pour la pratique d'un sport, il faut un entraînement. La plus grande difficulté, c'est de commencer. Un proverbe chinois dit que « Le plus long voyage commence par un seul pas ». Bon voyage à ceux qui le feront, ce premier pas.

LA VISUALISATION POSITIVE

De façon très pratique et concrète, l'instrument le plus puissant contre la maladie, c'est la *visualisation* ou imagerie mentale positive. Le nom des

Simonton demeure attaché à cette pratique bien que, d'une part, elle ne constitue qu'un des éléments de leur traitement psychosomatique du cancer et que, d'autre part, la méthode existait et était pratiquée bien longtemps avant eux. Depuis plusieurs millénaires, Patanjali et tous les yogis savent et appliquent la création mentale d'images positives ; nombre d'Occidentaux, notamment dans les milieux médicaux, se sont inspirés directement ou indirectement des méthodes yogiques de relaxation et de visualisation positive pour créer un mieux-être (voir chap. XXII).

De quoi s'agit-il exactement ? Succinctement résumé, d'une relaxation au cours de laquelle le sujet mobilise ses défenses naturelles et s'imagine guéri. J'en reparle en détail plus loin.

Beaucoup de gens disent qu'ils n'ont pas le temps ou les conditions nécessaires. C'est faux. La pratique peut être effectuée le matin ou le soir, en veillant cependant à ne pas s'endormir. C'est difficile au début. Il faut donc pratiquer avec un guide (ami, famille ou spécialiste). La fuite dans le sommeil peut être un « sabotage », un refus inconscient de la guérison. Quand on a vraiment décidé de guérir ou de se maintenir en bonne santé, on ne s'endort plus et cela devient très agréable.

Les résultats sont indéniables. Les Simonton et d'autres ont publié, après de nombreuses années de pratique, des statistiques convaincantes sur la guérison ou la prolongation d'une vie active et gaie de malades cancéreux. Il faut y croire profondément et vouloir sincèrement guérir. Et il est important que l'entourage immédiat y croie aussi et apporte son aide, fût-elle passive.

Comme les Simonton, tous les bons médecins insistent sur l'importance du rôle de la famille du malade dans l'évolution vers le mieux (voir par exemple J.-M. Dubois de Montreynaud, Pierre Marty et autres). La visualisation n'a rien de magique. C'est une pratique très normale, à la portée de tous. Sa pratique régulière est quand même un indice de la sincérité profonde du désir de se soigner et de guérir. En outre elle ne constitue qu'un élément dans le processus de guérison ou de stabilisation.

Les autres facteurs indispensables sont d'abord la poursuite du traitement médical convenable, l'exercice physique (selon ses moyens), une alimentation équilibrée et appropriée et l'adoption d'objectifs réalistes pour un avenir pas trop éloigné. Par exemple vouloir gagner le marathon olympique ne serait pas pour moi réaliste. En revanche, écrire un livre en un an est un objectif réalisable. Et réalisé ! La capacité de se ressourcer en retrouvant en soi la source de son énergie est un autre facteur capital.

Personnellement, je pense qu'il peut faire partie de la visualisation, surtout après un certain temps de pratique. Enfin, et avec la relaxation ou une assistance thérapeutique, on peut et on doit *se débarrasser des vieilles rancœurs* qui souvent empoisonnent pour longtemps notre plaisir de vivre. Savoir pardonner fait du bien : surtout à celui qui pardonne.

UNE ARMÉE EN ÉTAT D'ALERTE

Ainsi posé, le programme peut paraître lourd, contraignant et ardu. Je peux garantir qu'il n'en est rien. J'ai vu, depuis huit ans, sur d'autres malades et sur moi-même, les résultats stupéfiants de cette pratique. Sur des cancéreux, des allergiques, des cardiaques et d'autres malades plus ou moins graves.

Avant d'être considéré par la médecine comme sérieusement malade, j'avais « inventé » et pratiqué quotidiennement ce que j'appelle une relaxation de la colonne vertébrale et du squelette avec un résultat fantastique : j'ai réduit de 80 à 90 % le recours aux antalgiques et aux médecins. Quelle économie pour la Sécurité sociale ! Et je fonctionne aussi bien que possible.

Même quand tout va très bien, je pratique le *renforcement de mon système immunitaire.* Je visualise par exemple mes globules blancs et mes cellules K défendant agressivement toutes les issues de mon corps physique et tuant impitoyablement tous les intrus qui s'approchent ou arrivent à pénétrer. J'ai ainsi une armée toujours sur le qui-vive, avec des fantassins en sentinelle, une artillerie prête à canonner, des avions de combat prêts à décoller et toute une armada en état d'alerte sillonnant mon organisme. Ce type de « film » peut être particulièrement utile aux sujets séro-positifs susceptibles d'avoir un Sida. Pour moi, cela a servi à faire disparaître tous les petits maux mineurs et répétitifs qui m'affectaient autrefois en permanence : maux de gorge, rhumes, trachéites, migraines, etc.

La visualisation (surtout régulière et accompagnée des autres éléments du programme) est opérationnelle, c'est indéniable. Et cela n'a rien de sorcier. Le secret du succès tient dans ce fait, scientifiquement établi et désormais bien connu : *le cerveau archaïque, le système limbique, qui régularise toutes nos fonctions végétatives est complètement idiot, aveugle et sourd.* Il ne sait pas faire la différence entre la réalité et une image. Si avec le néo-cortex nous fabriquons des images de plage au soleil, garnie de cocotiers, au bord de la mer bleue, alors que nous sommes dans un encombrement monstrueux, le système limbique, tout content, va envoyer, via le sang et les nerfs, des fluides et des messages de joie et de gaieté.

Si, au contraire, quand nous sommes en vacances et bien détendus, nous pensons tout à coup au percepteur, aux emmerdements qui nous attendent à la rentrée, cet imbécile de système limbique va répondre au stress que nous nous créons en sécrétant des acides et des hormones destructrices. C'est ainsi qu'on se fabrique un ulcère du duodénum, la maladie autogénérée par excellence.

Un exemple réaliste et courant : il suffit, chez un individu normal, d'évoquer des scènes érotiques pour connaître l'excitation sexuelle. L'homme entre en érection et le vagin de la femme s'humidifie à « l'idée » (l'image) d'un contact sexuel plaisant. Même mécanisme pour la nourriture dont certaines évocations font « venir l'eau à la bouche ». Tout cela se passe dans la tête, dans le système limbique sourd, aveugle et bête, précisément.

LA PRÉVENTION DES SABOTAGES

Ce qui signifie clairement que *si on peut se faire du mal avec la tête on peut aussi se faire du bien.* Il suffit, après avoir acquis la méthode, de quelques informations et d'un lecteur de cassette.

Acquérir la méthode demeure le premier pas indispensable. La visualisation anarchique ne donne rien de sérieux. Les conseillers de santé compétents savent donner les instructions utiles et les informations nécessaires. Ils savent aussi, et surtout, enseigner à débusquer et à liquider les sabotages (voir plus loin). Ils savent enfin quoi faire en cas de « dérapage » vers l'aggravation.

La prévention des sabotages est le point le plus important. Il faut admettre que nous disons souvent vouloir quelque chose et que notre inconscient nous fait faire le contraire. Donc, tout en croyant vouloir guérir, nous trouvons, en réalité, assez d'avantages à rester malades pour « saboter » en permanence le processus de guérison. On « oubliera » par exemple de prendre le médicament prescrit ou le rendez-vous médical. On changera de médecin assez souvent pour ne pas être suivi sérieusement. On ingurgitera une nourriture ou une boisson assurées nous rendre malades.

Dans la visualisation, le sabotage peut être partout. Le premier est la fuite dans le sommeil auquel on peut pallier avec un complice extérieur. Un autre sabotage courant consiste à ne pas trouver le temps (30 à 45 minutes [2 à 3 × 15] par 24 heures) pour pratiquer. Et quand on pratique bien régulièrement, le ou les sabotages consistent à créer inconsciemment des images qui vont maintenir ou aggraver l'état de la maladie.

Ces derniers sabotages se détectent par le dessin. Un dessin que le conseiller de santé ou l'animateur de groupe demande à chaque pratiquant de faire après sa visualisation et aussi souvent que possible (une fois par mois ou tous les deux mois me paraît amplement suffisant).

Au début on a besoin de l'aide d'un spécialiste. Ensuite, il suffit de pouvoir montrer le dessin, particulièrement à un enfant, pour que le sabotage saute aux yeux.

Je me souviens d'une malade cancéreuse qui avait dessiné son cancer comme une rose en train de s'épanouir. Une autre, plus récemment, voyait sa tumeur comme une boule de goudron qu'elle lavait... avec de l'eau. Sans commentaire. Une troisième encore se plaignait de trachéite chronique et s'étonnait du fait que la visualisation de miel coulant dans sa gorge la faisait tousser au lieu de guérir. Renseignements pris, elle n'aimait pas le miel. Je lui ai conseillé de visualiser d'avaler du vinaigre (ce qui, par parenthèse, constitue un véritable traitement préconisé par un homéopathe).

Quand ça ne marche pas, la tendance naturelle des êtres humains est de faire la plupart du temps « plus de la même chose » avec des résultats catastrophiques. « Quand ce que vous faites ne donne aucun résultat, a dit Paul Watzlawick, faites le contraire ou autre chose. » J'applique souvent ce conseil à la lettre. Ne soyez pas surpris : ça marche !

CHAPITRE XIII

La peur
dans le scénario de santé

Nous sommes entièrement conditionnés, motivés et animés par *nos croyances**. Et de nos croyances – notre vision du monde, notre *Weltanschaung** – découlent toutes nos émotions, et notre manière de les exprimer. En tête des émotions je place *la peur*. « C'est la peur qui domine le monde » a dit je ne sais plus quel philosophe – à moins que ce ne soit un politicien.

La peur, mécanisme utile à la survie de nos ancêtres sauvages, n'a plus autant de raison d'être dans notre civilisation. Mais notre cerveau archaïque continue de réagir comme il y a *cinq cent millions d'années*.

Depuis Sigmund Freud, des chercheurs en psychologie comme Jean Piaget, Bruno Bettelheim, Mélanie Klein, Donald Winnicot, Eric Berne et Anna Freud ont démontré de façon convaincante que ces croyances (sur la vie, le monde, la société, « les autres »...) sont décidées et ancrées en nous dès avant l'âge de 3 ou 4 ans. Autrement dit, bien avant que nous ayons les moyens intellectuels d'analyser et de choisir.

Eric Berne a eu le mérite de simplifier le problème en avançant le concept expérimental de « décision précoce ». La *décision précoce** est celle que l'enfant prend sur son approche du monde qui l'entoure, sous une forme résumée et non verbalisée, avant de pouvoir juger objectivement, et qui secrètement va longtemps dominer sa vie. Par exemple : « Je serai le plus fort, rien ne m'abattra » ou encore « Le monde est méchant, personne ne m'aimera jamais vraiment »).

On imagine l'impact de telles croyances précoces dans toutes les circonstances d'une vie. C'est le fondement de la doctrine du « scénario de vie* ». Heureusement, de grands thérapeutes comme Bob et Mary Goulding enseignent et appliquent le principe de « redécision* » qui permet de remplacer une croyance désuète, erronée et malsaine par une autre plus appropriée. Ce n'est pas toujours facile et demande un certain travail. Car il n'y a rien auquel les gens tiennent davantage qu'à leurs vieilles croyances. Plus qu'à leurs vieilles pantoufles.

« La comédie ou le drame de chaque vie humaine, a écrit Eric Berne, est qu'elle est programmée par un(e) gamin(e) d'âge préscolaire, qui n'a qu'une connaissance très limitée du monde et de ses façons... Il n'a aucun moyen de différencier entre les faits et les illusions [1]... »

A travers nos croyances, déposées en nous généralement par nos parents et nos proches, dès avant l'âge verbal, nous décidons de notre « scénario de vie », dont fera partie le « scénario de santé ». Le scénario, d'après une première définition simple, est un plan de vie permanent formé dans la prime enfance sous pression parentale. « C'est la force (l'énergie) psychologique, dit Berne, qui pousse la personne vers son destin, sans considération pour le fait qu'il le combatte ou qu'il prétende agir selon son libre arbitre. » Le scénario de santé est notre choix dans la façon de somatiser et les sphères physiologiques de nos somatisations. On s'adapte ensuite à la société et au monde selon nos croyances et notre scénario.

L'ANALYSE TRANSACTIONNELLE

Inventée après la Seconde Guerre mondiale par Eric Berne, psychiatre et psychanaliste américain d'origine canadienne, l'Analyse transactionnelle (AT) repose sur le concept des trois « états du Moi », l'état Parent, l'état Adulte et l'état Enfant, qui ensemble constituent la personnalité.

Née de la codification d'innombrables observations, l'AT a apporté les concepts fondamentaux de Scénario de vie, de Jeux psychologiques, de Sentiments-parasites, de Décision précoce et de Redécision. Elle a également explicité les « Issues dramatiques de scénario » (le suicide, le meurtre et la folie) auxquelles certains praticiens rattachent la maladie. Plusieurs écoles ont apporté leur contribution, comme par exemple, les Schiff, avec le Reparentage et les Passivités.

Malgré un langage apparemment simple, l'AT constitue le seul cadre de référence global et cohérent depuis le freudisme, pour exposer le comportement de l'individu dans la société. On parlait au début de « sociâtrie ».

Beaucoup de praticiens de l'Analyse transactionnelle étaient au départ, comme Berne lui-même, des psychiatres et des psychologues cliniciens, qui ont opté pour la simplicité, la rapidité et l'efficacité, d'un nouveau modèle thérapeutique. Son succès, dû à cette apparente simplicité a malheureusement attiré également bien des amateurs qui n'ont pas suffisamment approfondi la richesse conceptuelle et pratique de l'AT pour en tirer le meilleur parti.

---

1. E. Berne, *Que dites-vous après avoir dit bonjour ?*, Paris, Tchou, 1977.

Paul Ware et Taibi Kahler ont énormément fait progresser la compréhension (et la thérapie) de ces phénomènes en décrivant avec précision les principales « adaptations » au monde ; ou structures* de personnalités. Il y en a peu, six ou sept au départ, mais d'infinies possibilités de combinaisons et de variantes. Leur connaissance est utile, notamment dans le domaine de la santé, pour savoir ce qui peut être changé, si et quand la personne malade a véritablement décidé de changer pour mieux se porter.

Il est un peu effrayant de penser que le scénario décidé en bas âge va influencer toute notre vie et notre santé et se manifester notamment dans nos maladies de l'âge adulte et de la vieillesse. Mais c'est la réalité. Il est aussi rassurant de savoir qu'à tout moment, *on peut « sortir » de son scénario* par une démarche et une décision personnelle et qu'on peut toujours changer des pans entiers de nos croyances. C'est la « valeur ajoutée » de notre libre arbitre.

DES MODÈLES POUR ÉVOLUER

Il ne s'agit pas de théorie. Ces doctrines ont été élaborées à partir d'observations portant sur des milliers ou dizaines de milliers de cas réels. Les Américains préfèrent les appeler des « modèles ». Raymond Hostie parle de « systématisation » à partir de cas observés. Un modèle n'est pas la réalité. Ce n'est qu'une « représentation congelée » de la réalité. D'autres modèles peuvent en rendre compte. Comme le disent Korzsybsky et la Sémantique générale : « *La carte n'est pas le territoire.* » Cependant, sans carte, on risque fort de s'égarer.

J'ai eu le temps, en ce qui me concerne, de vérifier des centaines de fois, la réalité de ces observations et le caractère opérationnel et efficace des décisions de changements.

Je revois, par exemple, le cas d'une femme d'alcoolique venue demander une aide psychologique. Son scénario consistait, tous les quelques mois, à aller chercher à l'autre bout du pays, à l'hôpital ou en prison, son mari ivrogne qui, après avoir disparu, s'était clochardisé. Elle le ramenait à la maison où il promettait tout ce qu'elle voulait, voyait tous les médecins ou thérapeutes chez qui elle le menait ; tout ceci pour recommencer trois mois plus tard.

Ce comportement coûtait très cher en argent, en temps, en énergie et en dommages psychologiques, causés aux enfants et aux deux parents. Cette femme devait travailler pour nourrir toute la famille. Elle croyait que son « devoir » était de sauver le père de ses enfants et, par là, sa famille. En quelques séances, elle a compris que son scénario (son comportement prédéterminé et répétitif), fondé sur une croyance erronée, aboutissait à l'inverse du but recherché : c'était la destruction lente de la famille et de toute dignité humaine, pour les parents comme pour les enfants. Elle a donc décidé de changer sa croyance et son comportement. Elle est « sortie du scénario ».

Peu de temps après, la police d'une ville du Midi lui a téléphoné pour lui dire que son mari, hospitalisé, la réclamait. Elle a répondu tranquillement qu'elle devait travailler et s'occuper de ses enfants et que son mari pourrait revenir quand il serait guéri, désintoxiqué et totalement sobre. « Il n'a pas d'argent » lui a dit le policier. « Moi non plus », a répondu cette femme (ce qui était vrai ; elle était déjà très endettée et devait nourrir ses gosses). Après quelques échanges sur le même mode, elle a poliment raccroché. Elle avait gagné. La suite lui prouva qu'elle avait eu raison.

DES CONDUITES RÉPÉTITIVES

Le scénario se manifeste par la répétition de conduites ou de séquences de vie, généralement désagréables ou dommageables à terme pour celui qui les subit et/ou pour l'entourage. Nous avons tous tendance à répéter des comportements appris et à nous mettre parfois dans des situations pénibles sans nous rendre compte que nous sommes les premiers artisans de nos difficultés. Nous incriminons alors les autres, le destin, la société et nous nous complaisons dans le rôle de « victime ».

Si nous examinons honnêtement, pour nous-mêmes et dans le secret de nos cœurs, le déroulement de notre vie et, en tout cas, si nous analysons nos échecs relationnels, nous découvrons rapidement que les mêmes types de situations se sont répétés avec des amis, des amours, des patrons, des relations d'affaires, des relations sociales, etc.

Ainsi, un de mes amis n'arrivait pas à comprendre pourquoi tous les gens qu'il aidait en leur prêtant de l'argent, non seulement ne le lui rendait pas, mais encore se fâchaient avec lui et disaient pis que pendre de son avidité. Au cours de plusieurs séances il a fini par admettre qu'il était poussé par son scénario à offrir, avant qu'on la lui demande, une aide financière (il était riche) à tous ceux qui l'approchaient, avec l'espoir secret, inconscient, qu'ils allaient lui témoigner une infinie gratitude et une grande amitié. Comme ces sentiments tardaient à se manifester, il exigeait, avant terme, sur un ton parfois cassant, le remboursement de son argent. Ses interlocuteurs, offusqués, soit l'envoyaient au diable, soit devenaient des ennemis. Ou les deux.

Ayant pris conscience du fait qu'il provoquait de façon répétitive la même séquence, mon ami a changé cette partie de son scénario et a cessé d'offrir son aide en attendant une contrepartie. Il a cessé de « saboter » une réelle générosité.

L'ÊTRE HUMAIN EST UN FAISCEAU DE CONTRADICTIONS

L'un des mécanismes les plus étranges de la conduite humaine, c'est le « sabotage* ». Nous prenons de bonnes décisions, ou nous établissons des relations bonnes pour nous ; puis, notre inconscient se met au travail pour nous faire faire ce qu'il faut pour ne pas les mener à bien. Notre inconscient, c'est-à-dire nous-mêmes ou une partie de nous-mêmes. Cela peut paraître paradoxal ; nous disons que nous voulons faire quelque chose et nous nous arrangeons pour le faire échouer. Avons-nous peur de la réussite ? Et si oui, pourquoi ?

L'Analyse transactionnelle a très bien mis à jour et expliqué ce mécanisme fonctionnel inhérent à la nature humaine. Tout « contrat » thérapeutique transactionnel comprend obligatoirement, au début le but recherché (exemple : « Je veux cesser de fumer »), et à la fin – après les moyens et les critères –, *les sabotages*. Ils sont multiples et d'une infinie variété.

Pour comprendre ce fonctionnement apparemment aberrant, il faut d'abord accepter le fait que *nous sommes des êtres bourrés de contradictions*. Il faut savoir que nous sommes tous, à un moment ou un autre, enclins à saboter nos chances de réussite, que ce soit dans le domaine personnel, professionnel ou social. Nous sommes tous des saboteurs.

Et nous sommes si malins – inconsciemment – qu'il faut un bon entraînement et une vigilance constante pour parvenir à détecter nos propres sabotages. Il est plus facile de voir ceux des autres ; cela nous apprend déjà à les reconnaître et nous pouvons alors nous aider les uns les autres. L'important est de reconnaître l'existence de ce mécanisme, et de le faire venir à la conscience pour le désamorcer.

LA MALADIE COMME SABOTAGE

Les recherches les plus récentes, dans les départements de psychologie des plus grandes universités américaines, confirment cette tendance très répandue à saboter nos propres chances de succès. Elle peut être considérée comme pathologique à partir d'un certain taux de répétition. Le ressort provient encore une fois de la peur ; la peur de ne pas être vraiment digne de cette réussite et de ne pas être à la hauteur, donc d'être démasqué dans nos faiblesses. Mieux vaut saboter une chance de réussite professionnelle (par exemple en « oubliant » *le* rendez-vous crucial) qu'affronter le risque d'être considéré comme incompétent. N'ayant pas à affronter ce risque, je peux me considérer toujours comme compétent et conserver une haute idée de mes talents.

Le sabotage rassure en nous évitant une mise à l'épreuve et nous conforte dans notre image sociale ainsi que dans nos croyances et dans notre scénario de vie.

Dans le cas de malades, ce mécanisme peut jouer un rôle dramatique : il freinera ou évitera la guérison. Par ailleurs, le malade, ou celui qui se considère comme tel, pourra toujours mettre en avant son handicap (réel ou supposé) pour justifier son insuccès. C'est l'installation dans la maladie pour éviter de vivre pleinement, avec les peines et les joies que cela comporte. A la limite, je considère *la maladie comme un sabotage suprême, le sabotage de sa vie.*

J'ai connu dans mon entourage immédiat le cas d'une personne qui a décidé à 23 ans de ne plus affronter les problèmes de la vie. Cette personne a aujourd'hui 65 ans et a toujours réussi à se faire prendre en charge. La maladie lui sert d'excuse permanente pour la non-réussite de ses buts proclamés.

Tout a commencé par un banal ulcère du duodénum, la plus typique des maladies psychosomatiques. C'est un excellent modèle d'hypocondriaque, sabotant à la fois sa vie et sa guérison avec une excuse en béton armé. Pour des malades, le sabotage consiste souvent à mal ou ne pas se soigner, tout en faisant de nombreux essais avec des thérapeutiques charlatanesques ou inefficaces (guérisseurs « bidons », sorciers, et certaines médecines dites douces). On peut aussi oublier ses médications et/ou les rendez-vous médicaux ; ou arriver en retard. Un moyen subtil et très répandu consiste à changer constamment de médecin, à « tout essayer » et à toujours trouver une raison pour ne pas revoir le même thérapeute. (« Tous des incapables, de toute façon. ») Le grand thérapeute américain Milton Erikson avait ainsi refusé de recevoir un certain patient ; ce dernier lui avait écrit qu'il avait déjà vu dix-sept grands spécialistes. Aucun ne l'avait guéri. Erikson, dont la réputation mondiale était immense, était son dernier espoir. Le grand Erikson avait compris qu'un tel malade n'avait aucune intention de guérir et a refusé d'entrer dans son jeu.

SABOTER SON TEMPS DE VIVRE

J'ai connu un camarade qui jouait au même jeu. Il continuait de voir les plus grands spécialistes, en Europe et aux Etats-Unis, tout en les traitant tous d'incapables et de prostitués. Il n'avait aucune réelle envie de « guérir ». Sa pathologie lui était plus utile que la santé. En moins pathologique, on voit également souvent des individus écrasés par la réussite sociale, sabotant toutes leurs chances de bonheur et d'équilibre par des comportements autodestructeurs (la drogue, l'alcoolisme, la débauche sexuelle). C'est le cas fréquent de certaines vedettes du spectacle, surtout du cinéma et de la chanson, dont le succès est trop rapide et total. Ceux-là estiment inconsciemment n'avoir pas mérité ce qu'ils ont obtenu ; d'autres vont jusqu'au plus profond mépris de soi qui les mène au suicide (Marilyn Monroe, Jean Seberg, Mike Brandt, Patrick Dewaère). La plupart des gens préféreront saboter leurs chances de bonheur ou de réussite (personnelle, professionnelle ou sociale) plutôt que de changer leurs croyances sur eux-mêmes et le monde. Toute remise en cause fait peur. Il est beaucoup plus facile et rassurant de se saboter pour ne pas vivre des émotions interdites ou des relations pleinement satisfaisantes jusqu'au bout.

L'un des sabotages les plus courants et les plus efficaces consiste à s'arranger pour « ne pas avoir le temps », en ayant ou en se trouvant toujours mille choses à faire plus urgentes et plus importantes que la seule chose qui nous importe vraiment [1]. Un bon moyen courant de sabotage (et de surstress) consiste à se mettre toujours en retard, à partir de chez soi à l'heure où l'on devrait être arrivé. Efficacité et stress garantis.

La relation amoureuse constitue un champ d'élection infini pour les sabotages. Très peu d'entre nous reçoivent de leurs parents la permission de réussir vraiment une relation intime avec « un étranger », quand ce n'est pas carrément une interdiction de réussir sa vie amoureuse. Cela est particulièrement vrai pour les filles, si j'en crois ce que j'entends. Mais cela n'épargne pas du tout les garçons. Que ce soit à mettre sur le compte du complexe d'Œdipe ou pour toute autre raison, cette absence de permission parentale ou cette interdiction se passe de parent à enfant de manière souvent indirecte, subtile et non verbalisée.

Le résultat net est que l'on voit beaucoup de couples, dont on dit unanimement qu'ils avaient « tout pour être heureux », se défaire inexplicablement pour de vagues raisons et devenir très malheureux. C'est pourquoi beaucoup se contenteront d'une petite vie tiédasse, minable au plan affectif, mais sans risques. D'autres connaîtront des liaisons répétitives se terminant presque toujours de la même façon : dans l'amertume d'une impression d'échec.

Aucune fatalité cependant n'oblige à ce qu'il en soit ainsi. Gardons en mémoire la notion de sabotage et observons comment nous nous débrouillons pour ne pas réussir ce que nous avons proclamé désirer faire ou obtenir. Apprenons à prévenir nos propres sabotages. C'est un bon début pour devenir un « gagnant » et aller vers le mieux-être.

---

1. Voir Gysa Jaoui, *Le triple moi*, Laffont, p. 230.

CHAPITRE XIV

Sortir
du mauvais scénario

La peur de la réussite est en réalité la peur de l'échec, derrière laquelle se cache la peur de se montrer tel qu'on est vraiment, avec ses émotions, sa vulnérabilité, son animalité, sa nudité, son humanité totale en somme.

Dès que l'on apprend à ne plus craindre de laisser tomber la façade (la *persona* de Jung), la personne authentique qui fait surface n'a pas plus peur du succès que de l'échec. Elle a compris la relativité de l'un comme de l'autre. Le seul problème sérieux qui lui reste à affronter est celui de la mort. La peur de la mort domine toute la vie humaine. Depuis que l'homme sait dessiner, avant de l'écrire, il l'a exprimée de millions de façons. Il a tenté d'apprivoiser cet inconnu effrayant qui s'étend après la vie pour l'éternité. Les religions organisées prospèrent sur les idées de réincarnation ou de vie éternelle. Tout, plutôt que de vivre avec cette tiédeur de mort au creux de soi.

La plupart des humains vivent et agissent comme s'ils étaient éternels, comme s'ils ne devaient pas mourir. On peut se demander si les maladies graves ne sont pas une forme d'expression de la peur de la mort, en ce sens qu'elles habituent peu à peu, psychologiquement, le malade à l'idée de l'inévitabilité de sa mort. Le suicide n'est-il pas une fuite devant la mort plutôt que devant la vie ?

La peur du changement fait partie de la peur de la mort. Et peut-être cette peur n'est-elle que l'une des expressions de la peur de mourir. Car mourir est un changement assez considérable dans notre vie. « C'est quelque chose de plus », dit le don Juan de Castaneda, « que d'allonger ses pattes et devenir raide ».

VRAI ET FAUX CHANGEMENT

La peur du changement s'exprime à tous les niveaux, dans tous les domaines et dans tous les milieux. L'homme est un animal routinier. Paul Watslawick et l'école de Palo Alto ont consacré de longues recherches avant d'acquérir la notion de *deux* niveaux de changement : un changement superficiel (qu'ils appellent le changement 1) et un changement profond et réel (le changement 2) [1].

Bien entendu, le changement 2 est beaucoup plus difficile et plus rare que le changement 1 ; c'est aussi le seul intéressant. J'ai vécu dix ans auprès de quelqu'un qui semblait avoir considérablement changé dans ses valeurs, ses jugements, sa vision de la vie et son comportement, avant de m'apercevoir qu'il s'agissait d'une façade derrière laquelle aucun changement réel (2) ne s'était opéré. Cependant, le changement 2 a commencé à intervenir après notre séparation.

J'ai surtout vu, en thérapie, beaucoup de personnes venues volontairement avec une demande apparente de changement, reculer et résister de toutes leurs forces conscientes et inconscientes. La résistance au changement est probablement la source principale des sabotages. Refuser le changement est grave, surtout pour un « malade ». A tout moment, tout change en nous et autour de nous. Depuis un demi-siècle, le changement technologique, sociologique et de notre environnement a atteint un rythme si rapide que la majorité d'entre nous ne peuvent même plus l'appréhender. En nous-mêmes, depuis toujours, le processus de mort et de renouvellement des cellules est à l'œuvre, inexorablement de la naissance à la mort. Et après la montée en puissance de la jeunesse − un énorme changement − dès l'âge de 25 ans, le processus de vieillissement commence à modifier secrètement nos organes, bien avant de devenir apparent.

Cette question continue de passionner les chercheurs en sciences humaines et les philosophes, mais aussi les savants de toutes disciplines, chimistes, biologistes, physiciens... Toute vie n'étant que changements, s'accrocher à ce qui est parce que c'est le connu équivaut à se condamner à ne plus vivre, mais à vivoter dans l'attente de la mort.

CROIRE AU PÈRE NOËL ?

Pour Eric Berne, à l'âge adulte, il y a deux catégories essentielles d'attentes psychopathologiques : 1. l'attente du Père Noël (ou du Prince Charmant) et 2. l'attente de la rigidité cadavérique *(rigor mortis)*.

Si je prends chaque semaine un billet de loterie de dix francs dans l'espoir de me payer une croisière autour du monde, je risque de vivre (et de mourir) dans l'attente du Père Noël. Et si, à 23 ans, je choisis une carrière et une compagnie en fonction des avantages de la retraite, je vais vivre en attendant la *rigor mortis*.

Dans les deux cas, je m'appuie sur des croyances qui me rassurent et je vais tout mettre en œuvre, ma vie durant, pour les renforcer. Si je crois que le

1. Voir Edmond, Marc et Dominique Picard, *L'école de Palo Alto*, Retz, Paris, 1984.

monde est un endroit agréable, plein de gens charmants, pour y passer les quelques décennies de ma vie, je vais remarquer et retenir toutes les situations et tous les incidents et toutes les personnes qui vont soutenir ma conviction.

Si, au contraire, j'ai hérité d'une structure paranoïde qui me fait voir ce monde comme un endroit affreux, dangereux, rempli de criminels en puissance à l'affût, il n'y a aucun doute que je trouverai, jour après jour, des motifs de renforcer cette croyance. Heureusement, même dans les sociétés névrogènes où nous vivons, peu d'entre nous se classent dans les catégories extrêmes. Mais nous pouvons tous, simultanément ou successivement, pencher de temps à autre vers l'une ou l'autre croyance. Chacune présente des avantages et des désavantages.

La résistance au changement fait partie des mécanismes de défense inhérents à chaque individu. Mais on peut se demander si elle n'est pas l'une des principales causes des maladies psychosomatiques ou, pire encore, de la perpétuation et de l'aggravation de l'état de maladie.

Pour le docteur A.T.W. Simeons, la maladie psychosomatique est le produit d'un conflit entre le comportement régi par le diencéphale (archaïque) et celui qu'impose le cortex [1]. Le diencéphale, c'est notre cerveau archaïque (reptilien) qui n'a pas évolué depuis des millions d'années. C'est l'exemple extrême d'un refus biologique du changement. Le cortex ou néo-cortex est la matière grise, la couche la plus récente et la plus « intelligente » du cerveau, la seule qui peut évoluer et changer. Mais ce cortex souple, plastique, est en même temps source de problèmes et de conflits.

Face à une situation effrayante ou menaçante, le cerveau archaïque réagira toujours de la même manière : en sécrétant les hormones de la peur et les moyens de la fuite. Mais le cortex intelligent, « civilisé », imposera, lui, sa raison, son savoir et son expérience. Il nous empêchera de fuir ou de nous battre (ou de nous mettre en rage ou de pleurer). « Ça ne se fait pas ! » Résultat : le corps aura gaspillé, en pure perte, des sécrétions de peur inutilisées, mais qui vont être « réceptionnées » dans nos muscles et dans nos organes comme autant de messages ignorés du cortex. Le ventre va se contracter, la circulation sanguine s'accélérer, la pression artérielle monter, l'épiderme pâlir ou rougir ; puis, l'alerte passée, on oubliera le plus vite possible. Mon cortex oubliera mais pas mon corps, mes tissus et mes organes stressés.

LE CONFLIT INTERNE EST PERMANENT

La peur est, pour cela sans doute, la plus dommageable des émotions. Elle n'a plus guère d'exutoire dans nos sociétés. On peut encore pleurer quand on est triste, crier de colère ou rire de joie, se cacher de honte. Que faire de

1. A.T.W. Simeons, *La psychosomatique, médecine de demain*, p. 57.

concret en public quand on a peur, c'est-à-dire plusieurs fois par jour ? L'anxiété permanente, l'angoisse diffuse, l'inquiétude irraisonnée, s'installent alors à demeure pour remplacer l'expression libératoire de nos multiples peurs.

On n'en finirait pas d'énumérer nos peurs, instinctives mais censurées par le cortex. C'est parce que, dit Simeons, « la civilisation s'est développée trop rapidement pour que la notion de danger ait eu le temps de se modifier [1] ». « Tous nos instincts, précise-t-il, sont identiques à ce qu'ils étaient il y a des millions d'années. »

Et, en effet, entre l'animal instinctif que nous sommes, avec un cerveau reptilien datant d'une époque où nous vivions dans des jungles pleines de périls, et l'humain rationnel, artificiel, que nous voulons être avec notre cortex raisonneur, il y a un divorce, un conflit permanent. Nous ne souhaitons pas, nous ne voulons pas reconnaître nos peurs et toutes les émotions qui en découlent : l'anxiété, la honte, l'inquiétude, la haine, le souci du lendemain...

Les religions, apportant l'apaisement via le cortex, ont prospéré dans l'abîme qui sépare nos grandes structures encéphaliques essentielles, le cerveau archaïque et le cortex. Pourtant, à de rares exceptions près (les saints, les bouddhas, les sadhus, les yogis), elles n'ont pas résolu le problème de la peur primitive.

Le fait que les grands mystiques jouissent d'une santé exceptionnelle et sont souvent capables de supporter des épreuves physiques auxquelles des personnes ordinaires ne résistent pas s'explique peut-être par leur capacité à court-circuiter le cortex en se branchant directement sur le cerveau archaïque, puis à le neutraliser. Cette hypothèse renforce la théorie psychosomatique. En dernier ressort, nous trouvons que la grande peur du « civilisé » est devenue *la peur de vivre*. Vivre, c'est accepter chaque jour comme il vient, comme un don renouvelé, comme une grâce unique. Nos centenaires cités plus haut n'ont pas d'autres recettes miracles.

L'HARMONIE, PARFOIS...

Dans le lieu privilégié où j'écris ces lignes, au milieu des arbres et des oiseaux, il y a beaucoup de « grosses têtes », philosophes, littérateurs et grands intellectuels, hommes de science et de sagesse. A la table du déjeuner s'est élevée hier une discussion fort instructive et intelligente sur les maladies psychosomatiques. Comme en chaque occasion, j'ai appris beaucoup de choses.

La discussion a été conclue un peu abruptement par un « manuel » préposé à l'entretien, assis à ma gauche. Il nous a conseillé de sortir dans les bois, d'écouter le chant des oiseaux, d'observer les abeilles butinant les fleurs, de

---

1. A.T.W. Simeons, *La psychosomatique, médecine de demain,* p. 54.

regarder les canards, les guèbres et les poules d'eau évoluer sur l'étang, et aussi de contempler longuement les arbres pour découvrir les cent nuances de vert, et ceux dont les feuilles commencent à rouiller, qui sont « vertes au-dessus et rouges au-dessous ».

Apaisé et joyeux je suis parti faire le tour de l'étang, respirer le parfum sauvage des plantes naturelles, entendre croasser les corbeaux, cancaner les canards et roucouler les tourterelles. Le soleil tirait de la surface impassible de l'eau des étincelles multicolores. Un vent très doux chuintait, agitant les herbes et les branches. Un vol de pies noires et blanches, impeccables dans leur habit de soirée, a décollé sans se presser à mon approche pour un vol en rase-mottes.

Je me suis souvenu qu'un ami m'a appris qu'il faut toujours saluer les pies afin de ne pas être volé. C'est une vieille superstition bretonne. En souriant intérieurement, j'ai dit « Salut, les pies ». Un battement d'ailes m'a répondu. J'étais assuré et paisible. A ce moment précis j'étais bien vivant, intensément, et c'est tout ce qui importait. L'intérieur de mon être était en harmonie avec ce doux paysage de fin d'été. J'ai levé les deux bras tendus vers le ciel bleu et j'ai longuement soupiré de bonheur.

CHAPITRE XV

La joie de vivre

J'aime assez l'anecdote suivante : une jeune femme peu pressée d'avoir un enfant prenait très régulièrement la pilule contraceptive. Cela ne l'empêcha pas de devenir enceinte. Elle mena sa grossesse à terme et accoucha dans les délais d'un beau et gros bébé. Les accoucheurs et les visiteurs furent tous frappés de l'air éveillé et déterminé de l'enfant qui les regardait avec espièglerie. Ils s'étonnaient aussi de le voir garder ses poings fermés, serrés jusqu'à la crispation. Au bout de quelque temps cependant, l'enfant, tout en riant, ouvrit largement ses mains, d'où l'on vit s'échapper... une poignée de pilules roses.

L'acharnement à vivre du héros de l'histoire est généralement commun à la majorité des nouveau-nés. Ils pleurent pour qu'on les nourrisse parce qu'*ils veulent vivre*. Nous naissons tous avec le goût, l'appétit et l'enthousiasme de vivre.

Pendant la prime enfance, tout est sujet d'émerveillement ou objet de plaisir. La découverte progressive de la vue, de l'odorat, du toucher, du goût, de la marche, du pouvoir de bouger, ravit et enrichit l'enfant à chaque seconde de sa vie éveillée. Les années d'apprentissage du monde extérieur sont les plus merveilleuses d'une vie ; et il est bien dommage qu'elles soient presque toujours totalement « oubliées », effacées du conscient.

Si nous pouvions chacun nous remémorer régulièrement et à volonté nos années d'avant l'âge de 3 ou 4 ans, nous n'aurions jamais d'idées noires. Rien que la joie de vivre. « Si je m'étends sur mes premières années, écrit Denise Legris, infirme de naissance et indomptable optimiste, c'est parce qu'elles ont déterminé tout le reste [1]. »

L'ÉTERNITÉ, C'EST MAINTENANT...

L'enfant vit dans l'éternité un perpétuel « maintenant ». Et chacun d'entre nous a été un enfant. Et donc a connu cela : vivre sans passé, ni avenir. Dans

---

1. Denise Legris, *Née comme ça*, Segep-Kent, Paris, 1960.

des conditions affectives normales, il n'y a pas de prime enfance mal-
heureuse, même dans la misère matérielle ou l'infirmité.

Ceux qui travaillent avec des petits enfants gravement malades ou infirmes
témoignent à l'unisson de la gaieté, de l'entrain et de la gentillesse des petits
patients. C'est eux qui peuvent le mieux nous apprendre à vivre dans la
bonne humeur, malgré toutes les épreuves physiques. Mes petits camarades
infirmes de l'hôpital Mustapha à Alger vibrionnaient d'une vie joyeuse.
Aussi pourquoi chercher à l'extérieur de nous ce qui, depuis toujours,
n'existe qu'à l'intérieur ? Comment ne pas écouter le petit enfant qui survit
en chacun de nous et coexiste, non sans mal, avec l'Adulte raisonneur, et le
Parent punitif et pointilleux ?

D'une certaine façon, la maladie grave ou l'accident qui nous frappe peut
nous aider à retrouver la voix (la voie ?) du petit enfant que nous sommes
aussi et qui n'a d'autre envie que de vivre dans la joie. Vivre dans la joie,
c'est réaliser ses rêves d'enfant, comme un enfant. C'est faire ce qu'on aime le
plus. La joie de vivre est donc très différente selon les individus.

Aux Etats-Unis, un homme politique célèbre, Jacob Javits, fut pendant vingt-
quatre ans sénateur de New York et l'un des hommes les plus influents du
pays. Plus qu'un législateur, l'homme était une institution. Son nom reste
attaché aux plus grandes batailles législatives. Pendant un quart de siècle,
Jacob Javits a fait passer un grand nombre de lois importantes qui font date.
Il s'est particulièrement penché sur le sort des déshérités.

Dans les dernières années de sa vie, le sénateur Javits est frappé d'une grave
et fatale maladie invalidante : la sclérose latérale amyotrophique. Pronostic :
la paralysie totale, et la mort à court terme (environ deux ans). Considéré
comme perdu, le grand sénateur et tribun décide de vivre comme par le
passé, en homme politique responsable. « Je ne renonce à rien » proclame-
t-il !

A 80 ans passés, déplacé sur une chaise roulante, une minerve soutenant la
tête qui s'affaisse, un respirateur portatif muni d'une pompe branché sur sa
gorge ouverte, Javits continue d'intervenir devant toutes sortes d'auditoires :
commissions du Sénat, électeurs, universités, cercles politiques... Un de ses
proches amis lui téléphone un jour pour s'excuser, étant grippé, de ne pas
pouvoir lui rendre visite comme prévu. « Qu'à cela ne tienne, répond Javits,
je viens vous voir. » Et il est allé chez cet ami alité, qui dira de lui : « C'est le
mourant le plus vaillant que j'ai jamais vu. » Invité à s'adresser à un auditoire
de 150 médecins réunis pour l'entendre à l'hôpital de New York où il est en
traitement, Javits leur dit : « Ma maladie est mortelle ? Et après ? Nous
sommes tous mortels. Il n'y a aucune différence. »

Jusqu'à sa mort Jacob Javits a fait ce que, depuis l'enfance, il avait toujours
aimé faire : améliorer la société ; donner son avis, ses critiques et ses
suggestions sur tous les grands problèmes politiques et sociaux. Condamné à
mort, il a choisi de vivre jusqu'au dernier souffle en accord avec son désir
profond : vivre avec la joie de faire ce qu'il aimait faire.

PARTAGER LA JOIE DE VIVRE

Chez tous ceux (malades graves, médecins consciencieux, anciens malades, infirmes) que j'ai rencontrés avant d'écrire ce livre, j'ai retrouvé – entre autres choses – cette force, cette joie de vivre intensément le moment qui passe, ici et maintenant. Pour certains « malades », c'est une découverte spontanée ; pour d'autres (dont je suis), il a fallu la maturation d'un travail de connaissance de soi, une véritable re-naissance. Mais le résultat est là. La joie de vivre, le goût ardent de la vie, nous sont donnés à la naissance. A nous de les retrouver, de les réactiver.

Après un grave accident de santé, la joie de vivre devrait être plus naturelle. La maladie ou l'infirmité graves nous éloignent du monde « normal ». « Rien ne sera plus jamais comme avant », me disait Jean Marteau, opéré du cœur ; « et on ne sera plus jamais comme les autres, ceux qui n'ont pas connu l'épreuve de la mort proche. » Geneviève Malard et Nicole Weerts m'ont dit la même chose. Ce qu'expriment Jean et les autres témoins, c'est que la vie d'un survivant est devenue quelque chose de très précieux et de très merveilleux. Et aussi qu'ils savent maintenant à quel point elle est fragile. La prise de conscience de cette fragilité (qui est celle de tous les êtres vivants) peut mener à une lucidité accrue à l'égard de la valeur de chaque instant. De cette évolution peut découler ce retour au sentiment enfantin de découverte joyeuse et à la pleine jouissance de l'instant qui passe. Loin de mener à l'égoïsme ou à l'égocentrisme, cela peut nous inciter au partage, à l'ouverture aux autres, à la disponibilité à aider ceux qui doutent, qui errent et qui souffrent. *Partager* devient un maître mot.

SE RENDRE DISPONIBLE

Depuis l'enfance j'ai toujours admiré les personnes soignant de grands malades, que ce soit à titre professionnel ou familial. Admiratif, parce que je me sentais incapable du dévouement nécessaire pour apporter un bassin et aller vider les excréments, donner à manger à la cuillère, sentir les odeurs de sueur, de pus, de sang ou d'urine. Et, par dessus tout, ressentir tout au long de ce temps, la présence invisible de la mort. Je fuyais les infirmes et les grabataires. Je n'étais pas disponible.

Gamin serviable, une de mes pires épreuves consistait à aller « faire des commissions » pour la voisine de ma grand-mère chez laquelle j'ai beaucoup vécu. Mme Marcelle était pourtant une charmante jeune vieille dame au teint rose et aux cheveux tout blancs entourant son visage poupin. J'étais certain, à chaque fois, de recevoir une gâterie, des bonbons, des gâteaux, quelque monnaie. Mais voilà, Mme Marcelle avait un mari, un excellent homme disait-on, *qui ne quittait plus son lit*. A chaque fois je devais entrer dans sa chambre de malade pour lui dire bonjour, lui qui, paraît-il, m'avait « connu tout bébé et tenu sur ses genoux ». Je n'arrivais pas à m'imaginer que le pauvre homme décharné, entièrement dépendant, avait pu un jour être assez fort pour me soulever de terre afin de m'embrasser.

Je haïssais cette chambre de malade, confinée, chaude, pleine d'odeurs bizarres. Elle me faisait rêver d'enterrements et de cimetières. J'aurais bien voulu que le mari de madame Marcelle se levât et aille à son bureau travailler. Cela n'étant pas possible, je ne comprenais pas que son « agonie » durât si longtemps. Je lui avais, dans ma tête, accolé l'étiquette « d'agonisant » ; peut-être parce qu'on avait déjà pris les dispositions pour son éventuel décès. On baissait la voix autour de lui ou en parlant de lui. Son « agonie » a bien duré deux ou trois ans.

Ma fuite ressemblait à celle de ce vizir d'un conte oriental qui, voulant éviter la mort, s'éloigne au grand galop pour la retrouver le soir au rendez-vous, à Samarcande.

LEÇONS DE VIE

La vie s'est chargée de m'éduquer : cinq mois et demi d'hôpital dans une « chemise » de plâtre, de la tête au bassin inclus, sans pouvoir bouger, à la suite d'une chute de vélo à 9 ans et demi. J'aurais pu rester paraplégique, peut-être ne jamais remarcher ; ou alors avec des béquilles. La « bonne » sœur m'en menaçait dès que j'avais l'audace de soulever légèrement la tête pour voir autre chose que le lointain plafond de l'immense salle où croupissaient une quarantaine d'enfants.

J'ai donc attendu, sans aucun soin particulier, les visites hebdomadaires du professeur et de ses élèves dans l'espoir d'une libération : savoir si un jour je pourrais me lever et partir sur mes deux jambes, pour le moment immobiles. A ma droite, j'avais un petit musulman au pénis infecté, démesurément gonflé en forme de champignon, à la suite d'une circoncision sans hygiène ni antiseptique. Il avait, enfoncée dans le ventre, une sonde d'où sourdait un liquide épais, orangé, mélange d'urine, de pus et de sang qui puait à vomir. Chaque fois que la sœur infirmière venait vider son « pistolet », son urinal, ou seulement soulever ses draps, j'essayais désespérément de ne pas respirer pour ne pas subir l'infecte odeur nauséabonde. Plusieurs fois, j'ai vomi. Un demi-siècle plus tard, la nausée n'est pas oubliée.

Derrière moi, dans une petite chambre isolée mais toujours ouverte, il y avait un adorable petit enfant arabe qu'on disait « fou ». Il avait de grands yeux noirs très doux, un sourire d'ange. Personne ne venait jamais le voir. Le seul acte un peu « fou » dont je me souvienne consistait, pour lui, à pétrir indéfiniment ses excréments et à en faire des pâtés. Comme on nous laissait de longues heures sans aucune attention, le pauvre enfant avait tout le temps de s'amuser avec sa merde. Là aussi ça finissait par sentir fort mauvais. Je m'efforçais de ne pas respirer trop fort. Un cauchemar.

J'avais envie de me lever pour prendre ma revanche sur l'immobilité forcée. Pas une seconde je n'ai cru que j'allais rester paralysé. Je ne pouvais pas imaginer de ne plus courir et de ne plus nager avec mes cousins et mes copains.

A chaque visite, je harcelais le chef du service pour qu'il me dise quand je pourrais sortir ; ce qui me valait l'animosité de la sœur infirmière, outrée de l'audace avec laquelle j'apostrophais le « grand patron ». Le professeur Lombard hochait la tête en souriant, prenait mon poignet dans sa grande main chaude comme pour tâter mon pouls et disait des choses rassurantes du genre : « Encore un peu de courage, petit bonhomme. Tout ira bien, tu verras. » Presque toujours, après sa visite, je fondais en larmes en prenant bien soin de me cacher. Je sentais qu'il ne savait pas, qu'il ne savait rien, qu'il était impuissant. Et qu'il ne pouvait, comme moi-même, qu'éviter de désespérer.

Cela a duré vingt-cinq semaines, rythmées par les brèves visites bi-hebdomadaires de ma mère et/ou de ma sœur aînée auxquelles je posais toujours la même question : pourquoi est-ce que je ne pouvais pas rentrer à la maison ? Après chaque jour de visite j'avais ma crise de larmes clandestine, généralement de nuit. Des enfants plus valides venaient jusqu'à moi, m'apportant, pour me consoler, une caresse ou un biscuit, malgré les terribles menaces de punition. Je les assurais que tout allait bien et nous nous chuchotions des mots d'amitié et de réconfort dans le noir. Enfants à la dérive.

LE REFUS DU TRAGIQUE

Lorsque je suis sorti de l'hôpital, avec ma coquille de plâtre et l'engagement de ma mère de me garder au lit pendant toute l'année sauf pour aller à l'école, j'ai promis tout ce qu'on voulait : je resterai allongé 18 heures sur 24. Je ne pourrai ni sortir, ni jouer, ni nager, ni faire pipi tout seul. Et peut-être qu'à la fin, je serais presque normal. Je n'avais qu'une idée en tête : remonter sur un vélo, effacer l'accident, effacer l'hôpital, effacer l'infirmité. De retour à la maison, la nuit, en cachette, je me levais pour vérifier que mes jambes bougeaient et pouvaient même me porter sans que j'aie trop mal aux lombes. Au bout de quelques mois, en plein été (nous résidions dans un cabanon au bord de la mer), j'ai annoncé à ma mère que j'allais me lever et aller à la plage pour nager. J'en rêvais depuis des semaines ! Il y a eu un véritable conseil de famille. J'ai gagné. Depuis toujours la mer, au bord de laquelle je suis né et j'ai grandi, fait partie de mes joies de vivre.

J'ai eu une chance immense. Cette fois-là, comme en d'autres occasions quand ma vie ou ma santé était sérieusement menacée : *celle d'être incapable d'imaginer l'issue dramatique.*

J'ai toujours pensé que j'étais « né sous une bonne étoile », qu'un ange gardien veillait sur moi. Comme tout enfant, de façon totalement irrationnelle, j'en conviens, je me sentais quasiment invulnérable. Sans être croyant, je m'en remettais à la Providence, au destin. Je ne croyais pas à ma mort, je ne croyais pas à l'accident grave, je ne croyais pas à l'infirmité, *je ne crois jamais au pire.* Ce qui m'a parfois fait prendre des risques insensés dans l'exercice de ma profession de grand reporter.

Ce refus du tragique, je m'en rends compte aujourd'hui, a été un inestimable atout face aux maladies, aux accidents et aux menaces de mort. J'ai toujours su que j'allais m'en sortir indemne. Aussi bien à l'hôpital Mustapha à Alger que lors de ma première grave opération trente-cinq ans plus tard ; ou lors des accidents d'avion ou les naufrages, dans les émeutes, les révolutions et les guerres traversées (le Liban, l'Algérie, Bagdad, le Kurdistan, l'Egypte, la Syrie, l'Iran...) ; quand les balles sifflaient autour de moi ou que j'avais un revolver, une mitraillette ou un couteau pointé sur le ventre.

Un de mes audacieux camarades se souviendra longtemps de la mosquée, sanctuaire chiite de Khadhimain, près de Bagdad. Nous nous y sommes retrouvés coincés dans une pièce sans issue, une foule hurlante pour nous ôter la vie à l'extérieur, et un « guide » armé d'un long couteau, qui exigeait je ne sais quelle somme pour nous faire sortir. Nous avons hurlé des menaces et nous en sommes sortis.

Mes plans pour « après » n'ont jamais envisagé l'hypothèse de ma disparition, de mon immobilisation ou de mon arrestation. Entrant à l'hôpital à moitié mort pour une opération de la dernière chance, j'avais donné rendez-vous une semaine plus tard à mes collaborateurs pour travailler à partir de mon lit.

LA RÉALISATION « AUTOMATIQUE » DES PRÉVISIONS

J'ai découvert depuis ce que les psychologues appellent « la réalisation automatique des prévisions ». Quand on pense que quelque chose va nous arriver, on se met en condition pour que cela arrive. Notre inconscient crée toutes les conditions internes et l'environnement externe nécessaires à la réalisation de nos attentes fantasmées.

Si cela est vrai, *l'inverse l'est également.* Le refus de croire à un événement dramatique nous évite de nous mettre dans les conditions dans lesquelles un tel événement peut survenir.

Cette disposition naturelle de mon esprit, cette pulsion de vie, cette croyance instinctive en une protection providentielle, a été très tôt et souvent renforcée par des augures. On me disait couramment que j'avais de la chance. On me le dit toujours, d'ailleurs. Par exemple, quand le Parkinson a été diagnostiqué, on m'a dit que j'avais de la chance parce que j'étais atteint de la forme la moins inquiétante de la maladie.

Mes incisives supérieures largement écartées (ce qui n'est pas très beau) sont, paraît-il, un signe de chance. Alors, chaque fois que j'ai traversé des crises ou des difficultés, je me suis raccroché à cette croyance : *J'ai de la chance !*

Comme tout le monde, bien sûr, j'ai connu mon lot de problèmes et de traumatismes. Seuls les morts n'ont pas de problèmes. Apprendre à vivre, c'est savoir résoudre les problèmes sans dramatisation, apprendre à faire face avec confiance. Après tout, j'appartiens à un peuple de survivants... dont la survie demeure un mystère.

Revenir à l'enfant en nous, c'est d'abord et surtout aborder chaque nouvelle journée comme une occasion de joies, chaque nouvelle relation comme un enrichissement, chaque nouvelle épreuve comme une leçon. Qui ne s'est jamais attendri et attardé à regarder des enfants jouer ne comprendra jamais ce qu'est la joie de vivre. On ne devrait pas se lever le matin avant de se promettre de vivre une bonne journée.

DISCERNER L'ESSENTIEL DE L'ACCESSOIRE

Le malade — et le bien-portant — quel que soit son âge, doit avant tout savoir *ce qui est le plus important dans sa vie,* ce qui lui cause du plaisir et de la joie de vivre. Ce sont souvent des joies très simples. Comme pour le Petit Prince, de respirer une fleur ou de contempler un coucher de soleil, d'écouter une chanson ou de se promener pieds nus dans l'herbe. Il est inutile de chercher le grandiose. Les plus grands plaisirs de la vie sont simples et souvent gratuits.

Au début de la télévision en France, et pendant de longues années ensuite, une émission de Jean Nohain connaissait un grand succès. Elle s'appelait *La joie de vivre.* Une personnalité connue venait raconter ce qui faisait partie de ses joies de vivre. Et « Jaboune » alias Nohain, amenait sur le plateau les choses et les gens qui pouvaient incarner ces joies de vivre ou y contribuer. Ces « joies de vivre » étaient étonnamment banales : un ami, une chanson, un poème, un chien ou un chat, un bon vin ou une gourmandise... Quelle leçon de vie quand même !

La joie de vivre, c'est vraiment très commun. Quand je l'évoque pour moi — souvent —, je vois mes amis(es) chers(es), le soleil se lever sur la mer, une voile claquant au vent avant le départ du matin, le goût d'un fruit mûr, un repas de fête, une marche dans la forêt, le regard de la femme aimée. La joie ou les joies sont très quotidiennes, très peu spectaculaires. Comme une grasse matinée, la rencontre d'un bon livre, l'audition inattendue d'une ballade de Chopin ou d'une canzonetta napolitaine, un bruit de source quand on a soif, une soirée d'été qui se prolonge... Il n'y a qu'à regarder la spontanéité et le rire des enfants dans le jeu, leur facilité à établir une relation ludique, pour savoir ce qu'est la joie de vivre.

Pourquoi le nier ? J'ai aussi parfois le « blues », le cafard. Plus d'une fois, comme tout le monde je pense, je me suis demandé ce que je fichais sur cette terre. C'est là qu'interviennent les autres, tous les autres. Aujourd'hui encore, il m'arrive d'avoir le bourdon. J'appelle ça des « dépressions-minutes ». C'est-à-dire que les nuages noirs arrivent, s'effilochent et disparaissent en quelques minutes. Il me suffit d'évoquer l'expérience de mars 1982 ; ou l'état dans lequel je serais (rongé par les vers) si j'avais lâché prise. Je retrouve instantanément un formidable goût de vivre.

Parfois, j'ai presque un scrupule à me sentir si heureux de vivre, sans raison particulière. J'attrape le téléphone et je partage ma joie avec un ou une amie, ou un proche. Je souris aux gens que je croise, aux enfants, aux commerçants qui me servent. Et je me sens bien. Certains vont crier à la méthode Coué ! Pourquoi pas ? « Tout est bon si ça marche », a dit le professeur Agid.

LE CHARBON DE LA LOCOMOTIVE

La joie (comme les autres émotions) provient du tréfonds de l'être, du Moi le plus secret, du cerveau reptilien le plus archaïque. On dépense la même énergie pour être gai que pour être triste, pour rire que pour pleurer. (C'est d'ailleurs un peu faux : il paraît qu'on contracte plus de cinq cents muscles pour « faire la gueule » et seulement une cinquantaine pour sourire.)

En outre la joie et le sourire sont contagieux. Je vis dans une ville (Paris) réputée pour le manque d'amabilité de ses habitants. Et pourtant, chaque jour si je le veux, je récolte mon plein d'amabilités, de sourires et de gentillesse. Sauf si je décide de montrer moi-même « une sale gueule ». Il y a dans mon bureau un écriteau que chaque visiteur peut lire : « Si vous n'êtes pas responsable de la tête que vous avez, vous êtes responsable de la gueule que vous faites. » J'en prends bonne note.

Le contraire de la joie, c'est la tristesse. Y a-t-il quelqu'un qui, volontairement, voudrait passer toute sa vie dans la tristesse ? La joie prolonge la vie. Je l'ai constaté chez tous les « malades » et ex-malades. Chaque manifestation de joie renouvelle notre goût de vivre. L'amour et l'amitié (qu'on donne ou qu'on reçoit) rechargent notre potentiel énergétique. « L'individu, écrit le docteur Pierre Marty, ne peut être tenu pour un système isolé » – ce qu'aucun sociologue ne contestera. Et Marty illustre son propros par cette comparaison : *« On n'a jamais vu une locomotive à vapeur, épuisée de charbon, parcourir encore cent kilomètres parce qu'elle avait rencontré une autre machine à vapeur. On a, par contre, vu des hommes épuisés parcourir encore cent kilomètres parce qu'ils avaient rencontré un compagnon ou une compagne »* [1].

La joie de vivre ou les petites joies de la vie (c'est la même chose), c'est *le charbon de la locomotive humaine*. Emmanuel Vitria, doyen des greffés du cœur, a vécu dix-huit ans dans la joie avec le cœur d'un jeune homme décédé dans un accident. Il reste pour moi un modèle inégalé. Il disait : « Je repars à cinquante ans avec un cœur de vingt ans. Normalement, je devrais finir dans la peau d'un centenaire. »

1. Pierre Marty, *Les mouvements individuels de vie et de mort*, p. 125.

Dans l'évolution d'une maladie, il est important que le malade sache ce qui lui fait plaisir et se mettre en situation de le faire ou de l'obtenir. Il n'est pas superflu ni ridicule de dresser une liste réaliste de choses plaisantes, accessibles, et de mettre en œuvre ce qu'il faut pour les intégrer dans son emploi du temps.

La maladie, la vieillesse rapprochent, paraît-il, de l'enfance. Tant mieux. Profitons-en.

CHAPITRE XVI

Savoir aimer... et s'aimer, inconditionnellement

« Tu aimeras ton prochain comme toi-même. » Ce commandement, tiré du troisième livre de la Tora (Lévitique 19 ; 18), a fait couler beaucoup d'encre. Jésus l'a enseigné à ses disciples, et il est devenu le pivot de l'Evangile et des religions chrétiennes.

« Aimer son prochain » ne veut-il pas dire commencer d'abord par s'aimer soi-même ? Car si l'on ne s'aime pas, comment aimer l'autre ? Ou alors « comme soi-même » voudrait dire pas du tout ? Ce n'est évidemment pas *l'intention* de cette injonction. Comme le prouve, par ailleurs, un autre commandement « Aimez-vous les uns les autres » (comme je vous ai aimés) ou encore dans le Deutéronome : « Aimez l'étranger car vous avez été des étrangers en Egypte » (10, 19), « Tu dois ouvrir la main à ton frère, à celui qui est pauvre et humble dans ton pays » (15, 11).

Le grand mystique allemand du Moyen Age maître Eckart disait : « Si vous vous aimez vous-même, vous aimez tous les autres comme vous-même » (cité par Eric Fromm, dans *L'art d'aimer*).

Il ne s'agit pas d'entrer dans une exégèse biblique ou une discussion philosophique mais bien dans l'examen d'un point de vue pratique de ce que nous pouvons faire nous-mêmes afin de bien nous porter.

Les psychologues et les penseurs sont tous d'accord sur le rôle essentiel de l'amour (et de l'amitié) dans l'équilibre mental d'un être humain. Les travaux de Spitz sur « l'hospitalisme » ont montré que, dès la naissance, le bébé a besoin d'amour autant que de nourriture. Des nouveau-nés hopitalisés dont s'occupaient quelques infirmières, nourris, lavés et changés régulièrement, n'en dépérissaient pas moins et certains mouraient, malgré tous les soins, *faute d'être cajolés et caressés avec amour.*

Jacqui Schiff, experte en la matière, dit que si vous ne voulez pas que votre bébé devienne schizophrène, embrassez-le souvent sur les fesses. C'est une image, mais combien parlante [1].

---

1. Jacqui Lee Schiff, *All my children*, Jove Books, New York, 1970.

Tout le monde admet aujourd'hui que les bébés ont besoin de beaucoup d'amour, et spécialement d'amour maternel pour se développer harmonieusement. Léon Kreisler a parlé de « la pathologie psychosomatique des carences affectives sévères [1] ». Il indique que « c'est dans les tout premiers mois de la vie que s'installeraient les phénomènes pathologiques, à la fois sur le plan physique et psychologique [2] ».

NOTRE SOIF D'AMOUR EST NATURELLE

Croyez-vous que cela change en grandissant ? Moi pas. Des milliers d'observations et les confidences entendues en thérapie montrent que presque tout ce que nous faisons à l'égard des autres est motivé uniquement par *notre besoin d'être aimé*. Tout enfant, nous obéissons à nos parents et à nos aînés de peur de perdre leur amour ou leur affection. Adolescents, nous recherchons l'amitié des copains, puis l'amour d'une personne de l'autre sexe. Il n'y a rien que nous ne fassions pour capter et conserver ces affections. Les ruptures provoquent souvent des drames ou de douloureux traumatismes parce que, au début, faute d'expérience, nous croyons naïvement que la fin d'un amour est la fin de l'Amour ; nous croyons, à ce moment-là, que nous avons perdu la seule personne qui était capable de combler notre soif d'amour : telle personne et aucune autre ! Ce qui est évidemment faux.

La soif d'amour n'est pas une invention romanesque. C'est une nécessité instinctive du psychisme humain. L'émir Abdallah As Sabbah, fondateur de l'émirat pétrolier richissime de Koweit, disait que pour un chef d'Etat « l'important, c'est d'être aimé ». Pour un particulier, comme le dit une chanson française, « sans amour, on n'est rien du tout ».

Kreisler écrit encore : « Pour l'enfant, comme chez l'adulte, un fonctionnement mental sans défaillance, *dans une constitution psychoaffective solide, équilibrée et stable* tient une place essentielle parmi les barrages qui s'opposent à l'irruption de la maladie ou à son aggravation » [3].

Beaucoup de médecins évolués et les psychosomaticiens accordent un coefficient très élevé à l'entourage affectif du malade, comme facteur d'amélioration, de guérison et/ou de mieux-être. Une famille aimante sans être infantilisante, est toujours un atout. Une famille indifférente ou culpabilisante contribue à l'entretien de la pathologie, voire à l'aggravation et au déclin du malade. Parfois, il vaut mieux ne pas avoir de famille.

Je me souviens avec tristesse d'une belle jeune femme atteinte d'un cancer dont les proches (mari et enfants) ne voulaient pas entendre parler. Elle ne se soignait pratiquement plus, pressée qu'elle était d'en finir. En peu de mois elle a fait des métastases partout et elle est morte beaucoup plus tôt qu'elle

1. Léon Kreisler, *La psychosomatique de l'enfant*, p. 73.
2. Léon Kreisler, *La psychosomatique de l'enfant*, p. 70.
3. Léon Kreisler, *La psychosomatique de l'enfant*, p. 85.

n'aurait dû. Dans une conjoncture familiale opposée, elle aurait peut-être guéri, comme d'autres avant elle.

Une autre jeune femme exerçant une activité professionnelle avec des responsabilités vit avec un mari qui a choisi d'ignorer son syndrome parkinsonien. Résultat : elle cache sa condition à ses enfants et ses proches et triche pour se rendre à des rendez-vous médicaux ou des réunions d'information et de soutien aux malades. Un jour, l'évolution de la maladie éclatera aux yeux de tous. Que se passera-t-il alors ?

FAIRE NOTRE PLEIN D'AFFECTION

La maladie grave ou chronique est aussi un drame pour la famille ; elle peut, soit la miner ou la détruire, soit la renforcer et la rendre encore plus tendre et plus chaleureuse. Et tout le monde n'a pas une famille.

Comment faire donc pour s'assurer, de préférence avant de tomber gravement malade, que nous avons notre plein d'affection ? Inconsciemment, ce que nous voulons chaque fois reproduire ou obtenir, c'est un amour aussi total et aussi inconditionnel que celui de nos parents, singulièrement de la mère dans les premiers mois de la vie. En même temps, même oubliée ou refoulée, notre expérience infantile nous enseigne les difficultés et les ambiguïtés d'un tel amour. L'enfance est pleine de petits événements qui nous ont fait craindre d'avoir perdu, passagèrement, l'amour de nos parents, singulièrement de la mère.

D'autres fois, il y a eu des moments où nous étions en colère contre eux ou l'un d'entre eux et où nous les détestions. C'est la source de la culpabilité diffuse qui empoisonnera plus tard nos relations affectives. Si nous détestons celle ou celui que nous devons aimer et qui nous aime, nous nous jugeons sévèrement nous-mêmes comme indignes de leur amour, voire même de l'amour tout court. Certains commencent ainsi par la culpabilité le chemin douloureux de l'autodétestation et de l'automépris. Se croire indigne d'amour est un bon début pour développer des maladies psychosomatiques. De temps à autre, une preuve inattendue d'amour peut surprendre le sujet, mais il aura tendance à la dévaloriser, à douter de sa sincérité et de son authenticité. « Moi, digne d'être aimé ? »

On commence par se dévaloriser soi-même, puis on dévalorise l'amour ou l'affection de l'autre, enfin on dévalorise tous les autres et toutes les manifestations d'amour ou d'affection en général. Tout cela conduit à la maladie et aux issues dramatiques et n'est pas nécessaire si on accepte quelques idées simples :

1. l'amour paraît un sentiment naturel et instinctif. Il convient cependant de le développer et de l'entretenir au lieu de le réprimer. « Aimer quelqu'un, écrit Erich Fromm, n'est pas seulement un sentiment puissant, c'est une décision, c'est un jugement, c'est une promesse [1] » ;

1. Erich Fromm, *The art of loving*, p. 51.

2. nous avons tous quelque chose d'aimable, quelque raison d'être aimé. Recherchons-la et trouvons-la chez les autres et aussi chez nous-mêmes ;

3. aimer inconditionnellement, sans rien attendre en échange, constitue un élément positif et équilibrant pour notre propre personne. Le plus important, c'est d'aimer ;

4. il est utopique de vouloir aimer tout le monde et d'être aimé de tous. Acceptons sans culpabilité qu'il existe des gens qu'il nous est difficile d'aimer ou qui ne nous aiment pas. Efforçons-nous de ne pas les détester, nous finirons par mieux les comprendre ;

5. il y a des nuances et degrés variés dans l'amour. Comme le dit l'effeuillage de la marguerite. Acceptons le « moins » et le « plus » comme étant quand même de l'amour. Le « tout ou rien » est catastrophique en amour.

ATTENTION ET RESPECT

Le remarquable chercheur et théoricien de la psychologie, Erich Fromm, a écrit un petit livre très lourd de sens intitulé *L'art d'aimer (The Art of Loving)*.

Aimer vraiment nécessite une décision, puis un entretien constant, sinon l'amour dépérit comme un feu sans combustible. L'amour est comme un arbrisseau qui ne grandira pas et mourra s'il est privé de soins et d'attentions, de sollicitude. Fromm voit quelques éléments fondamentaux dans tout amour authentique : l'aptitude à la responsabilité, l'attention à l'autre, le respect et la compréhension.

Le christianisme a fait fortune sur l'idée erronée que le Nouveau Testament apportait un concept nouveau d'amour universel. Toutes les religions organisées sont fondées sur l'Amour. L'Ancien Testament est gorgé de commandements et de paroles d'amour, reprises et enseignées par Jésus. Il y est dit partout que Dieu aime l'homme et qu'il lui enverra un Sauveur, ce qui s'accomplit avec la venue de Jésus-Christ qui enseignait les prophètes de l'Ancien Testament. Notre civilisation chrétienne a appris dans l'Evangile qu'il fallait aimer son prochain. Au nom de cet amour, il y a eu les massacres des Croisades, l'Inquisition et ses autodafés, la Saint-Barthélemy et les guerres de religion... qui continuent de nos jours (Irlande, Liban...).

Ce qui semble prouver que l'amour du prochain, de l'autre, doit être réfléchi, conscient et délibéré. C'est une démarche active et non passive. Cet amour doit être cultivé quotidiennement. La réaction instinctive, naturelle devant l'étranger, est plutôt l'hostilité, sauf si nos croyances (chrétienne, juive, bouddhiste ou islamique) nous font dépasser cette contraction de peur et nous ouvrent le cœur et les bras. Voir un ami potentiel, un frère humain dans chaque personne rencontrée est un privilège réservé aux saints et aux grands mystiques.

AMOUR ET HUMILITÉ

S'il n'est pas donné, l'amour des autres peut se cultiver par la méditation, la fréquentation des êtres d'élite, la lecture des grands mystiques et l'aspiration à leur ressembler. Développer sciemment sa capacité d'amour apporte de grandes joies et une sérénité dont nous nous sentons bien. Elle aide à abandonner les vieux ressentiments, les rancunes anciennes le plus souvent ignorés de ceux qui en sont l'objet, mais qui nous font mal à nous-mêmes. Un professeur de médecine a dit qu'un bon médecin a besoin de deux qualités : l'amour et l'humilité (Dubois de Montreynaud).

Un bon « début », c'est de trouver chez soi et chez les autres quelque chose à aimer. Il n'est pire criminel qui ne conserve une parcelle d'enfance et d'humanité. George Orwell raconte qu'en 1945, étant en Allemagne comme correspondant de guerre, il est arrivé à Stuttgart en compagnie d'un confrère belge qui haïssait les Allemands. Ils empruntèrent une passerelle au pied de laquelle gisait le cadavre d'un jeune soldat allemand. Le Belge détourna la tête et avoua plus tard que c'était son premier contact avec la mort. Cette rencontre bouleversa son attitude envers les « Boches ». Ses sentiments humanitaires submergèrent sa haine [1].

En avril 1981, j'assistais à un atelier expérimental « Au-delà de la psychothérapie » de haut niveau qui devait durer une semaine. Il y avait là un jeune intellectuel juif allemand dont la famille avait péri dans les camps nazis et au moins deux thérapeutes allemands. Dès la première réunion, le jeune juif exprima son malaise d'avoir à partager cet atelier avec d'affreux Allemands. Il annonça qu'il ne leur adresserait pas la parole et demandait qu'on lui évite tout contact avec eux. Une chape de plomb tomba sur nous. Le silence s'éternisait.

Il y avait vingt-deux personnes dans la salle et chacune se présentait à tour de rôle. Lorsque la parole leur fut donnée, chacun des Allemands (une femme et un homme) éprouva le besoin d'exprimer leur horreur du nazisme et de ses méfaits inexpiables et leurs propres et tenaces sentiments de culpabilité.

Ce fut mon tour de parler, parmi les derniers. J'avais été imprégné de l'insupportable tension qui baignait la salle. Sans réfléchir, presque malgré moi, j'affirmais tout uniment qu'il me semblait impossible à moi, juif français, orphelin de guerre, engagé volontaire contre le Reich nazi en 1944, de tenir pour responsable tous les Allemands, singulièrement les plus jeunes, pour les crimes nazis. J'ajoutais que c'est la même aberration mentale de responsabilisation collective à travers les siècles qui avait fondé et perpétué l'antisémitisme chrétien.

J'avais regardé et écouté les jeunes Allemands et je ne pouvais pas voir autre chose que des êtres humains, pleins d'humilité et capables d'amour et de compassion. Je m'adressais enfin au garçon juif, en lui proposant de réfléchir

---

1. Cité par P. Watzlawick, *Faites vous-même votre malheur,* p. 66-67.

au syllogisme : Tous les Nazis dont détestables ; tous les Allemands sont des Nazis ; donc, tous les Allemands sont détestables.

Je ne me souviens plus des détails, ni du déroulement de toute la session. Mais je me rappelle notre émotion à la fin de la semaine, quand nous nous sommes quittés en nous embrassant, juifs et Allemands, larmes aux yeux, débordant d'amour fraternel. Le jeune homme juif, le garçon allemand et moi-même, nous sommes restés au moins dix minutes enlacés ensemble, sans rien pouvoir dire de notre émotion partagée.

UNE NOUVELLE ÉNERGIE

Nous avions appris, au cours des échanges, des exercices, des méditations et de nos paroles authentiques, à nous voir les uns et les autres, comme de simples humains sans étiquette particulière. Nous avions vu et compris qu'il était facile de nous aimer « les uns les autres ». Et cet amour des autres nous avait donné une grande joie et une nouvelle énergie. L'amour est, en effet, la seule chose qui enrichisse quand on le donne. Plus on en donne et mieux on se porte.

Je me rends compte de la pauvreté de mettre noir sur blanc l'intensité d'une telle expérience. Je voudrais partager ma conviction que l'amour est un excellent antidote contre la maladie. Comme la colère ou la peur, l'amour est un sentiment naturellement ressenti et souvent réfréné. Et comme les autres émotions, il est soumis à la censure du cortex « raisonneur ».

Nous avons donc tendance à réprimer nos élans amoureux dans la vie civilisée de tous les jours. Où irait-on si chaque fois qu'on éprouve de l'amitié ou de l'affection (ou le contraire) pour quelqu'un, on lui en faisait la déclaration ?

Jusqu'à présent je me suis abstenu de citer une définition. On peut choisir parmi les milliers d'auteurs, écrivains, poètes, philosophes, psychologues ou théologiens qui depuis des siècles écrivent sur « l'Amour ». Prenons Voltaire : « L'Amour, c'est l'étoffe de la nature que l'imagination a brodée ». En se voulant sarcastique, le grand philosophe agnostique français nous donne une définition quasiment scientifique. La « nature », représentée par le cerveau archaïque, animal, nous pousse à rechercher à tout prix l'amour et la proximité d'un autre humain. Comme enfant, nous voulons nous assurer aussi d'un ravitaillement et d'une protection.

Le petit d'homme, comme celui de tout mammifère − mais beaucoup plus longtemps − dépend au plan affectif entièrement de la mère pour sa survie. Le père intervient également, mais d'abord comme pourvoyeur. C'est ainsi que la nature assure la pérennité de l'espèce. Sur cette toile de fond notre néo-cortex (l'imagination) a rajouté (brodé) une imagerie variant au cours des siècles, mais toujours exaltant la qualité et la noblesse du sentiment dit *amour*. Ne parle-t-on pas toujours (à juste titre) des « miracles de l'amour » ? Les exemples en sont innombrables.

UNE SOURCE D'AMOUR UNIQUE

Trop de gens dans nos sociétés modernes confondent cependant encore amour et sexualité. Dans l'isolement destructeur des grandes agglomérations, combien de femmes se laissent aller à subir des relations sexuelles quand elles n'auraient besoin que de tendresse ? Les hommes sont plus cyniques à cet égard, mais leur besoin d'affection n'est pas moindre. Ce qu'on nomme amour à notre époque est le plus souvent un mélange de sentiments divers, en proportions variables : amitié, estime, affection, admiration, attirance physique, compassion, tendresse, pitié, générosité, désir purement génital, etc. De quel amour parle-t-on ? Il m'apparaît qu'il doit toujours être fondé sur le respect et l'affection désintéressée.

Erich Fromm distingue entre plusieurs catégories d'amour : l'amour entre parents et enfants ; l'amour maternel ; l'amour fraternel ; l'amour érotique ; l'amour de soi (distinct du narcissisme, qui en est la forme sexualisée pathologique) ; et enfin, l'amour divin. A la réflexion, la source de l'amour est toujours la même ; ce sont ses expressions qui diffèrent. La source est dans notre nature, dans notre être le plus archaïque ; c'est un besoin, une soif, aussi impérieuse que nos autres pulsions élémentaires. Sachons-le afin de ne jamais négliger de la satisfaire.

CHAPITRE XVII

Éviter la confusion

Il y a tant de confusion autour de ce mot « amour », qu'à ce stade, il paraît difficile de ne pas parler de l'amour charnel. Les recherches psychologiques les plus avancées confirment mes propres observations selon lesquelles l'amour physique, génital, est souvent pris pour un substitut de l'amour tout court. La confusion est potentiellement destructrice.

Au cours d'un procès récent, concernant un assassinat, à la suite d'un inceste consommé entre un père et sa fille, un juge américain ne comprenait pas que la jeune fille ne se soit pas plainte au lieu de se faire justice elle-même en faisant assassiner son père. Les experts psychiatres et psychologues ont témoigné du fait que beaucoup d'actes incestueux sont compris au début par les enfants comme des démonstrations d'amour et d'affection.

Ainsi, beaucoup de jeunes filles subissent-elles les avances sexuelles d'un parent proche dans l'idée qu'elles expriment de l'amour. L'horreur et la honte de l'acte incestueux ne viennent qu'après, ce qui les empêche de parler. C'est le même processus chez l'adulte qui, dans sa soif d'affection, se leurre en prenant toute démonstration d'intérêt ou de désir sexuel pour une expression d'amour.

« L'amour, c'est l'échange de deux fantaisies et le contact de deux épidermes » a dit Chamfort. Nous sommes tous vulnérables au piège du désir sexuel. Les relations sexuelles peuvent parfois fausser complètement une relation amoureuse quand elles en sont l'unique fondement. En revanche, lorsque le rapprochement physique de deux êtres est sous-tendu par la tendresse, l'affection et l'estime, rien ne peut être plus merveilleux. L'amour fusionnel, symbiotique, ne peut pas être permanent et durer toujours. La tendresse, le respect et le don de soi le peuvent. On sait qu'on aime vraiment quand la durée s'installe.

Il est, semble-t-il, normal (et inévitable) d'avoir des fantasmes sexuels concernant les personnes que l'on chérit le plus. Le complexe d'Œdipe est de toutes les époques et de toutes les cultures. Mais l'interdiction du passage à l'acte garantit que l'amour véritable peut s'exprimer librement sans danger de passer à l'acte. Quelle petite fille n'a pas été amoureuse de son père, d'un amour d'autant plus fort et total qu'il est physiquement tabou ?

La qualité d'un amour ne s'éprouve pas au test de l'amour génital, au contraire. L'acte génital baptisé du nom d'amour n'est que l'expression d'un instinct animal, celui de la survie de l'espèce. L'homme est le seul animal qui consomme la relation sexuelle uniquement pour le plaisir.

Le plaisir est important, mais à ne pas confondre avec l'amour. L'acte sexuel entre deux êtres qui s'aiment profondément est un accomplissement, une extase, une perfection. Quand il est réalisé uniquement pour le plaisir animal, il peut à la longue dégrader et avilir. *« Post coïtum, animal triste »* dit le proverbe latin. Alors que l'amour fait *avec amour* se prolonge indéfiniment et donne envie de rire et de chanter et de louer la Providence pour ses grâces et ses merveilles. Le narcissisme est une pathologie parce qu'il est expression d'amour physique.

DONNER ET RECEVOIR

Il est donc important de savoir de quel « amour » on parle. Tout élan ou sentiment sincère qui pousse vers une autre personne, avec abnégation devient une forme d'amour. Et toutes les formes d'amour sont bonnes à prendre. Tout amour fait réaliser des exploits extraordinaires. Celui du mahatma Gandhi, comme celui de Jésus, a déplacé les masses et secoué les pays. Leur exemple reste vivant dans la mémoire collective. L'amour de sœur Térésa pour les mourants de Calcutta est exemplaire parmi les nombreuses bonnes volontés charitables, religieuses ou non, à l'égard des moins favorisés. Chaque jour, des infirmières laïques pleurent lorsqu'un patient ou une patiente meurt. *Donner de l'amour est un besoin aussi fort que celui d'en recevoir. S'en priver, c'est se mettre physiquement et psychologiquement en position de fragilité.*

Nous recevons tous une certaine capacité d'amour, pas forcément la même. Comme pour tout autre talent, il nous appartient de la développer. On peut être très doué pour la musique ou la peinture, mais si on n'apprend pas et si on ne pratique pas ce don, ce talent sera perdu. De la même façon, on peut cultiver et pratiquer ce don d'amour mis en chacun de nous.

Le résultat est excellent pour la santé psychophysiologique. Pour reprendre la parabole de Pierre Marty, l'amour d'une compagne ou d'un compagnon est un combustible nécessaire à la locomotive. Gardons-nous cependant de la tentation ou la volonté d'essayer du jour au lendemain d'aimer tout le monde.

Vouloir aimer tout le monde, c'est n'aimer personne. Je me méfie un peu des gens qui prétendent mettre leur amour « au service de tout le genre humain ». Ce peut être souvent une fuite en avant pour éviter de résoudre ses propres problèmes et ses propres contradictions. C'est l'évitement par

excellence, dont Watzlawick nous dit avec raison que son effet est de
« perpétuer la situation ou la difficulté redoutée [1] ». En l'occurrence, *c'est
éviter de s'aimer soi-même que de vouloir trop aimer les autres*. Et parce
qu'on ne s'estime pas assez digne d'amour, on ferait n'importe quoi − y
compris le sacrifice de sa propre vie − pour que les autres nous admirent et
nous aiment.

L'INTIMITÉ ET LE RÉSEAU SOCIAL

Ce qui est bon pour un malade (et pour un bien-portant qui veut le rester),
c'est d'apprendre à s'aimer *autant* que les autres et à partager sans fausse
pudeur les sentiments d'amitié, d'affection et de tendresse qu'il inspire ou
éprouve. C'est l'ouverture à *l'intimité affective*.
Ce n'est pas toujours facile. Notre conditionnement, sous couvert
d'éducation, nous apprend à « maîtriser », à cacher ou à déguiser nos
émotions. Entre sexes différents, l'équivoque s'installe facilement ; il est
capital que le problème sexuel soit évoqué et délimité par un « contrat » clair.
Amour, amitié, affection, ne signifient pas acte sexuel. Ce n'est pas le plus
difficile : il convient d'y penser au début d'une relation.
Au plan pratique, je veux indiquer de nouveau un exercice. Encore une
liste ! Je ne l'ai pas inventé, mais il m'a été et me reste toujours utile dans les
moments difficiles. Il s'agit de dresser un tableau de toutes ses relations
affectives, amicales et sociales, en les hiérarchisant par ordre de proximité,
d'importance pour soi et de voisinage géographique. (Par exemple, quelqu'un
qu'on aime beaucoup, mais qui réside à 5 000 kilomètres, est relativement
moins « proche » qu'une personne qu'on aimerait un peu moins, mais qui
habite au coin de sa rue.)
Cela s'appelle *le réseau relationnel* ou *le réseau social*. Certains préconisent
de le construire visuellement en cercles concentriques. On se place au centre
et tout autour on peut inscrire les plus proches amis et la parentèle ; puis, par
ordre décroissant, d'autres cercles et d'autres noms. On peut commencer par
les inscrire sur des colonnes avec une, deux, trois ou quatre étoiles. On peut
leur choisir des couleurs. Toute notre créativité peut être exercée pour
donner vie à notre entourage affectif et pour l'enrichir graphiquement.
Au cours du temps, il y aura des modifications, des rapprochements, des
éloignements. L'important est de savoir, et de pouvoir visionner, le fait que
chacun d'entre nous est au centre, au cœur d'un réseau immatériel
d'affections. Et que si ce réseau est maigre et insuffisant, il nous appartient de
l'enrichir pour ne pas être en danger de manquer de « nourriture ». Pour un
malade sérieux ou chronique, une telle nourriture est indispensable. (Il est
intéressant de voir où l'on placera le médecin dans ce réseau socio-affectif.)
Cette liste, cette représentation graphique devra, comme les autres listes,

---

1. P. Watzlawick, *Faites vous-même votre malheur*, p. 50.

rester strictement confidentielle. Je dirai même que, la plupart du temps, il suffit de l'établir et de la mémoriser sans la conserver. La seule chose vraiment importante est d'apprendre à nous placer au centre du réseau et à faire périodiquement le point (voir modèle).

AIMER AVEC LUCIDITÉ

Notre amour doit encore être « inconditionnel », c'est-à-dire non dépendant de ce que je reçois ou de ce que l'autre fait ou fera pour moi. Erich Fromm distingue entre l'amour infantile, immature, et l'amour mature. Le premier dit : « J'aime parce que je suis aimé. » Le second : « Je suis aimé parce que j'aime. » L'amour immature dira : « Je t'aime parce que j'ai besoin de toi. » L'amour mature dira : « J'ai besoin de toi parce que je t'aime [1]. »

Je ne me risquerai pas ici à ajouter des considérations aux tonnes de papier déjà noircies à propos de l'amour physique et affectif à la fois, entre personnes de sexe opposé – voire identique. Je dirai simplement que, dans mon expérience, l'amour sincère d'une compagne ou d'un compagnon aide à traverser bien des vicissitudes, y compris physiques. Mais qu'on ne s'y trompe pas : il ne faut pas chercher dans l'amour de l'autre une force et une énergie illusoires. A long terme, c'est un piège. L'énergie de l'amour provient de notre être profond.

Trop souvent on aime l'autre pour ce qu'il nous apporte de joie et de plaisir, de sentiments égotiques et de vanité. C'est l'amour immature dont parle Fromm. L'amour réel ne commence, après des vicissitudes variées, qu'avec la décision consciente qu'on aime et qu'on aimera l'autre, *quoi qu'il arrive*.

Pendant plusieurs années, j'ai étudié des couples ayant au moins vingt à vingt-cinq ans de vie commune et qui s'aimaient toujours, en vue de présenter une thèse dont le titre était : *Le couple et la durée*. Je voulais « découvrir le secret » de la durée d'un vrai couple, si rare soit-elle. J'ai perdu tout intérêt pour ce travail (que je n'ai jamais présenté) quand j'ai compris qu'il n'y avait pas de secret. Ou plutôt que l'ingrédient magique de la durée tenait en un seul mot : la complémentarité. Elle peut naître de l'amour. Mais c'est une autre histoire.

Reste le problème – social, celui-là – du malade isolé et solitaire, de l'infirme ou du vieillard handicapé, sans famille, sans ami, sans personne à qui parler. Tout le monde n'a pas les ressources morales, intellectuelles, affectives et physiques ou financières, pour entreprendre seul une démarche de retour à l'équilibre affectif et à la santé.

A tout âge, écrasés par l'énormité des problèmes, certains abandonnent et se laissent couler. Nos sociétés industrielles urbanisées fabriquent de plus en plus de marginaux rejetés par l'impitoyable machine qui ne valorise que les

---

1. E. Fromm, *The art of loving*, p. 39.

producteurs-consommateurs. Face à ces détresses, les conseils et recettes de ce livre paraîtront dérisoires. Ce n'est plus un problème individuel, c'est un problème social qui va s'aggravant et que nous devons régler.

Ceux qui ont connu la maladie, la solitude et la détresse morale qui l'accompagne, et qui ont trouvé en eux, et grâce à d'autres, le ressort pour s'en sortir, comprendront mieux que les autres la nécessité de faire quelque chose. Il y a près de chacun de nous des gens qui ne savent pas ce que c'est qu'un réseau socio-affectif.

OUVRIR GRAND NOS BRAS

Nous, les privilégiés, même malades, même seuls, nous pouvons aller vers eux, parler pour eux. Il est facile d'aimer quelqu'un de beau et jeune et qui vous sourit avec amitié. « Aime ton prochain comme toi-même » pose un autre dilemme quand ce prochain est vieux, pauvre et laid. Il faut s'imaginer sa souffrance et sa solitude extrême et se dire qu'elles pourraient être les nôtres. Ceux qui ont eux-mêmes souffert devraient, en principe, mieux comprendre ceux qui souffrent.

« Les malades sont les seuls qui peuvent aider d'autres malades, sans que ces derniers ne leur répliquent qu'il est aisé de parler de la maladie et de la mort quand on est soi-même en bonne santé », écrit le professeur Dubois de Montreynaud [1].

Un vendredi soir de 1986, Anne-Marie et Rémy Filliozat m'avaient invité à participer à un groupe mensuel de « pratiquants » et à y parler de mon expérience personnelle de la visualisation et de l'animation d'un groupe de santé. On ne sait jamais qui sera présent dans ces réunions « à la carte » où des « malades » en lutte viennent exposer les problèmes pratiques qu'ils rencontrent et, si possible, échanger des solutions et du réconfort.

Je me suis retrouvé cette fois devant six femmes toutes atteintes d'un cancer et décidées à se battre. Je leur ai parlé du Parkinson et des « malades » atteints de cette affection, qui restaient actifs et refusaient de baisser pavillon. On m'a posé des questions auxquelles je répondais. Le groupe était gai, dynamique. Souvent des rires fusaient.

A la fin, une participante a résumé le sentiment commun en ces termes : « *En somme, la problématique de tous les malades est la même.* Nous croyons tous que notre maladie est différente, spéciale. Ce n'est pas vrai d'après ce que je viens d'entendre. » Nous pouvons tous nous aider et nous soutenir et, par les mêmes moyens, « sortir du scénario de la maladie » pour aller vers la santé. *Il suffit, pour cela, d'amour et d'humilité.* Ce soir-là, j'ai pris un authentique « bain d'amour ». Et j'espère aussi d'humilité.

La seule chose qui soit aussi agréable que de recevoir des caresses, c'est d'en donner. Pensez au plaisir du bébé qu'on papouille et qui rit aux éclats, à la

1. J.-M. Dubois de Montreynaud, *Un médecin à l'écoute du malade,* Cerf, Paris, 1980.

douceur qui vous envahit quand vous le serrez dans vos bras et que vous lui baisez les joues et le cou. Pensez à votre émoi quand le petit être vous met les bras autour du cou et se serre contre vous.

Pour l'amour du ciel, si personne ne vous prend dans ses bras, trouvez-vous quelqu'un, quelque vieillard ou quelque enfant solitaire, à chérir, à choyer et à embrasser. Il n'en manque pas qui ont besoin de notre amour et de notre affection.

CHAPITRE XVIII

L'homme dissocié et réunifié

« Entre la psyché et le soma, aurait dit Freud, il y a une frontière que mes successeurs devront explorer et dont ils devront découvrir les lois de fonctionnement. » Cette frontière, ce *no man's land,* c'est l'inconscient où règne la pulsion, a écrit LMB (cf. préface à Boyesen). Wilhelm Reich et Carl-Gustav Jung n'ont fait, à travers une œuvre gigantesque, qu'étudier l'inconscient.

L'homme est un être vulnérable qui doit un jour mourir, mais qui poursuit sa trajectoire dans l'espace de la vie comme s'il était invulnérable et immortel. Pour Nicolas Machiavel, « c'est une source d'énergie jetée pour un temps dans le monde social et qui se crée sans cesse à lui-même des illusions pour alimenter son invincible besoin d'agir [1] ».

Quand le gros accident de santé survient, l'homme découvre brusquement sa propre fragilité. Il a vu la mort imminente ; il revient d'un voyage aux frontières de la vie : *rien ne sera jamais plus comme avant.* Cette affirmation revient comme un leitmotiv chez tous ceux qui ont connu ce parcours. Beaucoup de comportements se modifient, les valeurs essentielles changent, la vision du monde et de sa place dans ce monde se transforme.

Quand on change l'idée qu'on se fait de soi, et la perception de son propre corps, celui-ci se modifie en même temps que le psychisme. Ces changements ne sont pas spectaculaires. Ils portent essentiellement sur quelques microgrammes de *neurotransmetteurs** et quelques milligrammes d'hormones vitales. Mais cela suffit à transformer le rapport de notre être au monde et aux autres, et, singulièrement, à la maladie et à la mort.

---

1. Nicolas Machiavel, *Le prince.*

HORMONES ET NEUROTRANSMETTEURS

La glande thyroïde, par exemple, sécrète tout au plus un milligramme de thyroxine par jour. Ce milligramme dégage près de mille calories de chaleur ou d'énergie. Si la quantité fournie est insuffisante, toutes les activités chimiques de l'organisme sont fortement ralenties. A l'opposé, l'augmentation anormale de la sécrétion (hyperthyroïdie) excite l'organisme en accélérant le métabolisme et produit des troubles importants : amaigrissement, tachycardie, nervosité, diarrhées, etc.

L'adrénaline, hormone déclenchée par la peur, la colère et le besoin d'action, peut avoir des effets comparables mais plus immédiats. C'est l'hormone des urgences, préparant l'organisme au combat ou à la fuite. Le cœur bat plus vite, la respiration et la circulation sanguine s'accélèrent, les muscles se contractent, tout le métabolisme s'emballe, consommant plus rapidement le glucose et l'oxygène. L'alerte passée, tout redevient normal. C'est aussi « l'hormone de la résurrection » en réanimation.

D'autres hormones, en quantité infime, tel le cortisol ou l'insuline, jouent aussi chacun un rôle capital dans notre équilibre de santé. Que dire alors des neurotransmetteurs, ces médiateurs chimiques du cerveau, dont les quantités nécessaires sont si infimes qu'elles sont difficiles à détecter et à mesurer. Roger Guillemin, prix Nobel de médecine pour sa découverte des endorphines*, a dû disséquer et examiner plus de 2 millions de cerveaux d'animaux avant de pouvoir prouver l'existence de cette hormone, médiateur anti-douleur. Guillemin affirmait, en 1986, qu'on avait déjà découvert plus d'une centaine de ces médiateurs chimiques de l'activité cérébrale et qu'on continuait d'en découvrir.

On étudie, en même temps, les peptides et enzymes, dont l'intervention serait indispensable pour transformer l'hormone en une substance chimique utilisable par l'activité cérébrale, nerveuse et musculaire. Les plus connus de ces médiateurs cérébraux ou neurotransmetteurs font presque partie du vocabulaire familier : l'acétylcholine, la sérotonine, la noradrénaline et plus encore la dopamine.

La dopamine mérite une place à part. La réduction de 80 % de la production de dopamine dans un noyau gris de la base du cerveau gros comme un pois chiche aboutit à la maladie de Parkinson. Mais il y a une vingtaine d'années que l'on sait administrer une thérapeutique palliative avec la levo-dopa. Cette substance se transforme à son arrivée dans le cerveau par l'action enzymatique en dopamine ; elle peut donc pallier en partie les inconvénients majeurs du syndrome parkinsonien : rigidité pouvant aller jusqu'à la paralysie partielle, tremblements, mouvements involontaires et, dans les cas les plus graves, impossibilité de marcher et de faire le moindre mouvement, évoluant vers une paralysie totale.

UN MODÈLE UNIQUE

La levo-dopa, ou L-dopa est jusqu'à présent *l'unique exemple* de thérapeutique de substitution pour rendre supportable une maladie neurologique en remplaçant un neurotransmetteur défaillant. Grâce à ce premier succès, on continue de mettre au point d'autres substances, dites agonistes*, qui répondent au besoin (infinitésimal) de dopamine dans le cerveau pour un fonctionnement à peu près normal.

C'est la raison pour laquelle les chercheurs disent que la maladie de Parkinson est devenue le modèle d'élection de toute la recherche neurophysiologique, neurobiologique et neurochimique à travers le monde. On en sait aujourd'hui beaucoup plus sur le métabolisme de la dopamine que sur n'importe quel autre neurotransmetteur. On a pu, par exemple, « photographier » la localisation de la dopamine dans le cerveau après l'absorption de levo-dopa. Pourtant, tout ce que l'on sait n'est rien à côté de l'immensité de ce que l'on ignore du fonctionnement cérébral *in vivo*.

Je reçois régulièrement un document compilé par une fondation américaine et faisant le point sur les recherches en cours. On y trouve beaucoup plus de questions que de réponses, d'hypothèses que de connaissances et d'espoirs que de certitudes. La recherche continue cependant et avance, avec des découvertes chaque mois, des petits pas en avant sans arrêt. On espère déjà, grâce aux progrès de la recherche sur le modèle de Parkinson, parvenir à une thérapeutique contre la terrible maladie d'Alzheimer. Cette forme de dégénérescence du cerveau affecte des millions de personnes. Jusqu'à présent on ne sait rien faire contre.

Beaucoup d'autres affections neurologiques, dont on ne connaît ni la genèse ni le traitement, pourront un jour bénéficier de ces recherches (il existe plus de 5 000 maladies rares [selon la Food and Drug Administration américaine]). L'étude des circuits de la dopamine amène forcément les chercheurs à s'intéresser à tous les réseaux parallèles ou collatéraux de neurotransmetteurs, telle la sérotonine, qui commanderait le sommeil, ou la noradrénaline.

Le domaine de la dopamine ne se restreint pas aux seuls syndromes parkinsoniens. La dopamine serait l'hormone de la joie, du plaisir, de l'appétit et de l'activité sexuelle. Ou inversement, dirais-je, les activités joyeuses et les ébats sexuels favoriseraient la sécrétion de la dopamine à partir de toutes les structures et glandes dopaminogènes : les cortico-surrénales, les cornes de la moelle épinière, plusieurs structures ou aires du cortex et bien sûr, les noyaux gris de la base.

THÉORIE ET EXPÉRIENCE

Le fait est capital : il existe en effet une théorie dopaminergique de la schizophrénie* ainsi que de la dépression et du suicide. On a constaté, après autopsie de dépressifs suicidés, l'effondrement du niveau de dopamine dans des structures essentielles de l'encéphale *(La recherche)*. En réalité, on ne peut pas savoir si c'est la dépression puis le suicide qui ont entraîné l'arrêt de production de la dopamine ou si c'est l'inverse. Si cette théorie était exacte, il suffirait d'administrer de la lévo-dopa aux schizophrènes pour les guérir.

Je crois personnellement et d'expérience que la théorie purement chimique de la schizophrénie comme de la dépression primaire* est erronée. Les hypothèses de ceux qui la soutiennent encore s'appuient sur l'examen de sujets morts, de la matière inanimée, déjà entrée en décomposition.

En revanche, j'ai observé plusieurs guérisons de dépressions graves, parfois profondes et anciennes, par la psychothérapie. Beaucoup de ces dépressions sont causées par un traumatisme identifiable ou par une situation devenue insupportable.

Aucun psychiatre sérieux ne se contenterait aujourd'hui de soigner une dépression uniquement avec l'arsenal chimique, sans prescrire au patient une psychothérapie dès que les antidépresseurs ont permis de dépasser la crise aiguë − sans quoi, la rechute, tôt ou tard, est presque toujours assurée. Ce qui est valable pour la dépression primaire (idiopathique), l'est également dans la dépression secondaire (celle qui est causée par une maladie organique, par exemple), à condition d'avoir soigné au préalable la cause primaire somatique de cette dépression.

Tout ceci reste schématique, mon propos n'étant pas l'étude exhaustive des phénomènes de neurotransmission, de la schizophrénie ou de la dépression [1]. Ce qui nous intéresse primordialement ici, c'est d'apprendre que tous ces mécanismes superdélicats, par lesquels le corps peut être douloureusement affecté, dépendent de quelques microgrammes de substances actives, de quantités infinitésimales invisibles sans microscope électronique, et que leur production est commandée par une petite boulette qui ne fait même pas directement partie du cerveau, l'hypophyse*.

L'HYPOPHYSE ET LA MÉMOIRE CELLULAIRE

L'hypophyse, qu'on a diversement appelé le chef d'orchestre de la personnalité ou le centre de contrôle du corps, est située sous le cerveau, dans une cavité à part. Elle reçoit les instructions via l'hypothalamus situé, comme son nom l'indique, sous le thalamus. Ces informations − des dizaines de milliers par seconde − sont récoltées par nos sens et transmises au thalamus par le système nerveux central.

Ainsi, à chaque seconde, le cerveau archaïque est-il informé du fait qu'il fait plus ou moins chaud, plus ou moins jour, plus ou moins froid par exemple. Il réagit en fonction de ces informations en envoyant, via le thalamus et l'hypophyse, les hormones nécessaires à l'adaptation physique, au bien-être, à

---

1. Voir J.-P. Changeux, *L'homme neuronal,* Fayard, Paris, 1983.

l'homéostasie du corps. (L'homéostasie peut être définie comme le point d'équilibre, naissant de la tendance naturelle du corps à rééquilibrer tous les contraires pour se trouver bien.)

Raymond Houdart, auteur d'une *Introduction à la neurologie* [1], écrit : « Dans la vie psychoaffective, le thalamus dont le noyau médian se projette sur le cortex préfrontal, peut en quelque sorte être considéré comme permettant d'intégrer dans la vie psychoaffective toutes les afférences (les apports) et toutes les informations somatiques » (du corps). En d'autres termes plus simples, le thalamus va enregistrer les sensations corporelles pour les transcrire en *ressenti psychologique*. Inversement, tout ressenti psychologique va retentir dans tout le corps. Il y a donc *permanente interaction* entre l'encéphale et le reste du corps physique. Savoir lequel influence l'autre revient au problème de la poule et de l'œuf. L'interaction est la seule certitude.

« D'une façon générale, dit Houdart, le thalamus paraît être le régulateur et le synchronisateur de l'activité électrique cérébrale. Une stimulation thalamique entraîne une réponse étendue, et à une stimulation isolée font suite des décharges répétitives [2]. »

Autrement dit, le moindre des millions de messages reçus à la périphérie et transmis au thalamus provoque des salves de réactions en chaîne à travers le corps. Or « dans la vie végétative, le thalamus intervient par ses connexions avec l'hypothalamus [3] ». Nous avons vu qu'il dirige aveuglément l'hypophyse, le grand régulateur des hormones et de la neurotransmission. Tout ceci à travers la jungle d'une centaine de milliards de neurones !

En outre, des réactions et interactions se produisent dans notre organisme sans forcément qu'intervienne le cerveau, via le système nerveux autonome. Les savants, enfin, sont de plus en plus persuadés de l'existence d'une *mémoire cellulaire* (véhiculée par l'ADN ?), affirmation millénaire des yogis. Tout le corps participe ainsi à tout moment à toutes nos sensations et perceptions. Pas très simple tout ça.

UNE USINE CHIMIQUE À NOTRE INSU

Imaginons que nous marchons dans la campagne par une belle journée d'été. Nos yeux enregistrent la lumière et les couleurs ; notre peau, la chaleur du soleil tempérée par la brise ; notre odorat capte des centaines de senteurs variées ; notre ouïe enregistre les différents bruits : chants d'oiseaux, froissements d'herbes, le vent dans les arbres, une voiture sur la route au loin, des cris d'enfants qui jouent. Une grande partie de ces « messages » restent inconscients. Mais tous stimulent simultanément le thalamus et les

1. R. Houdart, *Introduction à la neurologie*, 2 vol., éditions Laboratoires Sandoz, Rueil-Malmaison.
2. R. Houdart, *Introduction à la neurologie*, p. 99.
3. R. Houdart, *Introduction à la neurologie*, p. 99.

systèmes autonomes, qui vont nous faire, par exemple, respirer plus longuement.

A un moment donné un insecte nous pique à la jambe. L'information parvient au cerveau en nanosecondes et provoque une réaction immédiate. Notre main va taper sur l'insecte, puis frotter l'endroit endolori. Nous émettons un petit cri de surprise ou de douleur. Ce sont les réactions visibles et conscientes.

Mais à l'intérieur du corps, et à notre insu, c'est un véritable branle-bas de combat. Des endorphines sont sécrétées pour calmer ou diminuer la sensation douloureuse. Des anticorps sont immédiatement dépêchés sur les lieux pour identifier et détruire l'agresseur − le venin inflammatoire. Des cellules neuves vont se précipiter et se concentrer à l'endroit lésé pour réparer le dégât infligé à la peau.

Tout ceci se déroule en nanosecondes, hors de notre conscience. A tout moment, notre entité psychophysiologique réagit à tout ce qui l'entoure, l'impressionne ou l'agresse, sans notre intervention consciente. Et le corps comme le cerveau en conserveront la trace, la mémoire. Des anthropologues américains ont récemment démontré que le squelette humain conservait les traces de tout ce qui a été vécu.

Nos fonctions vitales sont autorégulées par le système nerveux végétatif sans que nous ayons à nous en préoccuper. La respiration, le rythme cardiaque, la pression sanguine, l'appétit, la digestion, le péristaltisme, le désir sexuel, le sommeil, le rêve... et d'autres phénomènes vitaux échappent à notre volonté consciente.

La presque totalité de nos grandes fonctions est assurée hors de notre vigilance. Le système digestif par exemple, de l'œsophage au rectum (mais sans la bouche, ni l'anus) est composé de muscles lisses, sur lesquels il est admis que nous n'avons aucun pouvoir direct. Pourtant, un yogi bien entraîné peut déclencher à volonté la défécation ou aspirer de l'eau par l'anus pour nettoyer son rectum. Sans aller si loin, un pratiquant moyennement entraîné de la concentration et de la relaxation peut apprendre à décontracter un estomac ou un côlon douloureux.

LES INTUITIONS MILLÉNAIRES DES YOGIS

Tout ceci prouve au moins que l'on peut intervenir de façon consciente sur les circuits végétatifs et enseigner à notre corps à sécréter aussi des hormones bénéfiques, et à notre cerveau à réagir positivement aux agressions. Restons modestes : la sophrologie, mise au point au retour de l'Inde par un médecin catalan, le docteur Caycedo, ne nous oblige pas à devenir des superyogis. Elle enseigne néanmoins à ses adeptes à se soigner et à guérir beaucoup de petits maux ou dérèglements psychophysiologiques par des protocoles de relaxation progressive adaptés.

Débarrassée du fatras « magique », l'hypnose revient en faveur pour enseigner au corps à se mobiliser et à se soigner lui-même. Elle connaît un grand essor aux Etats-Unis à la suite de travaux sérieux et de résultats indéniables. Les recherches des deux ou trois dernières décennies et les découvertes des quelques dernières années, à la fois en neurobiologie et en psychologie, nous apprennent à nous servir de mieux en mieux de nos fonctions cérébrales et de nos défenses naturelles pour influencer notre bien-être.

Les découvertes en neurophysiologie et neurochimie ont confirmé les intuitions et les connaissances millénaires des maîtres du yoga. Il faut rendre à César ce qui est à César : toutes les méthodes efficaces d'intervention personnelle, de relaxation, d'imagerie mentale positive et d'autoguérison, sont dérivées de la pratique yogique — de la sophrologie de Caycedo à la visualisation des Simonton, en passant par le training autogène et autres méthodes de relaxation. Mais ce monument de connaissances qu'est le yoga n'est cependant pas transposable sans adaptation de l'Inde en Occident. Ce que nous connaissons du « yoga » se réfère presque uniquement au hatha-yoga, une gymnastique certes bénéfique, mais qui n'est, pour utiliser un bon cliché, que la petite partie visible d'un iceberg géant.

Le véritable yoga indien, réservé aux grands mystiques, est un ensemble de pratiques visant à la réalisation spirituelle et à l'absorption ultime dans un absolu indifférencié. La pratique yogique en Occident est très loin de ces objectifs. C'est pourquoi elle mène le plus souvent à l'impasse. Tous les bons professeurs de yoga seront d'accord avec moi.

En revanche, si nous sommes conscients de ces limites, nous pouvons tirer du yoga beaucoup de bénéfices pour notre santé, fût-ce à travers ses adaptations occidentales. C'est déjà beaucoup.

CHAPITRE XIX

Une approche nouvelle

L'homme occidental accepte d'être morcelé entre un mental tyrannique et un corps passif. La dualité corps/esprit est ancrée dans l'intellect et la conscience des individus civilisés. Qu'il y ait d'une part la psyché (l'esprit, le mental) et d'autre part le soma (le corps physique) ne le trouble pas. A la limite, pour beaucoup de gens, toute autre conception paraît irréaliste. Pas étonnant dans ces conditions que personne ne sache dire où se trouve ce qu'on appelle « l'âme ». L'interaction constante entre l'encéphale (le cerveau, le tronc cérébral, le cervelet et la moelle épinière) et le reste du corps est telle que la discussion de la dualité devient académique. Il n'y a rien que je ne fasse ou qui se passe avec mon corps, qui n'ait pas son retentissement immédiat et son inscription en mémoire dans la psyché − y compris le psychisme cellulaire (les « pages blanches » de l'ADN). Et il n'y a rien qui affecte la psyché (peine, deuil, angoisse, colère, joie) qui ne résonne et ne s'inscrive dans la mémoire du corps.

Wilhelm Reich, compagnon de Freud, l'avait déjà pressenti. Après lui, Alexandre Lowen et son école de bioénergie ont développé l'aspect physique du psychisme. Du coup, les écoles et les thérapies qui donnent la primauté au corps ont proliféré. Les livres aussi. Mais on arrive à l'excès contraire.

On travaille « sur le corps » pour améliorer l'esprit. La dualité persiste. Et la dissociation du corps et de l'esprit ne mène qu'au morcellement accentué. *Tout progrès dans le domaine de la santé mentale ou physique de l'individu passe obligatoirement par la prise en compte de la totalité de l'entité humaine corps/esprit.* Ou mieux encore *corps/mental/esprit.*

L'HOMME TOTAL ET LE SENS DE SA VIE

Car il faut parler ici de *l'approche holistique de la santé.* Holistique, du grec *holein,* veut dire total. C'est l'approche qui prend en considération la totalité de l'individu, y compris ses aspirations spirituelles. La dimension spirituelle de l'homme ne peut pas être ignorée ou évacuée dans une approche holistique de la santé.

Je sais que le seul terme de « spiritualité » fait hurler ou fuir nombre de personnes, pourtant bien intentionnées. Il évoque trop pour eux l'obligation d'aller à la messe ou au temple, les sermons ennuyeux et toute une vaste hypocrisie religieuse héritée du XIXe siècle. En réalité, il n'y a pas nécessairement de lien entre la dimension spirituelle de l'homme et les religions organisées. J'ai constaté chez mes amis, malades ou bien-portants, les bienfaits qu'apportait la foi en une transcendance.

Un grand ami, le docteur Gérard Guiot, neurochirurgien de renommée mondiale, raconte : « En 1973, à 60 ans, je fus puni de mes excès de travail. Infarctus du myocarde ! *Comme on n'a pas tous les jours la chance d'être malade...* une occasion providentielle s'offrait à moi : celle de réviser mes comportements et de repartir sur des bases moins folles. »

Pour « G.G. », cela signifiait « donner au Seigneur la dîme de son temps ». Aujourd'hui à la retraite, ce grand médecin s'est mis, avec son épouse, « au service de la Parole à plein temps ». Il est devenu un exégète apprécié de la Bible qu'il commente dans l'église de son village, pour la classe de terminale d'un collège, et aussi avec un petit groupe d'amis qu'il réunit régulièrement.

LA BIOÉNERGIE

En partant des travaux de Wilheim Reich, disciple dissident de Freud, sur la traduction corporelle des émotions et traumatismes, Alexander Lowen a fondé en 1952 l'analyse bioénergétique et l'institut qui porte ce nom. Il a travaillé avec le docteur John Pierrakos pour développer cette démarche dès 1956. Selon les théories reichiennes des « cuirasses » caractérielles et corporelles, la bioénergie s'applique à retrouver et à « faire fondre » les blocages corporels traduisant des conflits ou malaises psychologiques. Elle s'appuie pour cela sur la « lecture du corps » pour déterminer le type caractériel et applique alors une pratique thérapeutique fondée sur la respiration, l'enracinement, les positions stressantes et les décharges émotionnelles (colère, cris, pleurs, etc.).

Le travail s'effectue souvent en piscine d'eau chaude à 33°, qui facilite la régression à l'état infantile et le défoulement d'émotions enfouies depuis la prime enfance. Les résultats sont souvent remarquables avec des thérapeutes bien entraînés.

La bioénergie a donné naissance également à la thérapie biodynamique de Gerda Boyesen qui travaille beaucoup par le massage péristaltique (psychopéristaltisme) et la relaxation, avec également d'excellents résultats.

– Jean-Michel Fourcade et Vincent Lenhardt : *Analyse transactionnelle et bioénergie,* J.-P. Delarge, Paris, 1981.
– Gerda Boyesen : *Entre Psyché et Soma,* Payot, Paris, 1985.

Dans ce cas précis, les deux mois de répit offerts par la maladie ont été mis à profit « pour rattraper le temps perdu », c'est-à-dire pour Gérard Guiot, redécouvrir et approfondir les richesses spirituelles longtemps négligées. C'est le point de départ d'une vie nouvelle dont on peut constater, quinze ans plus tard, l'équilibre et l'harmonie.

Quand un malade se prend en charge, il est rare qu'il ne ressente pas une force nouvelle, inconnue, qui pourtant devait être déjà là, mais négligée. La spiritualité, c'est peut-être simplement une aspiration fondamentale à se dépasser et la découverte de sa capacité à y parvenir. Elle fait partie de l'homme et surgit toujours dans l'expérience de réunification de l'entité humaine.

Cela peut être tout bonnement la redécouverte de la vie intérieure, de sa petite musique personnelle, faible murmure dans le concert des bruits qui nous entourent. C'est la manifestation de notre liberté. Comme dit l'Ecriture : « Tout est prévu, mais la liberté est donnée. »

Au terme d'une psychothérapie réussie, d'une croissance menant à l'autonomie adulte, il est rare que ne se révèle pas une aspiration à « être » davantage (cf. Erich Fromm : *Avoir ou Etre*). Je ne suis pas certain de savoir ce que veut dire « être davantage ». Mais je suis certain que ma vie ne se réduit pas à manger et dormir, déféquer et forniquer, travailler et m'amuser. De plus en plus de gens pensent avec moi que *notre vie n'a de sens que si l'on entreprend de rechercher ce sens,* sinon de le trouver.

L'ESPRIT ET L'EFFET PLACEBO

Nous voilà loin apparemment des maladies psychosomatiques ? Au contraire ! Les guérisons spirituelles existent ; le soulagement par simple imposition des mains aussi (cf. Alalouf, Cayce). Une seule chose est absolument nécessaire : il faut avoir une foi sans faille dans cette intervention. Au moins autant que dans un « médicament ».

Parmi tous les mystères de notre cerveau et de notre psychisme, il y a le fait indiscuté que le *divorce ou le conflit entre le corps et le mental est créateur de maladie.* De même, quand le mental croit que le traitement qui lui est appliqué va guérir la maladie, celle-ci s'améliore ou disparaît. C'est le mystérieux *effet placebo**. Il se produit également par la prière et la foi totale en une transcendance bienfaisante.

Il y a aussi l'effet médecin. Beaucoup de médecins savent (et pratiquent en fonction de cette connaissance) que leur accueil du malade et son écoute bienveillante sont déjà en eux-mêmes des actes guérisseurs (voir J.-M. Dubois de Montreynaud, Michaël Balint).

« L'existence de facteurs inconnus, en rapport avec un traitement au point d'en modifier l'action et jusqu'à pouvoir éventuellement se substituer à lui, est fréquemment soupçonnée par les médecins qui en observent les effets » a écrit Pierre Marty [1]. Nous ne sommes pas dans l'irrationnel ; seulement dans « l'inexplicable ».

Une part du « miracle » de la guérison nous échappera toujours. De même que nous échappera toujours une part des mille et une raisons qui font que nous tombons malades (indépendamment des facteurs ou milieux pathogènes à haut risque). Une chose est néanmoins assurée : plus il y a d'unité entre le corps et l'esprit, entre la psyché et le soma, moins grand sera le risque de maladie, vénielle ou grave.

Plus la conduite de la personne sera en harmonie avec ce qu'elle prétend être et meilleure sera la santé. Notre entité corps/mental/esprit a constamment besoin de cohérence et d'harmonie. Je ne peux pas, sans risque, dire quelque chose avec mon intellect et faire le contraire avec mon corps. La tendance à l'unité, à la cohérence, produit ce qu'on appelle « être bien dans sa peau ». Mon intérêt pour toutes les choses touchant à la mer m'a poussé récemment à regarder à la télévision la quatre centième émission du magazine de la mer *Thalassa*. On y voyait le célèbre navigateur français Eric Tabarly et je me disais : « Voilà quelqu'un qui est *bien dans sa peau,* un bon modèle de cohérence. »

ÊTRE BIEN DANS SON CORPS

On peut « être bien dans sa peau » même quand il est apparemment « trop tard », quand une pathologie organique est bien installée. Parce qu'il est toujours possible, *toujours,* de revenir en arrière, de reconnaître que l'on s'était trompé, d'identifier le croisement où l'on s'était fourvoyé, et de choisir le bon chemin, le chemin de la vie, celui de *sa* vérité.

Alors, même la pire maladie peut être bien vécue, comme une expérience enrichissante et positive, comme une leçon pour apprendre à vivre mieux avec soi-même et avec les autres. Depuis que j'écris ce livre on me raconte chaque jour des histoires de malades heureux et d'autres qui sont morts ou mourront en paix. C'est un truisme : l'être humain est un monde de contradictions. L'une de ces contradictions les plus étonnantes (que j'ai découverte d'abord chez moi), *c'est qu'on peut être en meilleure santé, en meilleur équilibre, en étant soi-disant malade, alors qu'on ne l'était pas quand on croyait être bien portant.* Ce qui n'est plus un paradoxe, car la santé est d'abord l'unité et l'homéostasie de l'entité psyché/soma. En un mot : *l'équilibre.*

De l'avis général de ceux qui me connaissent bien, je me porte beaucoup mieux depuis deux ou trois ans que dans les derniers vingt ou vingt-cinq ans. Une nouvelle énergie est devenue disponible que je sens se manifester en moi à tout instant. La fatigue fréquente, les somatisations mineures et répétées ont disparu. Mon corps me remercie ainsi de ne plus le négliger et d'être attentif,

---

1. P. Marty, *Les mouvements individuels de vie et de mort*, p. 79-80.

presque automatiquement, à maintenir l'équilibre. Mon exemple n'aurait aucun intérêt si je n'avais pas constaté moi-même ce phénomène chez beaucoup d'autres personnes. On peut tenir pour avéré que *la maladie est l'école de la santé*. Mais il ne suffit pas de le croire, encore faut-il vouloir apprendre.

Depuis quelques années, le contact constant avec des personnes atteintes de maladies graves m'a prouvé et démontré comment l'on peut vivre, avec un bon moral, une vie de grande qualité avec ou sans la maladie. La réalité vécue m'oblige à dire que j'éprouve le sentiment et la sensation d'avoir changé de plan ou de niveau de conscience. Cela s'est traduit par une nouvelle vitalité. Tout le monde autour de moi a pu observer et me faire observer ce changement. Parallèlement, j'ai constaté la même chose chez des amis proches, éprouvés dans leur corps. Par exemple, Nicole Weerts, infiniment plus « vivante » aujourd'hui après ses cancers que lorsque je l'ai connue, il y a six ou sept ans. Ou encore Jean Marteau, Geneviève Malard. Et bien d'autres.

L'ÉNERGIE D'UN « BON MORAL »

Pierre Marty dit que le médecin ne sait pas quelle force est à l'œuvre mais que peut-être le patient le sait-il. S'il le « sait », ce ne peut être que dans les profondeurs de l'inconscient. Nous « savons », en effet, nous rendre malades. Nous « savons » certainement également nous guérir. Ce « nous » est la totalité de notre être corps/mental/esprit.

Il s'ensuit que chacun d'entre nous peut être capable de faire venir à la conscience l'énergie positive dormant dans l'inconscient. En termes plus simples, si nous ne faisons pas partie des optimistes naturels, nous pouvons quand même apprendre à conserver un « bon moral ». Cela s'apprend en s'acceptant dans sa totalité, avec son ange et son démon, son bien et son mal, ses rires et ses larmes. C'est ainsi que l'on met fin à l'éprouvante dualité. Et c'est aussi accepter l'existence d'une réalité au-delà du réel, dans laquelle nous pouvons toujours retrouver notre énergie de vie.

Avant de commencer à écrire cet ouvrage toutes ces idées me paraissaient claires et évidentes. A force de fréquenter les mêmes milieux et d'en parler avec d'autres personnes qui pensent à peu près la même chose, j'ai fini par croire un moment que ces idées étaient facilement et universellement acceptées. Depuis quelques mois, je me bats avec les mots, la plume et les machines pour mettre en langage intelligible ces notions vitales. J'ai pris conscience de la difficulté, voire de l'impossibilité de communiquer certaines expériences. Ce pourrait être grave si je ne recueillais pas journellement des témoignages émouvants de la réalité vécue du retour à l'unité. Unité fragile certes, car pour de simples humains, rien dans ce domaine n'est vraiment et définitivement acquis.

Il est important cependant que les « malades » et les infirmes isolés, dému
sachent que la voie existe, que le chemin de la santé est toujours ouvert. Il
passe pas par un combat volontariste mais par un retour à l'unité, qui est lu
même une acceptation de la vie dans sa totalité.

CHAPITRE XX

Des bien-portants
qui s'ignorent

Etre malade, c'est d'abord dans sa tête, décider ou accepter de se considérer comme malade. C'est adopter une certaine mentalité de malade. Parfois les autres vous contraignent à l'adopter. Je viens de lire deux informations opposées : deux femmes, des ouvrières atteintes du cancer ; l'une a obtenu sa réintégration dans son emploi après onze mois d'absence, contre l'avis de l'employeur qui voulait la licencier. La seconde doit avoir recours au tribunal pour obtenir qu'on lui rende le droit de travailler.

Un malade suffisamment vaillant n'acceptera pas d'être retranché du monde des vivants. Travailler est un acte symbolique. Le malade, à travers son activité, affirme : « Vous voyez bien que je suis comme tout le monde, que je fais toujours partie de l'humanité, puisque je travaille ! »

Quant au malade qui ne peut plus ou ne veut plus travailler, il peut s'intéresser à la vie quotidienne de son entourage : offrir de rendre de petits services à sa portée, participer de toutes sortes de façons à la vie. A l'opposé, il y a la « maladie passe-temps » à laquelle s'accrochent ceux qui n'ont rien trouvé de mieux à faire.

Je songe à tous les malades que je vois ou que j'ai vus et qui, tous, ont soit repris dès qu'ils l'ont pu une pleine activité professionnelle, soit ont entrepris des activités nouvelles, à leur mesure. Geneviève Malard, atteinte d'un cancer considéré comme incurable, a choisi de travailler à mi-temps pour une association de soutien aux malades. Jean Marteau a repris son activité presque trop tôt à la télévision, après une lourde opération du cœur. Outre son poste de responsable de programme, Jean dirige une collection d'édition, enseigne chaque semaine et écrit un énième livre.

Nicole Weerts, récidiviste d'un cancer au sein mammectomisé, a repris, sitôt guérie, la direction de son cabinet de recrutement et de formation qui se développe sans cesse. Elle prend quand même le temps de recevoir, à la demande, les femmes cancéreuses pour témoigner qu'on peut guérir. Et François, deuxième phase du Sida, n'a pas ralenti son activité professionnelle de consultant d'entreprise. Il a ajouté une active participation à une association d'entraide aux malades du Sida.

Dans mon propre cas, le diagnostic de Parkinson est intervenu six mois après une grave opération, au moment où j'avais perdu mon emploi principal, où j'allais divorcer et devais quitter mon logement. J'ai continué à écrire, tout en développant une autre partie de mon activité, le conseil en relations extérieures. J'ai participé à la fondation de l'Association France-Parkinson et à celle d'un groupe de « malades » actifs et voulant le rester.

Je reçois et j'assiste personnellement quelques malades et les oriente quand ils le demandent. Ma formation et ma pratique de la psychothérapie de soutien me sont très utiles pour préserver mon énergie tout en conseillant d'autres malades atteints de la même affection ou d'un autre mal.

La maladie, quelle qu'elle puisse être, n'est pas la fin du monde. La mort arrivera, pour tout le monde, à son heure. Dans l'intervalle, celui qui est atteint d'une affection grave, ou guéri mais amoindri, peut et doit se poser la question : « Qu'est-ce que je veux faire de ma vie entre maintenant et l'instant du grand départ ? »

À LA DÉCOUVERTE DE SES RESSOURCES

Peu de maladies, même graves, sont totalement invalidantes. (Nous verrons, plus loin, la phase terminale.) Même les invalides peuvent encore participer à la vie s'ils le veulent. Qu'on songe à Denise Legrix, née sans bras ni jambes, ou à Patrick Ségal, paraplégique, ou encore à Jacques Lebreton, privé de ses mains et de ses yeux par l'éclatement d'une grenade. Et tant d'autres, moins connus (voir *Bibliographie*).

Le handicap d'une maladie ou d'une invalidité nous force parfois à découvrir et à mettre en œuvre de nouveaux talents, des capacités ignorées et des ressources inconnues. La première chose à faire pratiquement serait de dresser – encore une liste ! – l'inventaire de ses connaissances et de ses possibilités. Il ne s'agit pas, pour un paraplégique, de vouloir jouer au football ou de sauter à la perche. (Et encore : voir les jeux Olympiques des handicapés !) Ce sont les talents et les possibilités actuelles qu'il suffit de recenser.

Les choses apparemment les plus banales vont se révéler utiles : vous savez cuisiner, ou jouer du piano, ou tricoter, ou raconter des histoires aux enfants, écrire des contes, chanter en chœur, répondre au téléphone, classer des fiches, développer ou encadrer des photos, faire des gâteaux, jouer la comédie, danser le tango, jouer aux cartes, taper à la machine, etc.

N'hésitez pas à écrire *tout* ce que vous savez et pouvez encore faire sans trop de problèmes. Vous serez, sans doute, étonné de la longueur de votre liste (à condition de ne dévaloriser aucune activité). Soulignez ce que vous préférez et/ou ce qui vous est plus accessible. Cela déjà vous ragaillardit. Regardez tout ce que vous pouvez faire et que les autres apprécieront et félicitez-vous vous-même d'avoir tous ces talents. Mettez, vous et vos capacités en bande dessinée, en poème, en musique, en pâte à modeler...

La chose *à ne pas faire* est de tomber dans une activité débordante, une agitation qui vous « fasse oublier vos misères ». Au contraire, dans tout ce que vous allez faire désormais, vous mettrez au centre de vos préoccupations l'idée de *vous conserver en bonne santé*. Donc, aucun excès d'activité ni de fatigue superflue.

S'ORGANISER AVEC PRIORITÉ ABSOLUE AUX TRAITEMENTS

Dans un premier temps, il est bon d'établir, avant tout, un protocole des traitements, ainsi que les rendez-vous médicaux ou paramédicaux obligatoires, les exercices nécessaires pour garder la forme (piscine, gymnastique, massages, kinésithérapie...) et de considérer tout cela comme une *priorité absolue*. Pas question, par exemple, de renoncer à un rendez-vous chez le dentiste ou à une séance de gym ou de piscine, sous prétexte de rendre un service en gardant un enfant. Déduction faite de vos « obligations de santé », il va vous rester un temps qui vous appartient absolument et dont vous allez disposer selon vos goûts et vos aptitudes.

Une maladie chronique, un handicap ou une vie après une grosse alerte, c'est un peu comme la retraite : *ça s'organise.* Beaucoup de médecins me racontent, navrés, le déclin rapide et les somatisations abondantes de certains de leurs patients retraités qui n'ont pas poursuivi d'activités. Tout le monde connaît ce phénomène. Ceux qui se sont préparés une vie active, au contraire, conservent l'allant, le dynamisme, l'optimisme et l'enthousiasme. Mon ex-beau-père était une sorte de magicien du jouet. Il excellait à remettre en état les jouets anciens, et particulièrement les jouets mécaniques. Partant d'un tas de bouts de fer rouillés dont je n'aurais pas donné trois sous, il reconstituait un merveilleux automate, fabriquant lui-même, avec patience, les pièces parfois compliquées qui manquaient. Il refaisait les mécanismes, les moteurs à vapeur ou à essence qui animaient ces jouets. Je l'appelais « père Gepetto », du nom du créateur mythique du pantin animé Pinocchio. Il savait donner vie aux automates inertes et mutilés. Il avait commencé bien avant sa retraite à se passionner pour les automates dont il faisait collection. Il était entré ainsi en relation avec d'autres amateurs et même des professionnels du jouet ancien (de collection).

Dès qu'il eut pris sa retraite de directeur commercial, il continua et développa de plus en plus professionnellement cette passion d'amateur. Il voyageait pour aller voir des collections ou acheter des lots ; il participait à des rencontres, à des foires, à des expositions. Il furetait chez les brocanteurs et dans les marchés aux puces pour ramener ses caisses de ferrailles tordues et de poupées cassées. Il ne cessait d'échanger, de vendre et de racheter. Il a fini par travailler encore plus qu'avant sa « retraite », mais dans la joie et le jeu. Car il restait en lui beaucoup de l'enfant.

Il a été foudroyé en un quart d'heure par une crise cardiaque. Mais avant cela, il avait vécu les plus belles années de « retraité » dont on puisse rêver. S'il est au ciel, comme je l'espère, il doit être en train de réparer les écornures des ailes des anges ou de ressouder les portes du Paradis. Salut, père Gepetto.

L'IMPORTANT EST CE QUE L'ON A DANS LA TÊTE

Personnalité de structure très différente, mon oncle qui va fêter ses 88 ans, avait décidé, pour occuper sa « retraite » après 65 ans, de s'intéresser à l'immobilier et d'y investir. Il a construit en vingt-deux ans une bonne douzaine d'immeubles et il continue de travailler quotidiennement plus que ne le font des hommes de vingt ou trente ans plus jeunes que lui. Tous ceux qui l'approchent n'en reviennent pas de son tonus et de sa gaieté. Comme il a beaucoup d'humour, les soirées que nous passons ensemble, quand je lui rends visite dans sa « retraite », sont des moments de grande gaieté.

Mon beau-père est mort encore jeune, à peine passé 70 ans. Sa santé n'était pas fameuse et un grave accident de voiture l'avait fragilisé. Mais il était resté gai, actif et abordait les problèmes avec leurs solutions. Quant à mon oncle, il a connu, avec l'âge, quelques ennuis sérieux et deux ou trois opérations. Si on lui demande comment il va, il répond toujours : « Très bien. »

Ma kinésithérapeute, Michèle Bouvier, une femme d'une grande qualité humaine, m'a fait connaître d'autres cas de malades graves qui ont conservé leur optimisme et leur élan. Les Chaumien, par exemple, elle ancienne tuberculeuse, lui opéré à 73 ans d'un cancer au poumon, tous deux sereins, optimistes, généreux et gais. J'ai passé une soirée avec eux, sans une fausse note, dans un concert de sérénité.

J'ai connu également une jeune femme, diabétique de naissance, insulino-dépendante. Personne ne se doute de la gravité de son état. Elle s'est mariée il y a une dizaine d'années avec un charmant garçon. Elle travaille assidûment dans un métier d'art absorbant. Son clair regard ne demande ni compassion ni égards particuliers. Christine C. n'est pas « malade ». Elle vit avec une déficience, ce qui n'est pas la même chose. Elle m'évoque ces gens riches mais ruinés qui dans leur tête ne seront jamais pauvres. Ils sont tout juste « un peu gênés ».

Je pourrais, sans doute, continuer d'aligner d'autres cas, dans mon seul entourage, de « malades » qui se portent bien. Tous les médecins en connaissent. Ce sont les « bons » malades, ceux qui guérissent. Au XIXᵉ siècle, un médecin anglais écrivait déjà à propos des tuberculeux : « Ce qui compte, pour leur guérison, ce n'est pas ce qu'ils ont dans les poumons, mais bien ce qu'ils ont dans la tête. »

Tous les « malades » interviewés m'ont dit la même chose : « Je ne me considère pas (ou plus) comme malade. » Comme je l'ai dit, la problématique de la maladie grave ressemble étrangement à celle de la retraite. Avec une différence essentielle : la retraite est prévisible et survient à un âge déjà avancé. Tandis que la maladie ou l'infirmité tombe comme une condamnation, et sur des sujets souvent encore jeunes. Beaucoup de cancers, de cardiopathies, de diabètes, de Parkinson, se révèlent autour de la cinquantaine ou avant.

A cette exception près, les problématiques sont voisines. Il s'agit de savoir, dans chaque cas, ce qu'on veut faire en attendant la mort. On peut accepter d'être retranché du monde des vivants ou, au contraire, plonger dans la vie avec délices. Ce mot « retraite » est horrible. Il évoque la déroute militaire, l'action de se retrancher du monde, se retirer, régresser. Dans plusieurs langues ou pays, on parle de « pensionné : ou « d'allocataire » plutôt que de « retraité ». Ce mot devrait disparaître de notre vocabulaire.

OUVERTURE À LA SOLIDARITÉ

Chacun peut comprendre la différence essentielle dans la qualité de vie et la prolongation de la vie avant l'arrivée d'une fin heureuse. On dit volontiers que la maladie isole. Il est vrai qu'on peut la ressentir ainsi. Mais c'est affaire de perception individuelle. On peut passer par une phase de révolte et d'isolement, de colère contre les bien-portants. On peut et on doit très vite la dépasser.

Je connais un grand nombre de « malades » bien-portants auxquels beaucoup de non-malades pourraient envier leur vitalité et leur joie de vivre. Très souvent, la survenue de la maladie et les résolutions qu'ils ont prises de bien s'occuper désormais de leur santé, les ont ouverts à la solidarité et à l'entraide envers les autres malades, moins bien équipés pour faire face. Ces « malades » bien-portants sont une aubaine et un exemple pour les autres. J'ai déjà parlé de ma vieille tante paralysée et d'autres (voir Kreisler, Marty, Simeons).

Ayez donc une activité qui vous plaise et vous mêle aux autres. Et si c'est possible, ajoutez-y même épisodiquement une action bénévole. Servez-vous du téléphone. L'essentiel est de partager.

On doit tenir compte, naturellement, des différents degrés de maladie et de handicap. On ne peut englober sous le même vocable une allergie et une paraplégie, une trachéite et un diabète. Et, à l'intérieur de chaque affection, il y a des degrés de gravité qu'il faut prendre en considération. C'est encore là qu'intervient plus fortement l'attitude mentale du sujet et sa psychologie profonde.

J'ai dit plus haut tout le mal que je pense du mot « retraite ». J'en pense autant du mot « maladie ». Le vocabulaire est important car c'est le langage qui structure le psychisme, influence le mental et à travers lui le physique. Le docteur Coué l'a bien compris. Il ne s'agit pas de répéter tous les jours « que tout va pour le mieux dans tous les domaines » sans pouvoir y croire, parce que c'est contraire à l'épreuve de la réalité. Mais on peut expurger et modifier son langage en en excluant tous les mots à résonance négative, et en utilisant d'autres synonymes ou des périphrases, voire des mots plus savants, plus rares, moins traumatisants.

La médecine excelle à ce genre d'exercice : une maladie devient un syndrome, un cancer est une affection néoplasique, le spécialiste qui le soigne, un oncologue... Le langage est moins traumatisant et donc dédramatise la situation.

DÉDRAMATISER LE LANGAGE

Les médecins préfèrent parler de « patients » (un joli mot) que de « malades » et les psychothérapeutes préfèrent le mot « client ». C'est pour les mêmes raisons qu'une clinique psychiatrique s'appelle plus volontiers une « maison de santé ». Le mot « stress » est stressant parce qu'il est employé abusivement dans un sens uniquement négatif ; souvent à la place d'agent ou de facteur stressant. On voudrait exprimer un traumatisme : ce qu'il n'est pas.

Pourquoi parler légèrement de « catastrophe », de situation « infernale », abuser de « l'angoisse », du « drame », de la « menace » ? Tous ces mots, et d'autres de la même eau peuvent être proscrits ou remplacés dans la plupart des cas. Peut-être doit-on même éviter d'abuser de lire les journaux et d'écouter les infos qui prospèrent dans la dramatisation, l'inflation verbale et la « sinistrose ».

Comme journaliste économique et chroniqueur « prévisionniste », je me suis aperçu, il y a déjà bon nombre d'années, du fait que la lecture, nécessaire à l'exercice de ma profession, de rapports pessimistes et de prévisions dramatiques (presque toujours fausses) me faisait vivre dans une atmosphère sinistre, apocalyptique. La publication de mauvaises nouvelles et de prédictions désagréables est de plus en plus devenue, en France comme partout en Europe et aux Etats-Unis, une industrie nationale. Pendant un temps, je m'amusais, en ouvrant un journal, à souligner en rouge dans les titres les mots angoissants ou négatifs : inquiétude, rupture, ultimatum, menace, guerre, échec, drame, risques, massacres, etc. Mes journaux étaient maculés de rouge, même dans les pages « spectacles ».

Plus tard, je décidai d'essayer de barrer les vocables négatifs et de les remplacer par des mots neutres ou positifs. J'y parvenais presque toujours, quitte parfois à modifier tout le titre. Faites vous-même cet exercice : il est amusant, instructif et plus excitant à la longue que les mots croisés et autres jeux de mots. C'est en tout cas une façon agréable d'apprendre à « positiver » le langage, prélude à l'installation psychologique d'une attitude positive face à la vie et à ses épreuves.

Le « malade » qui cesse de se considérer lui-même comme un sujet fragile auquel on doit des égards spéciaux, a déjà embouqué le chenal qui le mène à la véritable santé. Car c'est vrai — je l'ai maintes fois vérifié — dans tout « malade », il y a un bien-portant qui ne demande qu'à vivre.

CHAPITRE XXI

Devenir son garde du corps

L'une des plus sûres façons de tomber gravement malade, c'est d'ignorer les premiers signes de déséquilibre, les premiers murmures de protestation d'un corps surmené. Je le sais : je suis passé par là.

Vingt-quatre heures sur vingt-quatre, notre organisme psychophysiologique oscille autour d'un point d'équilibre toujours instable. Le corps, dans sa totalité matérielle et mentale, nous prévient longtemps à l'avance des risques de déséquilibre grave, de dérèglement sérieux. L'inconscient, à travers le rêve, l'intuition, les fantasmes, fait également son boulot en allumant ses clignotants avec de longs délais de grâce.

Carl Gustav Jung affirme que tout ce qui nous arrive d'important, et qu'il est en notre pouvoir d'influencer, se prépare au moins six mois à l'avance dans notre inconscient. Comment se fait-il alors que nous ne tenions pas compte des signaux avertisseurs ? Pourquoi choisissons-nous d'ignorer de clairs messages ? Serait-ce *la pulsion de mort* qui à certains moments dominerait face à la pulsion, à l'instinct de vie ? La maladie serait-elle une forme de défense contre la mort ?

Il n'y a pas forcément de réponse univoque à ces questions. La lecture des plus grands théoriciens et praticiens de la psychosomatique, de la psychologie et de la psychanalyse, n'apporte pas davantage de réponse claire et tranchée – ce qui est tout à leur honneur (voir Marty, Groddek, Kreisler, Fromm, Reich, Jung, Freud, etc.). Car chaque « malade » est chaque fois un cas unique. L'important, dans notre optique, est moins de « savoir » que de « pouvoir », moins de réponses théoriques que de moyens pratiques pour ne pas tomber et rester « malades ».

En gros, prendre conscience de notre propre capacité, notre propre pouvoir sur l'amélioration de notre santé demande tout au plus un petit effort initial ; et ensuite, des mesures pratiques très concrètes et très quotidiennes, afin de coopérer avec les soignants pour gagner la santé.

Dans ce chapitre et le suivant, je passe en revue les différents moyens dont nous disposons pour préserver ou retrouver notre santé – avec l'aide de la médecine. Ils sont tous aujourd'hui à notre portée, et des spécialistes existent, dans tous les domaines, pour nous y aider. En outre, le coût d'une démarche personnelle de retour à la santé est inférieur à l'abandon de son état à la seule médecine. Collaborer avec les médecins et les soignants qu'on a choisis confère déjà une grande satisfaction. Le sentiment d'être participant actif dans son destin de santé est en soi une clé du mieux-être. Les médecins aiment et comprennent ces malades, les patients qui veulent guérir. Un bon médecin aime « guérir » et pas seulement « soigner ».

LE CORPS DE L'ENFANT

C'est pourquoi je préconise de devenir son propre « garde du corps ». « Le corps est le lieu et le moyen privilégié par lequel l'enfant saisi dans un conflit exprime son malaise », écrit Léon Kreisler [1]. L'Enfant en nous est présent à tous les âges, comme le souligne si bien l'Analyse transactionnelle. Et c'est dans notre partie « Enfant » que tout se passe dans le domaine vital.

Dans la maladie comme dans l'émotion, c'est notre « Moi infantile » qui va subir ou souffrir ou réagir. C'est l'Enfant qui est la partie la plus riche, la plus énergique et la plus précieuse de *toute* notre personnalité. C'est à l'Enfant (au sens transactionnel du terme) que je fais appel pour guérir ou pour mieux me porter.

L'Enfant en nous (écrit avec un majuscule pour le distinguer d'un enfant véritable) sait qu'il a un corps, qu'il est un corps, et que ce corps physique lui procure de grandes satisfactions. Il n'est ni une charge, ni un fardeau pénible. Quoi qu'il fasse, qu'il joue, qu'il mange, qu'il défèque ou se caresse ou se batte, l'Enfant le fait de tout son corps, corps et âme, dirais-je. Il n'ignore pas son corps et il ne le méprise à aucun moment. Le corps physique est l'instrument et le canal de la vie et du plaisir. Il n'y a pas de psychisme ou de conscience sans corps. Le corps physique est le support de toute la vie, sensorielle, psychique et spirituelle.

On doit donc commencer d'abord par *prendre conscience de tout le corps,* dans ses parties et dans son tout. Facile à dire. Mais cela demande au départ un petit travail, et souvent une aide spécialisée : professeur de hatha-yoga, kinésithérapeute, ostéopathe ; ou encore, bioénergéticien, ou atelier de conscience du corps par l'intégration posturale, l'expression corporelle, les arts martiaux, le tai-chi-chuan, la méthode Mézières, le shin-taido, le do-in, la sophrologie, le massage, la natation, la marche, la gymnastique, etc.

J'énumère à dessein tout un arsenal de méthodes à notre disposition pour inventorier la vie de notre corps. J'ai essayé beaucoup de voies. Elles se valent et se rejoignent. Quand le but est atteint, qu'importe le moyen. La seule chose qui compte, c'est de transformer en conscience les signes perçus ou reçus de notre corps physique. C'est l'intégration de la donnée « corps ».

1. Léon Kreisler, *La psychosomatique de l'enfant*, p. 75.

Après une bonne prise de contact et de conscience de la vie dans son corps, chacun peut choisir les ou la méthode, ou le type d'exercice, qui lui permettront, sans efforts excessifs, de garder le contact et d'approfondir la sensation intense de la vie et du bien-être psychophysique.

L'EXERCICE RÉGULIER

Si une partie du corps est déficiente, on pourra élaborer soi-même une série d'exercices ou de moyens pour la développer ou l'entretenir. On pourra aussi visualiser son bon fonctionnement pour « préparer le terrain » (voir plus loin).

La *United Parkinson Foundation* américaine a fait mettre au point par des médecins et des kinésithérapeutes une série d'exercices destinés à *tous les sédentaires* (et pas seulement aux malades) qu'on peut se procurer pour 20 dollars (120 francs environ). En France, les laboratoires Roche ont édité une très bonne brochure d'exercices faciles et de petits tuyaux pour les parkinsoniens et les malades du même type. Des exercices existent également pour les cardiaques.

D'autres guides et manuels ont été publiés et tous les kinésithérapeutes consciencieux savent montrer à leurs clients (quel que soit le problème) des exercices simples et sans risques *à faire régulièrement chez soi*. La régularité est la seule exigence majeure. Il vaut mieux ouvrir et fermer les mains 5 minutes tous les jours que de faire épisodiquement 1 à 2 heures de gymnastique fatigante. Un critère de succès : il ne faut pas que l'exercice vous fatigue exagérément. L'unique difficulté consiste à commencer et ensuite à adopter une fréquence et un rythme *ré-gu-lier*.

Outre les petits exercices (10 à 15 minutes par jour suffisent), certains pourront et voudront pratiquer un sport à leur mesure (natation, bicyclette, marche, jogging) ou encore du hatha-yoga, ou du tai-chi-chuan ou de la danse. Tout est bon qui fait bouger le corps, rééquilibre les énergies et permet de se sentir « vivant ». Là encore un critère : on doit éprouver un mieux-être après l'activité exercée.

Pour un sport ou une activité extérieure, je recommande un travail en groupe avec un bon moniteur auquel il faudra bien expliquer son état de santé. Tous les bons professeurs de yoga, d'arts martiaux, de tai-chi-chuan et d'activités similaires sont, en général, très attentifs à la protection de la santé de ceux qui leur confient l'entraînement de leur corps.

Et les grabataires, direz-vous ? Ma vieille tante passe le plus clair de son temps allongée sur son lit à ouvrir et fermer les mains et à soulever de quelques centimètres sa jambe encore valide. Une de mes voisines, âgée de plus de 80 ans et pouvant à peine marcher, ne laisse à personne le soin de faire son ménage et les petits travaux domestiques. Elle est toujours souriante.

UN SOMMEIL SUFFISANT

La prise de conscience et la prise en charge de son corps mènent à s'interroger sur deux domaines importants : le sommeil et la nourriture. Le sommeil prend une part énorme dans notre vie. *Nous passons un tiers de notre existence à dormir.* Dans une démarche de santé, il doit être au centre des préoccupations. Ce n'est plus tellement la quantité que la qualité du sommeil qui est en cause. Sans un bon sommeil, il n'y a pas d'équilibre, donc de santé.

Je n'ai pas été très étonné d'entendre tous les « malades » interviewés et ceux que j'ai observés dans les groupes, parler de leur sommeil... Les patients qui se prennent en charge, que ce soit pour le Sida, un cancer ou une cardiopathie, savent tous qu'il vaut mieux « sacrifier » une soirée de sortie ou de théâtre ou un dîner prolongé pour préserver son sommeil.

Une de mes amies, médecin et psychothérapeute, s'est fait une règle de se coucher tôt, vers 21 heures, 21 h 30. Nous la plaisantons à ce sujet, tout en sachant qu'elle a raison d'écouter son propre besoin. Ses amis savent que s'ils l'invitent à dîner, elle les quittera très tôt (si elle a accepté !). Elle ne souffre d'aucune affection particulière, simplement le souci de préserver son équilibre.

Je me suis inspiré de son exemple et, depuis quelques années, je refuse presque toujours les « dîners en ville » et les sorties tardives. Mes amis proches savent que je pars vers 21 h 45 ou 22 heures pour me mettre au lit assez tôt. J'invite moi-même toujours très tôt et mes proches savent qu'ils partiront avant 22 heures. Nous sommes de plus en plus nombreux à apprécier de pouvoir nous voir et dîner ensemble sans être trop fatigués le lendemain.

Il m'arrive, bien entendu, de dépasser l'heure limite, soit que je m'amuse trop bien ou parce que je vais au spectacle. Mais l'ayant décidé ainsi, je m'en fais une fête exceptionnelle et je récupère les soirs suivants.

Reste qu'un malade ne dort pas toujours très bien. Insomnies, douleurs, tracas, nous empêchent de bien dormir. Comme le savent tous les spécialistes, notre nuit dépend de notre journée ; c'est tout le jour que notre sommeil se prépare. Il faut le savoir et y penser. Se relaxer dans la journée, ou faire une mini-sieste, prépare une meilleure nuit.

Pour ma part, en cas d'insomnie, je me lève pour boire, chaud ou froid selon la saison, je prends parfois une mixture homéopathique, et je me remets au lit en prenant soin de m'installer aussi confortablement que possible. Puis j'entame une relaxation. Généralement le sommeil vient avant la fin de la cassette. Un autre moyen efficace de détente consiste à bâiller longuement et de manière répétée ; le relâchement qui en résulte vaut autant pour le repos que le sommeil. « Dix bâillements valent deux heures de sommeil » affirme une spécialiste Jeanne Bouton. Enfin, pour bien dormir (en qualité), il faut éliminer le souci de dormir. Savoir qu'une mauvaise nuit se récupère très vite la nuit suivante ; éventuellement s'octroyer des mini ou pseudo-siestes en fermant les yeux dès qu'on en a l'occasion, et avoir recours chaque jour à une forme ou une autre de relaxation. (J'en reparle plus longuement au chapitre suivant.)

Le sommeil est un processus naturel qu'on peut favoriser en créant les conditions optimales, mais qui doit se déclencher seul. Parmi les conditions optimales, je compte une bonne literie et des vêtements de nuit agréables ; l'absence de discussion irritante ou de spectacle stimulant (ce qui proscrit souvent la télévision) et une digestion facile grâce à un repas approprié, c'est-à-dire « léger ».

BIEN MANGER

La diététique adaptée fait partie, elle aussi, du souci de conserver un corps en bon état. Certaines personnes aiment et digèrent bien les viandes en sauce grasse et la crème fraîche. Ce n'est pas mon cas. D'une façon générale cependant, toutes les personnes soucieuses de leur santé peuvent s'inspirer du régime « hypotoxique » du dictionnaire homéopathique de *Louis Pommier* (voir l'encadré ci-après).

RÉGIME HYPOTOXIQUE
(d'après Louis Pommier :
Dictionnaire homéopathique d'urgence,
Seteca-Sedi, Levallois-Perret,
12e édition.)

A observer dans toutes les affections chroniques, en particulier si le tube digestif est affecté, notamment par prises répétées de médication. Il consiste à éliminer les aliments susceptibles de provoquer l'accumulation de substances nocives (ptomaïnes, purines, etc.), l'irritation des muqueuses gastro-intestinales et de tout organe lésé, et l'excitation exagérée du système nerveux.

1. *Aliments à éliminer ou à éviter le plus possible*
Viandes grasses, gibier, abats, triperie, ris de veau, rognons, cervelle, charcuterie (sauf jambon si maigre), crustacés, mollusques, anchoix, sardines, conserves de viande, de poisson et de crustacés, choux (sauf chou-fleur), oseille, rhubarbe, champignons, fromages forts (livarot, brie, roquefort, munster, camembert, etc.) ; bouillon de viande gras, mayonnaise, sauces grasses, sauces compliquées, mélange de graisses, friture, pâtisserie et crèmes (sauf maison), chocolat, cacao, condiments forts (poivre, moutarde, vinaigre, piment), vins de Champagne, de Bourgogne, de Porto, bière, liqueurs, apéritifs, thé et café forts (utiliser si

nécessaire un décaféiné en grains) – et souvent les œufs, si foie fragile, parfois le pain blanc frais, surtout la mie, et quelques légumes riches en purines.

Boire des eaux de source ou de table faiblement minéralisées (type Volvic, Evian, Charrier). Eviter viande rouge et porc (acide urique, toxines et graisse).

2. a) *Aliments contenant de 200 à 1 000 mg de purines pour 100 g*
Anchois, bouillon, jus de viande, foie, ris de veau, rognon, viandes fumées ou faisandées, foie gras, cervelle, charcuterie, hareng, sardine, avocat.

b) *De 25 à 200 mg*
Caviar, viande maigre, gibier, jambon, saucisson, volaille, fromages forts, lard, saumon, poissons gras en général, coquillages, asperge, champignons, chou-fleur, épinard, haricot, lentille, oseille, pois, thé, café, chocolat.

c) *Quantités négligeables ou nulles de purines*
Céréales, salades, tomate, concombre, semoule, riz, tapioca, condiments végétaux, fruits, légumes (sauf ceux du § b), lait, fromage blanc maigre.

Cette liste n'est pas limitative. Il convient dans chaque cas d'apprécier ce qui peut et doit être supprimé de l'alimentation, tout en conservant une nutrition équilibrée. Beaucoup de goûts acquis peuvent être révisés et remis en cause sans dommage, au contraire, pour l'organisme. Il suffira souvent simplement de remplacer certaines habitudes alimentaires néfastes par d'autres plus profitables, afin d'assurer une alimentation complète selon l'âge, en protides, glucides, lipides, vitamines et oligo-éléments.

On peut et on doit adapter sa nourriture à son type physiologique et à ses goûts en s'efforçant seulement de ne pas commettre d'erreurs trop flagrantes. J'appelle « erreur flagrante » un dîner riche pris tardivement, suivi d'un gros dessert et bien arrosé de vins fins par exemple.

En général, il vaut mieux manger quand on a faim que s'imposer des horaires fixes. Ne pas mélanger dans un même repas, ou une même bouchée, des aliments difficilement compatibles (cf. Shelton : *Les combinaisons alimentaires*). Manger légèrement avant de se coucher. On peut dîner copieusement à 18 heures ou 18 h 30 si on se couche à 22 heures, 22 h 30. Mais dîner abondamment juste avant d'aller se coucher prépare de mauvaises nuits. L'alcool comme tous les excitants (café, thé) est de préférence à éviter. Il est certain qu'on peut « creuser sa tombe avec ses dents », comme le dit un vieux proverbe français. Depuis quelques années, la prise de conscience alimentaire dans les pays civilisés est telle qu'il se répand une véritable mode de la nourriture saine, nourrissante et naturelle.

Sans exagérer, cependant, on peut adopter une diététique saine, nourrissante et simple pour bien se porter. Ce qui permettra, de temps à autre, de faire la fête et de commettre quelques excès ou infractions, sans conséquences. Le bon sens dictera à chacun ce qui lui convient le mieux. Il existe trop de livres sur la diététique pour en recommander aucun. Le « Shelton » n'indique pas de régime. C'est la base de toute la diététique moderne.

Le mot « régime » est encore un de ces mots tristes que je voudrais proscrire. « Etre au régime » évoque pour moi des légumes bouillis sans sel ni beurre, des pâtes ou du riz archicuits et un petit bout de viande bouilli ou grillé sans saveur.

Si bien manger fait partie de nos plaisirs, il serait stupide de s'en priver. A condition, toutefois, de ne pas systématiquement avaler des aliments nocifs. Un diabétique n'ira pas manger de gros gâteaux. Ni une personne sous médication contre-indiquée, boire force alcool. Ou un insomniaque boire un bon café fort.

C'est le bon sens qui doit nous guider. On peut très bien se nourrir sans se démolir. Pour ma part, j'ai pris pour règle depuis longtemps : « Mon corps n'est pas une poubelle. »

SAISIR SA CHANCE AU VOL

Dans le même domaine, je classe la prise régulière des médications prescrites. Auparavant, on se sera assuré et réassuré avec son médecin qu'il n'y a, ni incompatibilité, ni risques d'effets secondaires dommageables, ni contre-indications formelles. C'est *à nous* de veiller à cela en alertant le médecin et en discutant avec lui de chaque drogue indiquée.

On pourrait remplir des pages en décrivant les erreurs de prescription commises par des médecins réputés bons et sérieux. Alors soyons très vigilants. C'est de notre corps unique et irremplaçable qu'il s'agit. N'allons pas nous coller une maladie iatrogène (causée par les médicaments) par timidité. Discutons-en avec le médecin. Et refusons d'être des cobayes.

Il y a quelques années, un grand spécialiste (très cher) voulait me faire prendre de nouveaux médicaments. Soupçonneux, j'avais remarqué sur son bureau un dossier à l'en-tête d'un laboratoire, aux fins d'essai de médicaments, avant leur mise sur le marché (je suis entraîné à lire à l'envers). J'ai refusé les médicaments, j'ai engueulé le médecin que je n'ai jamais revu. Depuis que j'ai atteint la cinquantaine, je sais que je paie les excès d'autrefois. Mais je ne veux plus recommencer. Notre corps n'est ni un dépotoir, ni une matière inerte vouée aux expériences. La vie qui l'anime et l'habite pour quelques décennies est précieuse, fragile, unique et sacrée. Notre devoir envers elle et envers nous-même est d'en prendre soin et de la conserver en bon état.

La maladie, les maladies constituent le plus souvent des signaux d'alarme s'allumant à la suite d'erreurs répétées : mal manger, mal dormir, excès d'alcool, de tabac, de café, de travail. L'occasion nous est offerte par la maladie de corriger une conduite erronée : sachons saisir cette chance au vol. Et apprenons, par la même occasion, à offrir au corps ce dont il a aussi besoin : ce que j'appelle les ré-créations. Re-créons nous-même notre espace sensible. Cela peut aller de l'échange de caresses tendres (sans équivoque sexuelle) avec des amis(ies) des deux sexes, des massages des pieds, des mains, du front, de tout le corps, des bains chauds ou le sauna, jusqu'au plaisir sexuel prolongé, entretenu, retenu, jusqu'à l'extase avec celle ou celui qu'on aime.

Chacun sait où il (ou elle) trouve son plaisir corporel. N'en frustrons pas notre corps. Sachons lui offrir ses ré-créations. Cela fait partie de nos besoins, de nos désirs et de nos envies. C'est donc nécessaire à notre fonctionnement optimal.

CHAPITRE XXII

Rêver pour guérir

« Le rêve est la voie royale de l'inconscient » a proclamé Freud. Si l'on admet que l'inconscient, entre psyché* et soma*, est l'instance d'où proviennent nos somatisations*, cet ouvrage doit accorder au rêve une place spéciale.

C'est au disciple séparé, Carl Gustav Jung, qu'a échu le rôle et le talent d'approfondir et d'expliquer la notion d'inconscient. Jung était ce que l'on peut appeler un « grand rêveur » ; et c'est à un rêve qu'il fit peu avant sa mort que nous devons son petit livre clair et capital *Essai d'exploration de l'inconscient*.

Beaucoup de psychologues, psychiatres, psychanalystes et médecins sont d'accord sur le fait que « les rêves peuvent quelquefois annoncer certaines situations bien avant qu'elles ne se produisent [1] ». « Ce qui échappe à notre conscience, dit encore Jung, est souvent perçu par notre inconscient qui peut nous transmettre l'information au moyen du rêve [2]. »

Ainsi, les somatisations ou les accidents que nous préparons peuvent apparaître clairement dans nos rêves plusieurs mois avant leurs manifestations physiques. Le rêve serait alors un avertissement sans frais qui pourrait nous éviter bien des désagréments. Et Jung cite de nombreux exemples de ces rêves « avertisseurs » [3].

Mme Adouth, 67 ans, qui a tapé une partie de ce manuscrit, a été opérée à cœur ouvert il y a quelques années. Elle raconte : « Moi qui ne rêve jamais *(sic)*, je rêvais presque toutes les nuits de pierres, de bonshommes en pierre, qui couraient sans cesse dans un labyrinthe pétrifié. J'entendais les échos lourds de leurs pas dans leur course. J'ai compris par la suite que c'était les battements de mon cœur fatigué. »

Quelques mois plus tard, on diagnostique un « rétrécissement mitral calcifié »

---

1. C. G. Jung, *Essai d'exploration de l'inconscient,* Gonthier, Paris, 1964.
2. C. G. Jung, *Essai d'exploration de l'inconscient,* p. 62.
3. C. G. Jung, *Ma vie,* Gallimard, Paris, 1973.

et on l'opère. Mme Adouth s'aperçoit vite que son rêve récurrent a disparu. Elle fait le rapprochement. Mais il s'écoule encore un certain temps avant qu'elle comprenne que ce rêve l'avait avertie longtemps à l'avance de son problème de santé. Elle en parle alors à ses enfants. (On a besoin de parler de tels signes.) Ce cas, entre mille, illustre bien le fait que notre inconscient nous prévient par la voie du rêve des modifications de notre état de santé.

LE RÊVE, UNE AUTRE RÉALITÉ...

Tous les rêves ne sont pas « prémonitoires », ou même significatifs. Les auteurs qui se sont sérieusement penchés sur le phénomène, ont tenté une classification des rêves selon leur importance. Les rêves-messages ne sont pas les plus nombreux. En outre, nous ne sommes pas tous également doués pour nous souvenir de nos rêves et intervenir dans leur déroulement. Nous verrons que ce dernier point est important. Nous passons un temps considérable à rêver. Un homme de 60 ans a déjà passé *cinq années de sa vie en rêve*. Le rêve est une facette de la réalité.

Presque tout le monde connaît au cours de sa vie des rêves clés, des rêves tournants, qui annoncent ou accompagnent des étapes majeures ou des changements décisifs dans le déroulement de notre passage sur terre. Ces songes particuliers se reconnaissent au fait qu'ils sont nets, précis, frappants et inoubliables. Le plus souvent ils sont répétitifs. En même temps, leur signification nous apparaît clairement, pour peu que nous tentions de les comprendre et de les interpréter.

Le rêve s'exprime de façon symbolique, et le sens du symbole peut varier d'une personne à l'autre, et certainement d'une culture ou d'un langage à un autre. C'est la raison pour laquelle l'élucidation complète d'un rêve et la compréhension de ses messages est affaire essentiellement individuelle. L'analyste de rêves peut, par son expérience, mettre sur la voie, suggérer des pistes et offrir des comparaisons. Mais c'est le « rêveur » qui est le mieux placé pour déchiffrer son rêve.

Il y a quelques années j'ai animé pendant un an un groupe de travail sur « le rêve créatif », dans le cadre du GREC (Groupe de recherches et d'études créatives). Notre objectif était d'explorer les possibilités d'utiliser le rêve pour stimuler et enrichir notre créativité. Egalement d'essayer les techniques de création et d'intervention dans nos rêves, décrites par certains chercheurs [1]. Au départ, nous nous interdisions de proposer des interprétations et des explications.

Longtemps j'ai utilisé le rêve comme un instrument de solution des problèmes, qu'ils soient d'ordre personnel ou professionnel, selon l'adage « La nuit porte conseil ». Les rêves me servent aussi à comprendre des situations complexes. Professionnellement, les rêves m'aident à résoudre des

1. Voir Patricia Garfield, *La créativité onirique*, La Table Ronde, Paris, 1983.

difficultés de composition ou de rédaction (par exemple, je m'endors en pensant à un problème, confiant à mon inconscient la tâche de me suggérer une solution. Au réveil, souvent, je tiens la réponse).

Dans le cadre d'un séminaire international de yoga organisé par André et Denise Van Lysebeth, j'avais été initié, l'été précédent, à la pratique du « yoga nidra » par la fine et gracieuse swami Yogananda, disciple directe du swami Satyananda, « inventeur » de cette technique. Le yoga nidra est une forme de relaxation profonde, accompagnée ou suivie d'un rêve éveillé, qui m'a apporté initialement de grandes satisfactions et un réel progrès dans la maîtrise onirique.

Je désirais aller plus loin et la stimulation d'un petit groupe animé de curiosité m'était utile. Au cours de cette même année, j'interviewais longuement pour la revue *Psychologie* un grand spécialiste américain de l'utilisation du rêve en Gestalt-thérapie, George Thomson. Et quelques mois plus tard, j'assistais à Genève à un atelier du même George Thomson où j'appris encore mieux l'utilisation pratique de l'outil du rêve façon Gestalt.

ABATTRE LES CLOISONS

Le groupe du GREC comptait des pratiquants avancés et des néophytes complets, des « bons rêveurs » et des « non-rêveurs », des psychologues chevronnés et des novices « vierges ». Nous n'étions que rarement plus de huit ou neuf personnes aux réunions et aux exercices. Il est significatif de noter qu'en peu de temps tout le monde rapportait des rêves intéressants. Ceux relatés par les gens qui disaient n'avoir « jamais rêvé » comptaient parmi les plus chargés de sens, comme si l'inconscient n'attendait qu'une occasion pour délivrer ses messages.

Vers la fin de l'année (correspondant à l'année scolaire), nous étions d'accord sur l'enrichissement que notre travail de rêve apportait à notre vie éveillée. Nous avons alors consacré les deux dernières séances à élucider, pour chacun d'entre nous, un rêve *majeur*.

Précision : chacun choisissait son rêve et l'interprétait lui-même. Les autres n'intervenaient qu'à sa demande, avec prudence, après qu'il ait parlé, pour exprimer leur opinion ou suggérer une piste possible. J'ai été impressionné par la pertinence et la sagacité avec lesquelles chacun d'entre nous avait choisi un rêve significatif et savait l'interpréter, y compris ceux qui, avant l'atelier, « ne rêvaient jamais ».

Cette expérience m'a convaincu de notre capacité à interpréter le langage symbolique, codé ou cocasse, du rêve et de l'importance d'apprendre à le faire. Le rôle prodigieux de l'inconscient dans le déroulement de la maladie *et celui qu'il peut jouer dans le retour à la santé* incite à considérer le rêve comme un outil potentiel majeur de notre maintien dans le bien-être. C'est ainsi que les Simonton et leurs disciples utilisent la visualisation ou imagerie mentale positive pour « se faire du bien ».

« Dans le processus de civilisation, écrit Jung, nous avons élevé une cloison toujours plus hermétique entre notre conscience et les couches instinctives plus profondes de la psyché et nous l'avons même coupée de la base somatique des phénomènes psychiques. Heureusement, nous n'avons pas perdu ces couches instinctives fondamentales. Elles font, à demeure, partie de l'inconscient, bien qu'elles ne puissent plus s'exprimer autrement que par le langage des images oniriques...

« *Pour sauvegarder la santé mentale et même la santé psychologique, poursuit Jung, il faut que la conscience et l'inconscient soient intégralement reliés afin d'évoluer parallèlement* [1]. »

C'est là, en effet, l'une des plus importantes fonctions du rêve et il est à la portée de chacun d'entre nous de l'utiliser.

Le yoga nidra (ou nidrayoga) d'une part, différentes formes de méditation d'autre part, la visualisation positive enfin, constituent autant de méthodes faciles à acquérir et à employer pour améliorer ou maintenir sa santé, ou contribuer à sa propre guérison en cas de maladie.

Je peux être aussi affirmatif car j'ai pu juger des résultats sur moi-même et sur nombre d'autres personnes. Je continue avec succès à utiliser et à diffuser ces méthodes (voir l'encadré « Modèle de visualisation »). Tous ces exercices faciles et bénéfiques ne demandent que quelques dizaines de minutes par jour. Disons, au plus une heure quotidienne sur vingt-quatre pour sa santé.

MODÈLE DE VISUALISATION

Vous êtes étendu confortablement, à plat dos, immobile sous une couverture légère, dans un lieu calme et peu éclairé...
Dites-vous mentalement : « Je m'occupe de ma santé ». **Durée 1 mn.**

Les yeux fermés, concentrez votre attention sur votre visage, et laissez-le se détendre... Prenez en même temps conscience de votre respiration sans la modifier. **1 mn.**

Vous respirez naturellement et à l'expiration, vous laissez se détendre votre langue dans votre bouche, ainsi que le fond de votre gorge... Concentrez votre attention sur la détente de votre langue et du fond de votre gorge. **2 mn.**

Laissez de côté toute autre préoccupation, en vous répétant : « Je m'occupe de ma santé ». **30 s.**

---

1. C. G. Jung, *Essai d'exploration de l'inconscient*, p. 64-65.

Prenez conscience de la détente de votre visage et sentez cette détente se répandre *par l'intérieur* dans tout votre corps, jusqu'à vous sentir baigné de bien-être et de relâchement.   **2 mn.**

En éprouvant tout le bien-être physique de votre détente, évoquez mentalement une scène très agréable, un souvenir heureux et rappelez-vous toutes les sensations, les bruits, les parfums, les goûts et les émotions associées à ce souvenir.   **2 mn.**

En appréciant votre détente et vos sentiments agréables, vous allez maintenant passer le film destiné à contribuer à résoudre votre problème de santé.

Vous voyez d'abord le problème ;... puis, immédiatement après, vous vous voyez en excellente forme et débarrassé du problème. Jouissez de cette image de vous en bonne santé.   **30 s.**

Maintenant, commandez à votre corps de mettre en œuvre tous les moyens dont il dispose pour se guérir lui-même et se débarrasser du problème. Visionnez le film qui se déroule sur votre écran personnel.   **3 mn.**

Terminez sur une scène où vous vous voyez complètement remis, en pleine forme pour réaliser vos objectifs et jouir des plaisirs de la vie.   **1 mn.**

Félicitez-vous vous-même de participer ainsi à votre remise en forme.

Après avoir remercié votre corps de contribuer à votre bonne santé, vous vous préparez à revenir progressivement à la conscience et au tonus d'éveil. Sans ouvrir les yeux, reprenez conscience de l'endroit où vous êtes ; comptez jusqu'à trois. A trois, vous ouvrirez les yeux et vous vous sentirez en pleine forme pour poursuivre les activités de votre choix.
Prenez votre temps avant de vous relever.

UNE HEURE PAR JOUR POUR SA SANTÉ

La visualisation préconisée par les Simonton est largement diffusée en France par les Filliozat et leurs élèves et par Michel Guichard de Besançon. C'est lui qui, le premier, « importa » Marge Reddington en France. Cette « visu » prend environ 15 à 17 minutes. Pour être efficace, elle doit être pratiquée 3 fois par jour, ce qui fait une cinquantaine de minutes, donc au maximum un total d'une heure avec la mise en place. Quel que soit le prix auquel on estime la valeur de son propre temps, *ce n'est pas cher pour rester ou revenir à la santé.*

Je vais expliquer le processus tout en insistant sur un fait majeur : il est nécessaire de s'initier et d'être guidé au début par un professionnel, ce qui peut être fait en quelques heures, en fin de semaine. De même, la pratique de la visualisation ne sera efficace que dans la mesure où d'autres résolutions auront été prises et des changements auront été apportés dans le mode de vie. La « visu » n'est pas la panacée. Sa pratique régulière indique que la personne a décidé de prendre elle-même soin de sa santé et exprime une volonté de guérir. Sans cette décision majeure aucune pratique ne serait efficace.

L'exercice commence par une mise en relaxation légère, s'approfondissant progressivement. Il se poursuit par l'appel ou le rappel dans la conscience d'images agréables, de sensations physiques plaisantes et de sentiments positifs. Après cette phase, la personne « visualise » le problème physique qu'elle veut résoudre (que ce soit une verrue, un eczéma ou un cancer) et l'imagine (le voit) résolu. Elle s'imagine guérie et éprouve la joie de la santé retrouvée. Puis elle mobilise dans son corps les énergies et les processus naturels qu'elle sait devoir exister et les met au travail pendant plusieurs minutes pour régler son problème physique. Le « film » se termine par une image heureuse de la personne guérie. Après quoi, par paliers progressifs, elle revient à la conscience d'éveil et peut reprendre contact avec l'extérieur. C'est tout. Et c'est beaucoup. J'ai conscience du fait que sur le papier cela peut paraître banal, d'autant que j'ai dû être succinct. Mais l'efficacité est moins une affaire d'exactitude que de « volonté », de répétition et de croyance qu'on peut se faire soi-même beaucoup de bien. Nous sommes armés pour cela. J'entends par « volonté » la décision de se faire du bien, car je ne crois pas que l'on puisse forcer l'inconscient par un acte volontaire. C'est lui qui décide et qui nous guide.

MOBILISER NOS ÉNERGIES PROFONDES

La pratique utile de la « visu » suppose un minimum d'information sur la maladie ou le trouble qu'on veut corriger. Et aussi sur les moyens, nombreux et puissants, dont dispose le corps humain pour se guérir lui-même. Dans certains cas, il suffit de visualiser le système immunitaire entrant puissamment en action pour se débarrasser de nombreux ennuis. On peut visualiser de façon réaliste ou de façon symbolique, en noir et blanc ou en couleurs.

L'essentiel est de vouloir et savoir mobiliser nos énergies profondes que l'on sait exister. Mettre ou remettre en route les nombreuses voies d'évacuation, les processus de nettoyage, les agents anticorps, défenseurs de notre intégrité. Il ne s'agit en aucun cas de formule magique. Rien n'est plus réel, par exemple, que la sécrétion d'insuline, de cortisol ou de thyroxine par nos glandes endocrines ou le filtrage par les glandes lymphatiques des impuretés du sang, ou le débarras par les reins des surcharges chimiques toxiques.

J'ajoute encore qu'après dix années de pratique, je reste étonné parfois des résultats rapides, spectaculaires et non traumatisants de la « visu ». Un exemple personnel : il n'y a pas très longtemps, une grosseur était apparue à un endroit délicat et sensible de mon anatomie : une sorte de kyste sébacé sur le pénis. Ce n'était ni beau ni agréable. Un ami médecin me conseilla une pommade en me disant : « Si ça ne suffit pas, au pire, une petite incision t'en débarrassera. » Ça ne me plaisait pas. Le soir même, je décidai de visualiser les agents naturels de la voirie de mon corps me débarrassant de ces déchets graisseux accumulés. Le kyste a été résorbé en moins d'une semaine.

J'ai entendu un grand nombre de témoignages étonnants dans des cas plus graves, notamment de cancers. N'oublions pas que les cancers se forment à partir de cellules malades et faibles que des cellules en bonne santé peuvent attaquer et détruire. Certains ont découvert seuls la puissance de l'imagerie mentale positive. Voyez l'exemple de Denise Legrix.

Infirme totale, née sans bras ni jambes, mais animée d'une volonté féroce de vivre, Denise a appris seule à se déplacer, à manger, à coudre, à écrire et à peindre. Elle a raconté comment, dès l'enfance, elle s'est obstinée à apprendre à manger seule. D'abord avec une fourchette coincée entre son moignon gauche et sa joue. Cela ne lui suffit pas. Elle veut pouvoir manger sa soupe à la cuillère, seule et sans aide. Imaginez l'impossible exploit ! Elle raconte : « Tout fut fait pour me dissuader... Moi, je méditais l'expérience. *Je l'effectuais déjà en songe...* Mille fois, j'ai refait *en pensée* cette manœuvre. Un jour, je me suis lancée et j'ai triomphé [1].»

LE « *PERSONNAGE INTÉRIEUR* » ?

La visualisation n'est pas autre chose que le conditionnement du cerveau à réussir ce que nous avons envie de faire et à devenir ce que nous souhaitons être. Si l'exploit de Denise Legris reste exceptionnel (comme toute sa vie), il constitue un bon exemple, un modèle de visualisation. Denise a réuni tous les facteurs nécessaires au succès : volonté, optimisme, persévérance, foi dans sa réussite, confiance en soi, dominée par l'envie de vivre pleinement.

La « visu » mérite donc d'être intégrée dans nos emplois du temps. Tout le monde peut en profiter. Tout le monde sait créer des images. On ne s'étonnera pas du fait que celles des jeunes enfants s'avèrent particulièrement efficaces.

Il demeure un grand mystère : quand je dors, que je rêve ou que je me relaxe les yeux fermés, je « vois » des images, « j'entends » des sons, « j'éprouve » des sensations. *Qui* est-ce qui, en moi, voit, sent, entend, quand tous mes sens sont « débranchés » ? L'efficacité de la « visu » vient peut-être justement du fait que ce ne sont pas mes « sens » qui perçoivent. C'est une autre

---

1. Denise Legrix, *Née comme ça*, p. 22-23.

instance, *le personnage intérieur,* immortel. Je n'ai pas vraiment besoin de connaître la réponse pour « guérir ».

Les travaux des Simonton s'inspiraient de ceux du psychologue spiritualiste, Lawrence LeShan, dont plusieurs ouvrages ont été publiés en français. Ce pionnier affirme, dans un livre accessible, que *vous pouvez lutter pour votre vie* [1] et il indique comment. Il a publié également un précieux petit guide de « méditation » [2] aussi complet et utile que possible. Sa lecture est encourageante : si l'on veut prendre le temps de méditer, les moyens sont à notre portée, sans fatras philosophique ou pseudo-magique.

De même, les ouvrages du swami Satyananda apportent des indications utiles pour apprendre à pratiquer le yoga nidra et les méditations tantriques. Toutefois, au début, les malades (et les bien-portants) doivent se faire conseiller et accompagner par une personne compétente, ami(e), médecin formé ou praticien confirmé de ces techniques. Car, mobiliser ses énergies secrètes et profondes de façon anarchique peut comporter des risques : ceux de se tromper d'objectif ou de se « saboter », par exemple.

On pourrait alors aller vers une aggravation au lieu d'une amélioration. Les yogis connaissent bien le risque de « décompensation » de la maladie mentale impliqué dans ce qu'on appelle « l'éveil de la kundalini » (l'énergie primordiale lovée au bas de la colonne vertébrale). L'appui d'un guide évite ces risques et fait gagner du temps dans la marche vers la guérison. Si l'on est suffisamment motivé, on pourra très vite travailler de façon autonome.

Pour terminer, signalons un *« bénéfice secondaire immédiat »* de la visualisation. La pause qu'elle nous oblige à faire dans une journée procure un sentiment de bien-être qui suit toute véritable relaxation. C'est un temps incomparable de recueillement, d'écoute de soi et de ressourcement. C'est comme une prière qui contiendrait en elle-même son exaucement.

1. L. LeShan, *Vous pouvez lutter pour votre vie,* Laffont, Paris, 1982.
2. L. LeShan, *Méditer pour agir,* Seghers, Paris, 1976.

CHAPITRE XXIII

Vivre avec une maladie dite « incurable »

Quand Rémy m'a lancé pour la première fois « Pour moi, il n'y a pas de maladie incurable », j'ai eu d'abord une réaction de scepticisme et d'irritation. Puis j'ai réfléchi : en premier lieu, à mon propre itinéraire depuis un diagnostic « d'incurable » ; ensuite, à tous les malades que j'ai rencontrés et à la maladie en général. Un peu plus tard, je me suis dit : « Rémy a raison ; il n'y a pas de maladie incurable ; il n'y a que notre ignorance "de nos potentialités". »

Ignorance des causes et des mécanismes de la maladie ; ignorance des possibilités de traitement ; ignorance surtout des immenses ressources de notre propre corps à se guérir lui-même, à tendre naturellement vers cet équilibre qu'on appelle « santé ». Ignorance aussi de ce qu'est la « santé ».

Nous n'avons qu'à nous souvenir honnêtement des multiples fois depuis l'enfance où nous nous sommes coupés, brûlés, abîmés la peau ou les membres, de nos indigestions, de nos refroidissements et de nos fièvres. Nous conviendrons alors que des milliers de fois notre corps a courageusement repris le dessus, qu'il sait lui-même beaucoup de choses pour se réparer. Ce qui peut rester de gravement incurable donc c'est notre ignorance et notre scepticisme, notre manque de foi, et tout spécialement de confiance envers nos propres potentialités.

Face à un diagnostic d'incurable qui s'abat sur vous comme un couperet, vous retranchant brusquement du monde « normal », la réaction primitive c'est l'incompréhension, la colère, la détresse et l'auto-apitoiement. Avant de parvenir, si possible, à *l'acceptation*. C'est la série de questions absurdes : pourquoi moi ? Qu'ai-je fait pour mériter cela ? La honte aussi parfois ! Il faut un temps variable selon les cas, pour évacuer ces sentiments primitifs.

DE L'INDIFFÉRENCE À LA RÉVOLTE

Je me souviens : c'était une belle journée de printemps, ensoleillée, bruissante de vie ; les parterres de fleurs de la grande cour de la Salpêtrière composaient un arc-en-ciel joyeux, bigarré, m'évoquant un tableau de Seurat ou de Pissaro. J'avais 55 ans, aucun espoir de guérison, et le monde allait comme il va. Rien autour de moi n'avait changé. Les oiseaux chantaient tout autant. Et pourquoi pas ? La détérioration physique, progressive et irrémédiable disait-on, avait commencé. Les symptômes du Parkinson ne deviennent en effet apparents qu'après la destruction de 80 % des cellules dopaminergiques d'un noyau gris, le *locus niger*.

Pronostic : encore quelques années (deux, cinq ou dix ? personne ne peut le dire) de « possibles » avec les palliatifs chimiques. Ensuite, la perte d'autonomie, la paralysie progressive, la chaise roulante, l'assistance indispensable pour les actes les plus naturels, manger, pisser, se laver... « C'est pas vrai, me disais-je, c'est pas possible ; pas ça ; pas moi ! »

Je marchais tout aussi vivement en sortant qu'en entrant, heureux de vivre et de sentir mon corps répondre. Pourtant, j'étais entré « normal » et je ressortais « incurable ». Sur le moment, je n'ai pas réagi. Je suis allé très normalement vaquer à mes obligations professionnelles. J'étais convié à un cocktail d'ambassade, et je m'y suis rendu directement depuis l'hôpital. Cohue, cancans, poignées de mains, bousculade pour un jus d'orange, sourires un peu mécaniques : la routine... Il n'y avait rien de changé.

Je revois encore l'air désolé, compatissant et hésitant, du professeur Gautier. C'est moi qui ai dû lui demander de parler franc. « C'est la maladie de Parkinson, n'est-ce pas docteur ? » Il a hoché la tête avec un peu de tristesse, sans mot dire. « Bon, ai-je dit ; je m'en doutais. Vous êtes le premier à oser me dire la vérité. » Depuis six mois en effet j'avais consulté plusieurs neurologues dans différents services hospitaliers parisiens parmi les plus réputés. Tous avaient nié, parfois très énergiquement, l'existence de la maladie.

Quelques jours après le diagnostic, j'ai senti gronder la révolte. Le sentiment d'une grande injustice m'a envahi : « Qu'ai-je donc fait pour mériter cela ? » Après tant d'années de travail, je commençais à me prendre et à prendre la vie un peu moins au sérieux. J'avais à peine appris à réduire le régime des moteurs, qui chez moi avaient toujours tourné plein gaz, au physique comme au mental. Et c'est au moment où je décide de prendre la vie plus relax que la maladie paralysante se révèle. Quel message m'adresse mon corps, exténué d'avoir été mené tambour battant et sans ménagement pendant plus d'un demi-siècle ? Crie-t-il « Pouce » ? Ou bien se met-il carrément en grève ? Pour me forcer à négocier avec lui — pardon, avec moi-même — nos conditions d'existence entre Maintenant et l'Eternité ?

Des questions, des questions, des questions... Et — au début au moins — peu de réponses.

PASSAGE À L'ACTION

Ma formation psychologique et ma pratique psychotérapeutique allaient heureusement beaucoup m'aider, ainsi que mon expérience de journaliste, de « sceptique professionnel ».

Dès que j'ai soupçonné la possibilité d'un syndrome parkinsonien, je me suis procuré les cours d'internat de neurologie et ai lu tous les livres et articles que je pouvais trouver. J'avais rencontré et interviewé dans le but d'écrire un article (publié ultérieurement dans *Vie et santé*) plusieurs grands patrons considérés comme les spécialistes de cette maladie (Pierre Rondot, à Sainte-Anne, Yves Agid à la Salpêtrière). Les pronostics paraissaient très sombres : perte progressive de la mobilité, troubles de l'équilibre, évolution fatale vers la rigidité et la paralysie et une foule d'autres symptômes peu réjouissants. *Aucun cas de guérison connu par aucune méthode*. Ignorance totale des causes de la maladie, aucune amélioration à espérer.

Une chance cependant : pendant quelques années l'administration pluriquotidienne de levo-dopa permet le plus souvent de réduire les symptômes. Ensuite, les neurones trop sollicités refusent la médication et le malade peut se retrouver avec des mouvements incontrôlés, brusques et désordonnés et le phénomène *« stop-go »*. Cela veut dire que le patient reste cloué sur place dans la position où il se trouvait, incapable de bouger, comme un automate dont le moteur s'arrête. Il ne peut « repartir » qu'avec une nouvelle dose de médication et une aide extérieure.

Précisons : c'étaient les connaissances de l'époque (fin 1982, début 1983). Depuis, d'autres espoirs ont surgi : les « agonistes », substitutifs de la levo-dopa, les greffes de cellules dans le cerveau et la recherche toxicologique sur une substance qui déclenche un Parkinson idiopathique, la MPTP.

Dans l'état des remèdes disponibles connus, je pouvais craindre de ne pas supporter le traitement à la levo-dopa ou aux agonistes, seul espoir sérieux de fonctionner pour encore quelques années. Les études sur le sujet précisaient que ces médicaments provoquaient des troubles digestifs qui obligeaient le malade à prendre d'autres médications, peu efficaces, ayant elles-mêmes leurs contre-indications. Avec un système digestif resté fragile après deux opérations, on pouvait craindre que je fasse partie des 10 à 20 % de Parkinsoniens ne supportant aucune forme de levo-dopa. Heureusement, on commençait à mieux connaître un agoniste, la bromocriptine (parlodel), qui donnait souvent de bons résultats. Mais qui avait aussi d'autres inconvénients.

On m'a proposé d'autres médicaments palliatifs. J'en ai longuement discuté avec mon médecin traitant et avec le neurologue. Après avoir pris avis de toutes parts et analysé les informations reçues, j'ai décidé de ne rien prendre et d'attendre le plus longtemps possible pour commencer le plus tard possible le traitement à la L-dopa. Sa durée d'efficacité est limitée de cinq à dix ans, selon les individus. J'ai « gagné » ainsi une année grâce, en grande partie, à la visualisation, à l'exercice physique et la kinésithérapie (auxquels les médecins ne croyaient pas).

ENSEIGNER AUX SOIGNANTS À NOUS SOIGNER

J'ai mis ce temps à profit pour *me conditionner psychologiquement* à bien tolérer la L-dopa et à me renseigner sur le meilleur choix diététique pour cette maladie. J'ai appris ainsi une chose très importante : l'ingestion de protéines animales (et en particulier la viande) en même temps que la levo-dopa annule l'action du médicament. Il convenait donc de prendre ses médications loin des repas et de réduire la prise de viande. Certains parkinsoniens choisissent de devenir végétariens. Ce n'est pas mon choix.

J'accumulais également les informations sur l'efficacité de la kinésithérapie et de l'exercice quotidien. J'appris encore une chose précieuse : *qu'il fallait que j'enseigne aux soignants à me traiter en dialoguant constamment avec eux.*

La participation active à la création de France-Parkinson et à ses activités initiales pendant les premières années, me permit de rencontrer d'autres patients, à différents stades de la maladie et en plus ou moins bon état. Plus tard, le groupe « d'actifs » que nous avons constitué a été utile pour échanger des informations.

Assez vite cependant, je m'étais rendu compte que parler de la maladie, souvent avec des patients eux-mêmes plus atteints que moi, torturés d'angoisse et de questions, ne me faisait aucun bien. Au bout de deux ans, je décidais de mettre mon expérience et mes connaissances à la disposition de ceux qui le voudraient, mais de concentrer et de préserver mon énergie vitale pour améliorer ma propre condition. Je cessais donc de participer à des réunions de malades après le lancement réussi d'une grande campagne d'information et de recrutement.

Je me suis un peu étendu sur mon « cas » : c'est celui que je connais le mieux. Mais les amis que j'ai consultés, et qui ont connu d'autres affections, m'ont fait part d'expériences très voisines. Mon exemple n'a donc rien d'unique ni de spécial.

CHOISIR SA DÉMARCHE PERSONNELLE

Après le désespoir et la révolte s'impose la froide nécessité de bien s'informer, puis celle de « décider » d'une démarche. La prise de conscience des besoins du corps est suivie d'une « décision » d'en prendre soin (par l'exercice et la nourriture adéquate, notamment). Le désir d'aider les autres « malades » se traduit de diverses façons : articles, livres, associations, contacts directs... De temps en temps, j'ai la joie d'aider d'autres patients par des informations ou des conseils, à la demande d'amis médecins ou thérapeutes.

Nous avons tous aussi besoin de rencontrer un médecin personnel, intelligent et consciencieux, en qui l'on peut avoir confiance et qui nous fait confiance pour collaborer au traitement. Un autre besoin : celui d'alterner de chaleureux contacts avec les autres avec de grands moments de solitude et d'intériorité ; de nous sentir à la fois faire partie de la société humaine et aussi capables de vivre sa vie intérieure dans un isolement choisi. On va aussi choisir d'organiser son départ (voir plus loin).

J'ai retrouvé des itinéraires parallèles au mien chez d'autres malades ou ex-grands malades − cancers, Sida, cardiopathie, ou d'autres affections limitant, en apparence − la vie et l'autonomie. « On ne meurt pas du Sida, m'a dit François, mais on peut mourir de l'absence de défenses contre les agressions infectieuses... Mais le pire a été (notez l'emploi du passé) le rejet social. Parce que Sida = homosexuel. La grande peur, au début, de l'entourage et des soignants ! La maladie, c'est déjà assez grave, mais en plus, il y a le rejet. D'abord, je me suis révolté avant de parvenir à le comprendre et à l'accepter. »

N'oublions jamais que les médecins et les soignants ont peur surtout des maladies graves et transmissibles. C'est particulièrement frappant dans le cas du Sida. Mais c'est aussi vrai pour les cancers et la plupart des autres maladies. Même dans le cas du Parkinson, il survit depuis un demi-siècle une bizarre hypothèse virale (un virus « lent » : ô combien !) qui peut faire craindre à certains médecins la contagion.

François m'a dit encore sa détermination d'aider les autres malades, notamment par l'information exacte. Au début, son propre frère qui l'aime, lui avait demandé de rester à l'écart. Il craignait pour ses jeunes enfants avant d'être mieux informé de l'absence de risque de contagion (sauf par contact direct par le sang et le sperme).

Ce « malade » responsable qu'est François est décidé à se battre pour vivre : « Je me bagarrerai comme un chien, dit-il. J'irai jusqu'au bout du monde s'il le faut pour me soigner. Et j'essaierai de continuer à travailler au maximum. Dans ma tête, je ne suis pas un malade. Mais je suis un sujet qui peut le devenir. Mon médecin dit qu'à mon âge (42 ans), j'ai tout autant de chance de mourir d'un accident d'auto ou d'un infarctus. Le vrai problème dans le cas du Sida, c'est le jugement des autres et l'interdit sexuel. C'est la peur (toujours elle), due au manque d'information ». Mais n'est-ce pas également le cas dans de nombreuses autres maladies ; il n'y a qu'à voir l'attitude de certains bien-portants face aux handicapés.

LA SORTIE DU GHETTO-MALADIE

François repousse l'idée d'une « maladie-ghetto ». Toutes les maladies peuvent être des ghettos si on s'y laisse enfermer. Il pense que « l'auto-détermination » peut énormément l'aider à mobiliser ses défenses. Ce qui est d'autant plus important dans le cas de virus qui s'attaquent au système immunitaire lui-même. Nous avons parlé de la visualisation. Et de nos amis, emportés en peu de temps par la maladie. De bons camarades, solides. Balayés... François croit comme moi à l'importance de l'amitié. Il voit toujours autant ses amis et les gens qu'il aime. « Ce sont les autres que je vois moins » dit-il en riant. Autrement, il vit normalement au plan social et professionnel.

Au début, il a souffert du handicap sexuel. Puis il a été à la rencontre d'autres « séro-positifs » ; ils ont mis en commun leurs informations, leurs peurs et leurs moyens de prévention. *« Le partage, c'est la fin de l'angoisse. C'est la sortie du ghetto. »* Nous sommes d'accord pour dire qu'il faut aussi partager avec des « malades » ayant des affections différentes pour éviter le « ghetto » et parler de la problématique commune.

Inévitablement, nous avons parlé de la mort, de notre mort. Etre obligé d'envisager sa propre mort aide à la comprendre et à la dédramatiser. La qualité de la vie devient une exigence capitale chez tous les « malades » et ex-malades qui se prennent en charge. En même temps, l'angoisse en soi a disparu. « Il y a des tempêtes sur un fond de certitudes et de foi », dit encore François, qui est profondément croyant. (Comme l'était mon ami X, sidatique mort peu auparavant dans une grande sérénité.)

Nous n'avons rien de plus capital en commun, nous les « malades », que *cette exigence de qualité de vie, ce refus de la médiocrité morale et des apparences sociales, cette indifférence au statut, et cette capacité nouvelle à vivre pleinement et totalement le présent.* J'ai retrouvé la même exigence chez Nicole, mon amie ancienne cancéreuse. Le pronostic vital après opération serait dans son cas de 50 %. « On me dit guérie ; donc, je suis guérie » dit-elle avec un beau sourire.

Autre point commun : *l'espoir.* L'espoir, sciemment et délibérément entretenu d'une « guérison », grâce à la fois à sa propre capacité à s'aider et au progrès des thérapeutiques. Ce qui n'a rien à voir avec la croyance au miracle. La « pensée magique » est *infantile.* L'espoir est *adulte.*

LA CROISSANCE INTÉRIEURE

Geneviève, atteinte d'un liposarcome du bras gauche, vit depuis cinq ans avec un pronostic de six mois de survie. Dans l'intervalle, elle a fait un deuxième cancer, cette fois de l'utérus, opéré sans problème. Son premier cancer, celui du bras, est considéré comme gravissime, inopérable et incurable. En février 1986, à l'institut Curie, on a voulu recommencer une chimiothérapie, tout en lui disant que dans un cas comme le sien, ça ne donnait aucun résultat. Elle a refusé et décidé d'attendre. Elle a utilisé la sophrologie et suivi des séminaires de préparation à la mort.

Lorsque je la rencontre, plus d'un an après, je suis en face d'une femme condamnée depuis cinq ans mais bien vivante, dynamique, lucide et sereine. Son état n'a pas empiré. Par crainte des métastases, on envisage une amputation totale du bras qu'elle a fini par accepter. Elle a choisi la vie en dédramatisant sa situation et en vivant pleinement le présent. Elle devait prendre sa retraite à la fin de l'année 1987 et se préparait déjà à d'autres activités bénévoles dans le cadre de l'association Harmonie et espoir : soutien aux malades cancéreux. Elle prépare, entre autres, un colloque sur l'humanisation de la mort. Geneviève voit la mort dans l'optique d'Elisabeth Kubler-Ross « comme la dernière étape de sa croissance ».

Je constate que sa préoccupation majeure est la poursuite de sa transformation intérieure, de sa croissance spirituelle, dirais-je, qu'elle assume totalement, comme elle assume le cancer et l'inévitabilité de la mort. « Tu ne meurs pas de ce que tu es malade, a dit Montaigne, tu meurs de ce que tu es vivant » (Essais III-3). Geneviève me dit encore : « Je me sens portée par l'amour de mes amis. Il faut que je vive parce que ça leur fait du bien. » Elle me fait penser tout à coup à mon amie Aline Pagès. Elle-même médecin, elle venait de mourir d'un cancer généralisé, en toute lucidité. Comme je lui demandais : « Tu n'as donc plus envie de vivre ? », elle me répondit : « C'est fini, je ne veux plus me battre ; la seule chose qui m'embête, c'est de faire de la peine aux copains. » Aline prenait une place immense dans la vie de ceux qu'elle rencontrait et de ses amis proches. Elle savait qu'elle laisserait en partant un manque énorme et c'est ce qui lui était le plus pénible.

« INCURABLE » : UN PRONOSTIC SANS VALEUR

Avec les mêmes termes que François, Nicole ou Jacques, Geneviève me dit : « Dans ma tête, je ne suis pas malade, ce qui agace prodigieusement les médecins. A Curie, ils disent de moi : "Elle est chiante... mais il nous en faudrait beaucoup comme ça". » « Comme ça », c'est-à-dire acceptant bien, une fois pour toutes, la maladie et ses limites, mais sans se considérer comme « hors jeu », hors de la vie. Sans attendre passivement la mort. Au fond, c'est cela « choisir de vivre ». Gino, qui selon ses médecins devrait être morte, est une vivante leçon de vie. Comme l'écrivait France Pastorelli : « Que ceux dont un lourd verdict médical assombrit l'existence ne s'en alarment pas trop !... La médecine — même celle des meilleurs médecins — est bien loin d'être une science exacte... les pronostics sur la durée d'une vie humaine sont aussi variés et presque aussi souvent erronés que les pronostics météorologiques » [1].

France Pastorelli savait de quoi elle parlait. Elle écrivait ces lignes en 1933. A l'époque, elle aurait dû être morte depuis longtemps. Elle vivait *depuis quinze ans avec une maladie de cœur dont un professeur réputé lui avait dit qu'elle évoluait fatalement toujours en quelques mois, un an tout au plus.* Cette grande musicienne a vécu vingt-cinq ans à l'ombre de la mort, de crise cardiaque en crise cardiaque, pour partir enfin après une infection rénale et un cancer. Mais toutes ces années de maladie, qui auraient pu être désespérantes et tristes, ont été illuminées par le rayonnement d'une énergie

---

1. F. Pastorelli, *Servitude et grandeur de la maladie*, p. 19.

spirituelle vouée au bien et à l'affection, et par son amour des autres et de la musique.

Aucun médecin ne peut être sûr de son pronostic. Le professeur Dubois de Montreynaud cite plusieurs exemples qui attestent de son humilité. Quant au docteur Pierre Marty, il affirme que « les guérisons, les rémissions, les complications, la mort ne surviennent pas toujours au moment où le médecin les attend [1] ». Et aussi « On doit pourtant admettre, ce qui choque l'entendement de nombreux médecins et de nombreux malades, que, dans certaines circonstances, un individu puisse se modifier de lui-même jusqu'à influencer le cours d'une affection cependant maligne [2] ». « Eloigne de moi, mon Dieu, l'idée que je peux tout » priait Maïmonide, le grand médecin et philosophe juif du XIIe siècle.

NE JAMAIS DÉSESPÉRER

A une certaine époque, le docteur Elisabeth Kubler-Ross, mondialement connue pour ses travaux sur l'écoute et l'accompagnement des mourants, disait que les médecins se trompaient une fois sur deux dans leurs pronostics vitaux. « Nul ne sait ni le jour, ni l'heure » dit l'Evangile.

Que ceux qui reçoivent, comme nous, un diagnostic « d'incurable » ne se hâtent pas de désespérer. Qu'ils n'agissent pas comme ce malade, réputé courageux, et qui exigeait de ses médecins toute la vérité. Apprenant que ses soupçons étaient fondés et qu'il était réellement atteint d'un cancer, il a pris poliment congé des médecins. Et il s'est jeté par la fenêtre. Or, son cancer était justement de ceux dont on pouvait espérer une guérison complète et définitive (voir Dubois de Montreynaud, *Un médecin à l'écoute du malade*, p. 114). La mort seule étant irrémédiable, c'est le malade qui peut choisir ou non d'être considéré comme « incurable ». « C'est de la sottise, disait Sénèque, que de mourir par crainte de la mort. »

Rémy avait raison. Hormis en phase terminale – et encore ! –, il n'y a pas de maladie incurable. « Le "Ça", dit Groddeck, sauve (l'homme) par la maladie de dangers autrement plus graves que ne l'est le danger de vie et le danger de mort [3]. »

Il n'y a pas de situations désespérées, il n'y a que des êtres qui désespèrent des situations ai-je lu un jour sur une carte postale. Il n'y a que la mort qui soit « incurable » ; et même alors, on peut toujours choisir de mourir désespéré ou de mourir heureux. Et aussi de croire ou non en la vie éternelle.

1. P. Marty, *Les mouvements individuels de vie et de mort*, p. 44.
2. P. Marty, *Les mouvements individuels de vie et de mort*, p. 49.
3. G. Groddeck, *La maladie, l'art et le symbole*, p. 44.

CHAPITRE XXIV

Le baiser de l'ange

Comme le stress et la psychosomatique, *la mort est très à la mode.* Tant pis, il me faut en parler. Mais je laisse d'abord la parole à l'immortel poète de *La divine comédie,* Dante Alighieri : « Comme un marin expérimenté amène les voiles de son bateau à l'approche du port pour y faire son entrée en douceur, à vitesse réduite, nous aussi nous devrions amener les voiles de nos activités mondaines et nous tourner de tout notre cœur vers Dieu pour entrer dans le port, l'âme sereine et paisible... Dans une pareille mort, il n'y a ni amertume ni douleur ; mais comme la pomme mûre se détache de l'arbre sans bruit ni violence, notre âme se sépare du corps qui lui servait de demeure. »

Elie Wiesel, relatant la mort d'un maître talmudiste, raconte : « Brusquement, au milieu d'une phrase, il s'interrompit ; l'instant d'après, il n'était plus... Pareille mort est considérée dans la tradition juive comme *mitat neshika* ou mort douce ; l'Ange vient, embrasse l'élu comme on embrasse un ami et l'enlève, lui épargnant ainsi toute souffrance et toute trace d'agonie [1]. » Chacun d'entre nous, dans des circonstances normales − hors catastrophes ou guerres − devrait pouvoir partir ainsi : en douceur et en paix, dans un baiser de l'Ange. *Mitat neshika* signifie littéralement « la mort dans un baiser ». C'est la véritable *« eu-thanasie »* ou « bonne mort », au sens étymologique du terme.

UN CADEAU AUX SURVIVANTS

Notre mort ressemble à notre vie profonde : agitée, inquiète, angoissée et torturée ; ou bien paisible, sereine, harmonieuse, juste. Une telle mort est *un véritable cadeau pour les vivants ;* c'est ce que m'a fait comprendre, en quelques phrases, un religieux catholique, le père François Hess, de la Compagnie de Jésus.

1. E. Wiesel, *Paroles d'étranger,* p. 109.

Il ne s'agit donc plus de savoir mourir, mais de savoir vivre. L'important n'est pas ce qui va se passer après la mort, mais bien plutôt ce qui se passe durant notre vie.

Il y a quelques années, je fus bouleversé par le récit que fit un camarade, de la mort douce et belle de son père. Nous savions, depuis quelques semaines, que le vieux monsieur s'acheminait vers la fin de son existence terrestre. Il était catholique et croyant et se préparait à la mort en se mettant en règle avec sa conscience, avec son Créateur et avec ses enfants. Pour lui, la mort n'était qu'un passage entre deux mondes, un passage qu'il attendait avec confiance et qu'il a franchi sans trouble ni inquiétude.

Ce monsieur venait de mourir dans la plus pure tradition judéo-chrétienne. Mais cela je ne le comprendrais que plus tard. A ce moment-là, j'ai seulement été ébranlé dans mon absence de foi. Je reste méfiant à l'égard de toute religion organisée, de tout rituel imposé, et les dogmes qui ne servent qu'à condamner les autres. Reste la foi, qui est autre chose : un mystère, une grâce.

LA RÉALITÉ AU-DELÀ DU RÉEL

Né juif, dans une famille non pratiquante, j'ai découvert tardivement l'approche de la mort dans la tradition juive. Elisabeth Kubler-Ross, de famille protestante, la cite en modèle : le juif qui va mourir doit mettre en ordre ses affaires matérielles, se mettre en règle avec l'Eternel en sollicitant sa grâce dans le repentir, bénir sa famille et surtout laisser aux siens un « testament éthique », des directives morales pour une vie juste, pour ceux qui vont poursuivre le « voyage »[1]. Ainsi est assurée la continuité de la vie. Ainsi sont satisfaits les besoins émotionnels du mourant et de sa famille.

« Dans ma pratique de prêtre, m'a confié le père Hess, j'ai été apprivoisé dans mon idée de la mort, par le fait que certains de mes compagnons de vie humains ont vécu l'approche de la mort sans angoisse. Comme s'ils me disaient : "Tu vois, ce n'est pas si dramatique que ça !" Appelé par la famille ou l'hôpital auprès d'un mourant, on arrive en croyant qu'on apporte quelque chose ; on repart en ayant reçu quelque chose. »

Pour les croyants juifs et chrétiens, la vie ne s'arrête pas à la mort. « C'est une transition d'un état d'existence humaine à un autre », dit encore Zakary Heller[2]. Cette croyance peut générer une très grande force. Cela signifie qu'ils sont toujours prêts à « être rappelés à Dieu ». Pas tous cependant, car l'angoisse de la mort frappe autant les croyants que les athées et les agnostiques.

L'indouiste, pour sa part, ne croit pas à la mort. Il *sait* que l'atman, le principe de vie, est éternel, immuable, immortel. « La mort est certaine pour

1. E. Kubler-Ross, *On death and dying*, p. 66 à 72.
2. E. Kubler-Ross, *On death and dying*, p. 66.

le vivant ; la renaissance est certaine pour le mort » lui assure la Bhagavad-Gîtâ. D'où une grand confusion chez nombre d'Occidentaux qui flirtent avec l'indouisme.

Pour les musulmans, la mort au nom d'Allah ouvre directement la porte d'un éternel paradis. Ils rechercheraient plutôt ce genre de mort pour mériter la félicité infinie. Dans le Coran, Dieu est « Celui qui rend la vie aux morts »... (22,6). Car l'islam, comme le judaïsme et le christianisme, croit en l'immortalité de l'âme et en la résurrection finale de tous les croyants.

En dehors même de toute croyance ou religion particulière, on peut constater que beaucoup de gens ont une conviction, une foi profonde en une « autre réalité », une force transcendantale, non visible et ineffable. Ce qui leur donne la certitude que leur vie (et leur mort) a un sens qu'il leur appartient de trouver. Ceux-là sauront lui donner un sens. « La Réalité est au-delà du réel » a dit Al Hallaj, le grand mystique soufi.

UNE VIE ILLIMITÉE

Depuis un demi-siècle, les découvertes de la physique ne font que confirmer la relativité de la réalité sensorielle (voir Capra, *The Tao of physics*). Le temps est devenu une notion élastique, même si le temps terrestre finit par nous tuer. Celui-là passe de la même façon pour le pauvre et le riche, le faible et le puissant.

C'est la force de vie (la « Lumière Intérieure » des quakers) qui fait toute la différence entre un temps « vide » et un temps lumineux. « Quand on a senti une fois cette force hors de la réalité, rien n'est plus jamais comme avant » m'a confié Geneviève Malard. C'est également ce que je ressens.

Cette « force », qui n'est pas nommée, confère une infinie réserve d'énergie et une confiance définitive dans sa propre croissance spirituelle. La mort, à ce stade, ne peut plus être un drame, ni un châtiment, ni même un aboutissement. Elle s'inscrit dans un devenir perpétuel. L'angoisse disparaît, remplacée par une plénitude jubilante, quasi mystique, sans aucun fondement descriptible.

L'expérience de la mort proche, certaine ou imminente, éprouvée par de nombreux malades, les conduit à intégrer leur mort (qui interviendra tôt ou tard) comme une expérience de vie. J'ai ainsi appris que *d'être limité dans son corps, peut nous enseigner à devenir illimité dans sa vie.*

« Le grand malade, a écrit le professeur Dubois de Montreynaud, peut avoir suffisamment réfléchi à l'éventualité de la mort pour l'accepter n'importe quand. "Je suis prêt", disent certains... Ainsi, *grâce à sa maladie,* il a résolu le problème si difficile *qui consiste à être disponible* [1]. » Ce médecin a mis là l'accent sur l'essentiel : *être disponible.*

Il n'y a pas que les grands malades. D'autres aussi, qui sont guéris après de

---

1. J.-M. Dubois de Montreynaud, *Un médecin à l'écoute du malade,* p. 130.

grosses interventions chirurgicales ou accidents, ont « suffisamment réfléchi » pour être disponibles. Et les bien-portants aussi peuvent réfléchir à cette « disponibilité » nécessaire. Car, malades ou bien-portants, nous sommes tous égaux devant la mort et la multiplicité de ses formes. Devant la mort, « le riche et le pauvre se rencontrent ; c'est l'Eternel qui a créé l'un et l'autre » dit l'Ecriture.

« LA DERNIÈRE DÉMARCHE DE LA RAISON »

La disponibilité permanente au départ à n'importe quel moment confère une équanimité et une sérénité peu communes. L'énergie, autrefois gaspillée dans la peur et l'angoisse, peut être utilisée pour l'équilibre, l'amour, la joie, le mieux-être. *La certitude de la mort est une source d'énergie présente en chacun de nous*. Elle donne une furieuse envie de vivre.

Je ne sais pas si c'est Dieu qui l'y a mise en nous, ou si même elle fait partie du Divin. Je sais seulement qu'elle existe et qu'elle est toujours présente en moi et pour moi. Il me suffit d'y être attentif et de ne pas hésiter à y faire appel. La méditation et la relaxation m'aident énormément à calmer le tumulte dérisoire de la vie et des réalités superficielles pour entendre cette voix intérieure et prendre conscience de cette force.

Peut-être tout cela n'est-il que fantasmes ? Qu'importe !

Le fait d'avoir connu une Expérience proche de la mort (EPM), l'expérience indicible d'une vision au-delà de la vie, m'a donné, comme à beaucoup d'autres, cette sérénité totale et une disponibilité de tous les instants face à la Mort. C'est un grand privilège, j'en conviens, mais il n'est pas exceptionnel. Il est à la portée de tous de s'approcher de la mort de façon positive et d'atteindre à cette familiarité exempte de peur et de révolte avec l'après-vie. Il est possible que cet au-delà entrevu n'existe qu'à l'intérieur de moi. Je dirai avec Blaise Pascal « La dernière démarche de la raison est de reconnaître qu'il y a une infinité de choses qui la surpassent » (*Pensées* IV, 267). Il me paraît tout aussi absurde de décrire avec certitude ce qui nous attend après la vie que de nier en bloc l'existence de phénomènes inexplicables.

On entend souvent dire de certaines personnes qu'elles sont plus belles après leur mort. Beaucoup de visages en effet expriment dans la mort une sérénité, une joie que les vivants constatent sans pouvoir l'expliquer. La mort peut-elle être heureuse ?

VIVRE AU POSITIF

Je crois vraiment que cela dépend de la vie telle qu'on la mène avant son achèvement. *Il n'y a que deux façons de vivre :* une façon *positive* et une façon *négative*. Il est rare qu'on puisse être toujours totalement dans l'une ou l'autre. Mais si l'on est positif 80 % du temps, la vie est belle, l'être profond s'accomplit et le monde est un endroit merveilleux. Et on peut toujours tendre vers davantage de positif. Si l'on est négatif à 80 % ou plus, il vaut mieux, d'urgence, consulter un psychiatre ou un psychothérapeute avant la grosse déprime, la somatisation majeure ou l'accident grave.

De même, il n'y a que deux façons de mourir : on peut mourir heureux et en paix, ou bien mourir désespéré et dans l'amertume. Pour mourir heureux, il n'y a qu'une recette : vivre au positif et acquérir ainsi la certitude d'accomplir son destin, la tâche, si minime soit-elle, pour laquelle la vie nous a été donnée.

Cette extrême schématisation fera peut-être sourire les philosophes et les intellectuels. Mais je n'ai pas d'interprétation métaphysique à proposer. J'ai constaté que dans les épreuves graves ou à l'approche de la mort, seul l'essentiel demeure.

Foin des philosophies : cette chair va mourir. Il ne reste que l'amour, l'amitié, la tendresse, la confiance, qui comptent et compteront jusqu'au dernier souffle. « Si vous vivez bien, vous n'aurez pas à vous soucier de la mort. Même si vous n'avez qu'un seul jour à vivre. Bien vivre veut dire essentiellement apprendre à aimer » dit Elisabeth Kubler-Ross. Ne meurent désespérés que ceux qui n'ont pas su aimer et donc n'ont pas pu réaliser la plus grande aspiration de notre être profond.

PARTIR EN PAIX

C'est pourquoi à l'approche de la mort, même des croyants restent crispés, tendus et apeurés. D'autres, même non croyants, la voient venir sans crainte. J'ai déjà mentionné ces cancéreux dont les dernières années sur terre sont illuminées par la qualité de leur vie. Je repense à mon amie Aline, agnostique rayonnante d'humanité dont le seul souci, au seuil de la mort, était la peine qu'elle allait nous causer en partant. C'est vrai qu'elle allait terriblement nous manquer, ainsi qu'à toutes les familles qu'elle aidait de tout son pouvoir de médecin de PMI et de son infatigable générosité.

Aline est morte à 55 ans dans la souffrance d'un cancer généralisé. Le mal l'avait surprise en pleine force, quelques mois auparavant. Elle a traîné deux mois en déclinant, mais elle n'a jamais abandonné la vie. Les derniers jours, ne pouvant plus parler, elle me passait des messages difficilement écrits pour me donner des conseils de santé et des recommandations de vie. Elle m'avait dit : « Je sais très bien que je me suis fabriqué mon cancer ; c'est comme ça, tant pis ! »

Je pense aussi à Clara, que j'appelais « ma mère spirituelle » pour tout ce qu'elle m'a enseigné de l'univers féminin en vingt-cinq ans d'affection mutuelle. Elle m'avait dit quelques semaines auparavant qu'elle en avait assez vu, assez vécu et qu'elle était prête à partir. Juive élevée dans un christianisme œcuménique, Clara disait souvent : « Ça m'embêterait quand même qu'il n'y ait rien après. » Puis elle éclatait de son rire de jeune fille. A 85 ans, elle était alerte, autonome et dynamique. Elle s'est allongée ce soir-là pour prendre un peu de repos avant le dîner. Cinq minutes plus tard, on l'a trouvée endormie pour toujours. *Mitat neshika*. L'Ange était passé l'embrasser.

Comme Aline, Clara avait mis ses affaires terrestres en ordre et dit ce qu'il fallait dire (dans l'ordre moral) à ceux qui devaient l'entendre. Toutes deux sont parties en ayant accepté leur mort.

LA QUALITÉ DE L'INSTANT

En fin de compte, le plus difficile à accepter reste la mort des autres. A soixante ans, on commence à aller de plus en plus souvent accompagner un ami, une amie ou un proche « à sa dernière demeure ». C'est une sorte de « répétition générale ». Mais on ne s'habitue jamais à la mort de ceux qu'on aime.

Un ami de ma génération a vu venir sa mort avec une équanimité impressionnante. Nous ne nous connaissions pas très bien, même alors que notre amitié et notre affection s'approfondissaient à chaque rencontre depuis deux ans. J'ignorais son homosexualité. Quand il a commencé à attraper « une grave maladie », dont il a guéri, nous avons tous d'abord cru qu'il s'en était sorti. Mais il était changé, il parlait très paisiblement de l'éventualité de sa fin prochaine. Nous, ses amis, ne voulions pas y croire, ignorant qu'il était atteint du Sida.

Une telle paix émanait de tout son comportement quand il est venu, avec d'autres amis, me souhaiter mon cinquante-neuvième anniversaire, que je ne pouvais deviner que c'était l'une de ses toutes dernières sorties. Il s'est couché peu après et, entouré de ses proches et de ses amis, il est parti sans tristesse. Il s'était depuis longtemps rendu « disponible ». L'ancien rebelle avait fait la paix avec « Ce qui l'attendait ».

Les yogis tantriques préparent toute leur vie ce passage : le moment de quitter le « plan de la manifestation ». Selon leur croyance, personne ne meurt. Mais si la personne ordinaire revient de nombreuses fois dans des vies différentes pour accomplir son *karma* (sa destinée cosmique), le Sage qui l'a mérité ne sera plus réincarné et vivra le *nirvana* éternel en se fondant dans la Divinité.

Tous les exercices yogiques, les postures, la respiration, la méditation, n'ont qu'un seul but : celui de rester lucide au moment du passage et de diriger sa propre mort pour conduire « l'essence de la vie », l'atman, vers le Divin. Dans la théorie du karma comme dans d'autres traditions, la réincarnation est un châtiment.

« L'ÉTERNITÉ, C'EST LONG... »

Nous connaissons tous, ne serait-ce que par ouï-dire ou par lecture, des histoires de sages qui décident du moment et de la façon de mourir. Toutes les grandes traditions en rapportent. Mais tout le monde ne peut pas devenir un Maître, un Sage, un Grand Initié. Les plus grandes leçons nous sont données à cet égard par des gens simples dans la vie quotidienne. On peut prédire la qualité d'une mort à la qualité d'une vie.

Quelques exemples proches de ma propre vie. Du côté maternel, j'appartiens à une famille où l'on vit vieux. On y dépasse souvent 90 ans et plus. Le grand-oncle, mort à 99 ans et demi, est entré dans la légende... A 95 ans, on avait eu toutes les peines du monde à le dissuader d'épouser sa petite bonne de 16 ans. Son frère puîné s'était fâché à 95 ans avec sa fille parce qu'elle avait voulu lui interdire de faire seul son marché. Un autre frère de 92 ans, un grand érudit, était devenu une sorte de juge de paix bénévole, que toute la ville venait consulter. Ils ont tous frôlé les cent ans. Ma propre mère est morte à 91 ans. A 85 ans passés, elle repoussait un soupirant de quinze ans son cadet. Elle le trouvait vraiment trop vieux.

La vedette revient à une grande tante par alliance, morte trois mois avant son centième anniversaire. L'événement devait rassembler les trois cent cinquante membres proches et lointains de la famille. Et le président de la République (à l'époque Charles de Gaulle) était invité et espéré. On a trouvé la vieille dame un matin, cœur arrêté et sourire aux lèvres : mitat neshika. Tous ces jeunes vieillards quasi centenaires avaient en commun la bonne humeur, la gaieté, l'humour, l'espièglerie, un rire épidémique et la joie de vivre. Ils ne se souciaient guère de l'avenir. Ils n'ont pratiquement rien laissé à leurs héritiers en biens matériels. Au plan spirituel et moral, en revanche, ils ont laissé un modèle et un message implicite : *l'Eternité, c'est l'instant qui passe et plus jamais ne sera.* Vivons bien, vivons gaiement ! Car comme dit Woody Allen : « l'Eternité, c'est long... surtout vers la fin. » Sachons vivre l'instant qui passe.

UN ACCOMPLISSEMENT SPIRITUEL

Choisir sa mort, c'est à le dire une formule un peu prétentieuse et vaine. On ne choisit de vivre qu'en refusant la « mort-désespoir » et en la remettant au plus tard possible. Ce choix de vie implique un choix de mort : une mort pacifiée, heureuse, un accomplissement spirituel, une étape dernière vers le plus haut.

Choisir sa mort implique que l'on consacre ce qui reste de son temps de vie (quelques jours ou cinquante ans), à s'améliorer, à progresser dans la connaissance de soi, à apprendre l'amour des autres, le don gratuit, le partage, l'espérance. C'est essentiellement mettre tous ses actes en harmonie avec les désirs et les besoins de son être profond.

Choisir est alors un geste quotidien et pluriquotidien entre ce qui est bien, pour soi et les autres, et ce qui est vain, inutile, factice, minable ou dérisoire. Choisir c'est avant tout mettre dans chaque moment une qualité optimale et une conscience de faire partie d'une totalité qui est, elle, immortelle. Choisir, c'est désirer croître dans la vie spirituelle et rendre chaque jour grâce à la Providence de tous ses bienfaits.

La mort est inéluctable. C'est se tromper soi-même que de l'anticiper. *Le pire c'est de ne pas choisir.* D'attendre dans la crainte, la passivité et la tristesse, le dernier moment sur cette terre et la souffrance de la quitter.

Mais si l'on a choisi de vivre tant que nos forces et notre foi nous portent, nous avons aussi le droit de choisir notre mort. Presque tous les médecins et les biologistes sont d'accord aujourd'hui pour refuser « l'acharnement thérapeutique », le maintien en vie artificielle d'un corps souffrant devenu végétatif. Ce n'est qu'une prolongation de l'agonie. La négation du « baiser de l'Ange ».

On doit aller plus loin. Quand un malade ne peut plus accomplir par lui-même les fonctions les plus simples de la vie, quand il est devenu légume et que son dernier signe de vie n'est que la douleur ; quand il est au-delà du conscient, et qu'il a demandé lui-même, très clairement, une aide pour terminer sa vie dans sa dignité humaine, les autres n'ont pas le droit de lui refuser une mort douce et libératoire.

LA SEULE FAÇON DE GAGNER...

J'ai conscience des problèmes éthiques soulevés. Mais la discussion se poursuit et la question de l'imposition de la survie à ceux qui sont déjà morts en pensée devra être résolue. Pour moi, le choix est clair : le jour où je ne serai plus responsable de mes propres actes, plus capable d'assumer ma vie en conscience, j'espère qu'un médecin miséricordieux et lucide me laissera le droit de partir en paix.

Mais tant que la douleur sera supportable, tant que je pourrai écouter en paix un concerto de Mozart, regarder le sourire d'un visage aimé, respirer le parfum d'une rose, je veux vivre de toute ma force intérieure, de toutes les fibres de mon corps. C'est-à-dire avec joie.

Ce droit au choix de sa mort, contrepartie du droit de choisir de vivre, doit être reconnu. C'est un choix qui ne peut être qu'individuel parce qu'il se rapporte à toutes nos croyances sur la vie et la mort, notre conception du monde, notre idée personnelle de l'absolu et de l'au-delà.

La mort inéluctable nous attend quelque part le long du chemin. Elle sera fidèle au rendez-vous. L'important, qu'on soit « malade » ou bien portant, *c'est donc de choisir de vivre.* Parce que quand on est mort, c'est pour longtemps. Pour très, très longtemps.

La seule véritable option qui nous reste, c'est donc de vivre pleinement. Choisir de vivre chaque instant au maximum de ses possibilités, malgré ou avec une maladie, c'est sans doute la seule façon de gagner contre la mort la bataille de l'Eternité.

Postface

Ce livre se termine en même temps que j'atteins ma soixantième année. S'il est le fruit condensé des expériences de la dernière décennie, il est aussi une réponse à mon interrogation d'un demi-siècle : « Pourquoi vivre ? »
Singulièrement, c'est avec la maladie, la mort et la redécision de vivre que sont venues des réponses. Et aussi parce que j'ai enfin pu accepter une évidence toute nue, la certitude qu'au-delà du visible quotidien existe une autre réalité où se déploie une force transcendantale.
Pendant trente ans, comme grand reporter, écrivain et chroniqueur, j'ai voulu croire à une seule vérité : celle que je pouvais saisir avec mes sens. La pauvreté et les limites des perceptions sensorielles m'étaient cependant apparues très tôt. J'avais fait un choix de scepticisme systématique. La raison raisonnante avait toujours le dernier mot.
Au cours des décennies, j'ai cherché dans les livres, les traités de philosophie, les écrits des grands mystiques, la Bible, le Coran, la Bhagavad Gîta, la Cabale, que sais-je encore, des réponses qui n'y étaient pas. J'ai interrogé ceux qui croyaient savoir, jusqu'à ce que je me convainque de la pertinence de cette parole du Bouddha : « Ceux qui parlent ne savent pas ; ceux qui savent ne parlent pas. » C'était en moi-même qu'il fallait chercher.
La réponse est tombée quand je ne l'espérais plus. C'était un message d'espérance, de confiance et d'amour, qui attendait depuis toujours que je veuille bien l'entendre. Car comme a dit Pascal : « Tu ne le chercherais pas si tu ne l'avais pas déjà trouvé. »
Je ne prétends pas que ma réponse est *la* réponse. Je n'ai pas non plus la prétention de faire œuvre originale. Tout ce que je sais, je l'ai appris de ceux qui ont partagé avec moi leur parcelle de connaissance. Mon « savoir » doit tout à ceux qui m'ont enseigné. Mais ce que je connais de source intime avait toujours été là. Il fallait que je le vive pour le découvrir. J'ai donc survécu.
Puisque j'ai survécu, je dois témoigner. A propos d'une autre expérience, beaucoup plus grave, celle des camps de la mort, Elie Wiesel, le grand

écrivain juif, prix Nobel de la paix, a écrit : « Pour les survivants, écrire n'est pas un métier, c'est une obligation » [1].

J'espère être digne de cet honneur. J'ai plusieurs fois essayé d'y échapper. Apparemment, c'était impossible. Ce travail devait naître. Je ne sais pas encore pourquoi. Peut-être d'autres le sauront-ils en le lisant. S'il les aide à comprendre « à quoi leur sert la maladie » et encore mieux, à choisir de vivre, comme moi-même j'ai été aidé, j'aurais rempli mon « contrat ».

Je souhaite ici rendre hommage à la mémoire de médecins comme Antoine Laporte et René David, et également à Jean-Pierre Gendre et Marcel Tobelem. Et à travers eux, à tous les médecins qui leur ressemblent.

Je veux également remercier mes formateurs thérapeutes, en psychothérapie, gestion du stress et psychosomatique, Anne-Marie et Rémy Filliozat, Raymond Hostie, George Kohlrieser et Vincent Lenhardt. Enfin une pensée d'affection toute spéciale au « Groupe de Sèvres » et tous à Gilly Setton et Michèlle Favre, qui à leur façon, m'ont accompagné dans ma renaissance.

Les Fontaines-Chantilly.
Décembre 1987.

---

1. Elie Wiesel : *Paroles d'étranger*, p. 7.

Envoi

A peine la rédaction de ce livre terminée, je prends conscience de ses lacunes. Il y avait tant d'autres pensées à exprimer, tant de points à préciser, tant d'affirmations à nuancer ! Mais il faut savoir s'arrêter.

J'ai aussi ma vie à vivre. Cet ouvrage m'a beaucoup coûté, en temps, en énergie et en émotion. Ce n'est pas sans péril qu'on évoque les seules choses vraiment importantes de la vie : les maladies, les deuils, la mort...

En même temps, je sors de cet exercice d'écriture comme purifié, régénéré et, en tout cas, réaffirmé. Je sais mieux que jamais ce qui désormais compte pour moi : l'harmonie, la cohérence, l'amour, l'amitié, le partage. Et je sais aussi que si je tentais de vivre autrement, je serais très malheureux : je serais donc très « malade ».

J'ai choisi la vie et j'ai choisi la santé. Béni soit le Seigneur qui m'a envoyé les épreuves qui m'ont ouvert les yeux. Je crois savoir un peu mieux maintenant à quoi peut bien servir la maladie : à connaître la véritable santé.

Bibliographie

Alalouf Serge : *Des mains qui guérissent,* Laffont, Paris, 1975.

Ambrosi Jean : *L'humain branché,* éditions du CREB, 1977.

Arnold Paul : *Le zen,* CAL, Paris, 1973.

Attali Fernand : *Le Temps qui tue, le Temps qui guérit,* Le Seuil, Actuels, Paris, 1981.

Asimov Isaac : *Le corps,* Marabout-université, Verviers, Belgique, 1965.

Bateson Gregory : *Vers une écologie de l'esprit,* Paris, Le Seuil, 2 tomes, 1978 (éd. orig. *Steps to an ecology of the mind,* Ballantines Books, New York, 3e éd. 1974).

Berne Eric : *Des jeux et des hommes,* Paris, Stock, 1975 (éd. orig. *Games people play,* Penguin Books, 1978).
Que dites-vous après avoir dit bonjour ?, Paris, Tchou, 1977 (éd. orig. *What do you say after you say hello ?,* Corgi Books, London, 1978.
Analyse transactionnelle et psychothérapie, Payot, Paris, 1971.

Bertherat Thérèse : *Le corps a ses raisons,* Le Seuil, Paris, 1976.

Besuchet Jean-Jacques : *Cap sur la vie ou l'histoire d'une guérison,* éditions du Scarabée, Paris, 1984.

Boyesen Gerda : *Entre Psyché et Soma,* Payot, Paris, 1985.

Camilli Claude : *Massage sensitif et psychosomatismes,* Maloine, Paris, 1979.

Capra Fritjof : *The Tao of Physics,* Fontana-Collins, 5e éd., 1979.

Castaneda Carlos : *Voyage à Ixtlan,* Paris, Gallimard, collection Témoins, 1974 (éd. orig. *Viaje a Ixtlan,* FCE España, Madrid, 1979).
Histoires de pouvoir, Paris, Gallimard, collection Témoins, 1975 (éd. orig. *Relatos de poder,* FCE Mexico, 1976).

Chalvin Dominique : *Faire face au stress de la vie quotidienne,* ESF, Paris, 1982.

Changeux Jean-Pierre : *L'homme neuronal,* Fayard, Paris, 1983.

Chertok L. : *L'hypnose,* Payot, Paris, PBP 76.

Cousins Norman : *La volonté de guérir,* Le Seuil, Paris, 1980.

Delay Jean : *La psychophysiologie humaine,* Que sais-je, PUF, Paris, 1974.

Dubois de Montreynaud J.-M. : *Un médecin à l'écoute du malade,* Cerf, Paris, 1980.

Durand de Bousinguen R. : *La relaxation,* Que sais-je, PUF, Paris, 1971.

Fontaine Janine : *La médecine du corps énergétique,* Laffont, Paris, 1983.

Fourcade J.-M., Lenhardt Vincent : *Analyse transactionnelle et bioénergie,* J.-P. Delarge, Paris, 1981.

Fluchaire Pierre : *Bien dormir pour mieux vivre,* éditions Dangles, St-Jean-de-Braye, France, 1982.

Freud Sigmund : *Psychopathologie de la vie quotidienne,* Payot, PBP n° 97.
Les rêves et leur interprétation, PUF, Paris, 1967.

Fromm Eric : *The Art of Loving,* Unwin Paperback, London, 1975.
To Have or To Be, Harper & Row, New York, 1976.

Gardet Louis : *Etudes de philosophie et de mystique comparées,* Librairie philosophique Vrin, Paris, 1972.

Garfield Patricia : *La créativité onirique,* La Table Ronde, Paris, 1983.

Goren Michael : *El Camino a la Salud,* editorial Sursum, Buenos Aires, 1957.

Groddeck Georg : *La maladie, l'art et le symbole,* Gallimard, Paris, 1969.

Guesné Jeanne : *La conscience d'être, Ici et Maintenant,* Arista, Paris, 1983.

Hall Edward T. : *La dimension cachée,* Le Seuil, Paris, 1971.

Haumont Claude : *Le guide Marabout de la relaxation et de la sophrologie,* Marabout, Verviers, 1980.

Houdart Raymond : *Introduction à la neurologie,* 2 vol., éditions Laboratoires Sandoz, Rueil-Malmaison.

Illich Ivan : *Némésis médicale, l'expropriation de la santé,* Le Seuil, Paris, 1975.

Jaoui Gysa : *Le Triple Moi,* Laffont, Paris, 1979.

James Muriel et Jongeward Dorothy : *Naître gagnant,* Inter-éditions, Paris, 1978.

Jung Carl Gustav : *Ma Vie,* Gallimard, Paris, nouvelle édition 1973.
Essai d'exploration de l'inconscient, Gonthier, Paris, 1964.

L'homme et ses symboles, Port-Royal, Paris, 1964.

Kreisler Léon : *La psychosomatique de l'enfant*, Que sais-je, PUF, Paris, 1983.

Koechlin de Bizemont Dorothée : *L'univers d'Edgar Cayce*, Laffont, Paris, 1985.

Kubler-Ross Elisabeth : *On Death and Dying*, McMillan Publishing, New York, 21e éd., 1979.
La mort, dernière étape de la croissance, éditions du Rocher, Monaco, 1985.

Laborit Henri : *Eloge de la fuite*, Laffont, Paris, 1976.

Lankton Steve : *Practical Magic*, Meta Pub, Cupertino, California, 1980.

Lebreton Jacques : *Sans mains ni yeux*, Casterman, Paris, 1966.

Legris Denise : *Née Comme Ça*, Segep-Kent, Paris, 1960 (2 volumes).

LeShan Lawrence : *Méditer pour Agir*, Seghers, Paris, 1976.
Vous pouvez lutter pour votre vie, Laffont, Paris, 1982.

Libes Alain : *Les clefs du corps*, Jacques Grancher, Paris, 1987.

Loiseleur Véronique : *Anthologie de la non-dualité*, La Table Ronde, Paris, 1981.

Lowen Alexandre : *Le langage du corps*, Tchou, Paris, 1977.

Marty Pierre : *Les mouvements individuels de vie et de mort*, Payot, Paris, 1976, PBP n° 361.
L'ordre psychosomatique, Payot, Paris, 1985.

Moody Raymond : *La vie après la vie*, J'ai Lu, Paris, 1975.

Mousseau Jacques (sous la direction de) : *Les médecines différentes*, ouvrage collectif, Encyclopédie Planète, Retz, Paris, 1964.

Pastorelli France : *Servitude et grandeur de la maladie*, Cerf, Paris, 1967.

Pelletier Kenneth R. : *Mind as Healer, Mind as Slayer*, Dell Publishing Co, 11e éd., New York, 1982.

Perls Frederick S. : *Gestalt Therapy Verbatim*, Bantam books, New York, 1976.
In and Out of The Garbage Pail, Bantam Books, New York, 1970.

Perrot Etienne : *La voie de la transformation*, Librairie de Médicis, Paris, 1970.
Les rêves et la vie, La fontaine de pierre, Paris, 1979.

Reich Wilhelm : *Les hommes dans l'Etat*, Payot, Paris, 1978.
L'irruption de la morale sexuelle, Payot, Paris, 1972.

La fonction de l'orgasme, L'Arche, Paris, 1952.

Renard Hélène : *L'après-vie*, Philippe Lebaud, Paris, 1985.

Robert Marthe : *La révolution psychanalytique*, (2 vol.), Payot, Paris, 1964.

Rosenfeld Edward : *Le livre des extases*, éditions de la Presse, Ottawa, 1974.

Sacks Oliver : *Awakenings*, E.P. Dutton, New York, 1983.
A leg to Stand On, Harper and Row, New York, 1984.

Sami-Ali : *Corps réel, corps imaginaire*, Dunod, Paris, 1978.

Schwartzenberg Léon, Viansson-Ponté Pierre : *Changer la mort*, Albin Michel, Paris, 1977.

Lee Schiff Jacqui et Day Beth : *All My Children*, Jove Books, New York, 1970.

Lee Schiff Jacqui et al. : *Cathexis Reader*, Harper and Row, New York, 1975.

Segal Patrick : *L'homme qui marchait dans sa tête*, Flammarion, Paris, 1977.
Viens la mort, on va danser, Paris.
Le cheval de vent, Flammarion, Paris, 1982.

Selye Hans : *Le stress de la vie*, Gallimard, Paris, Nouvelle édition 1975.

Simeons A.T.W. : *La psychosomatique, médecine de demain*, 1re édition française, Marabout-université, Verviers, 1969.

Sillamy Norbert : *Dictionnaire de psychologie*, (2 vol.), Bordas, Paris, 1981.

Simonton O. Carl, Matthews-Simonton Stephanie et Creighton James : *Getting Well Again*, J. P. Tarcher, Los Angeles, 1978 (traduction française *Guérir envers et contre tout*, Epi, Paris).

Satyananda Swami : *Yoga Nidra*, Satyanandashram, Paris, 1980.
Méditations tantriques, Satyanandashram, Paris, 1983.

Smith Adam : *Powers of Mind*, Simon et Schuster, New York, 1975.

Varenne Jean : *Le tantrisme*, CAL, Paris, 1977.

Watts Alan : *Amour et connaissance*, Denoël-Gonthier, Paris, 1977.

Watzlawick P., Weakland J., Fich R. : *Changements, paradoxes et psychothérapie*, Le Seuil, 1975.

Watzlawick P., Helmick Beavin J., Jackson Don D. : *Une logique de la communication*, Le Seuil, Paris, 1972.

Wiesel Elie et Eisenberg Josy : *Job ou Dieu dans la Tempête*, Fayard, Paris, 1986.

Wiesel Elie : *Paroles d'étranger*, Le Seuil, Paris, 1982.

Zorn Fritz : *Mars*, Folio, Paris, 1977.

Bibliographie

OUVRAGES COLLECTIFS

La recherche sur les grandes maladies, ouvrage collectif, Le Seuil, Paris, 1981.

La recherche en neurobiologie, ouvrage collectif, Le Seuil, Paris, 1977.

La psychologie moderne de A à Z, ouvrage collectif, CEL, Paris, 1967.

The Holistic Health Handbook, Compiled by Berkeley Holistic Health Center éd. AND/OR Press, Berkeley, Californie, 1978.

Nouveau Larousse médical, Larousse, Paris, 1980.

The Bhagavad Gîtâ, Mentor Books, New York, 1951.

AUX ÉDITIONS RETZ

Depuis 1981, elle ont publié de nombreux ouvrages consacrés aux questions et techniques évoquées par l'auteur dans cet ouvrage.

Davrou Yves, *La sophrothérapie,* 1981.

Lenhardt Vincent, *L'analyse transactionnelle,* 1980.

Marc Edmond, *Le guide pratique des nouvelles thérapies,* 1987.
Le Processus de changement en thérapie, 1987.

Marc Edmond et Picard Dominique, *L'école de Palo Alto,* 1984.

Philippe Noëlle, *Changer par la visualisation,* 1988.

R E T Z
E R Z T
T Z R E
Z T E R

Achevé d'imprimer le 23 mai 1988
sur les presses des
Imprimeries Delmas
à Artigues-près-Bordeaux
Dépôt légal : mai 1988
Nº d'édition : 425.
Nº d'imprimeur : 34337.